Dalla filosofia alla tecnica

Analecta Gregoriana

Cura Pontificiae Universitatis Gregorianae edita

VOL. XLIV
SERIES FACULTATIS PHILOSOPHICAE
Sectio B (n. 4)

Dalla filosofia alla tecnica

La logica del potenziamento

di

FILIPPO SELVAGGI S. J.

ROMAE
APUD AEDES UNIVERSITATIS GREGORIANAE
1947

IMPRIMI POTEST

Romae, 1 Oct. 1947.

P. Paulus Dezza S. I.
Rector Universitatis

IMPRIMATUR

Ex Vicariatu Urbis, die 8 Oct. 1947.

† A. Traglia
Archiep. Caesarien., Vic. ger.

ROMAE — TYPIS PONTIFICIAE UNIVERSITATIS GREGORIANAE

PREFAZIONE

Bruino, agosto 1946: in una calda mattina, piena di sole, scesi alla piccola stazione. Alle prime persone che incontrai chiesi dove abitava il prof. Pastore. « Il prof. Pastore? » mi domandarono con lo sguardo meravigliato. Ma un vecchio contadino, che passava lì dappresso, intervenne pronto: « Il filosofo? qui vicino: la prima strada a destra; c'è una villa con una porta verde ».

Non si fece attendere molto. Eretto nella persona, deciso nel passo e nei movimenti, la fronte alta, la barba bianca e rada che lasciava vedere il profilo di un mento breve. Non era vecchio, benchè fosse prossimo a compiere i 78 anni. Mi accolse, più che con gentilezza, con affetto paterno; e mi trattenne con sè tutto il giorno, parlandomi dei suoi ricordi, della sua vita, dei dolori e delle speranze, soprattutto della sua logica. Ma la nostra conversazione era continuamente interrotta: il professore da vari mesi soffriva di una nevrite acutissima al trigemino, nel ramo oculare destro. « I cocenti dolori nevritici che mi travagliano, diceva, sono come una lampada che, bruciando, illumina la mia testa ». Egli tuttavia accettò con benevolenza il mio manoscritto, mi promise di leggerlo attentamente e di darmi tutto il suo aiuto per la correzione e la rifinitura.

A dire il vero, avevo separato dal manoscritto l'ultima parte, la valutazione, che non avrei voluto consegnare. Ma il professore mi incoraggiò: « Io amo la critica e accetto di essere tartassato ben bene. Io so che la critica mi combatte e vanifica i miei risultati. Ma so anche che il sacrificio per la verità è la cosa più bella della terra; e l'amore per questa mi è abbastanza grande per *riempire il mio cuore e appagare la mia intelligenza. Salvo le disgrazie sofferte, non vorrei cambiare d'un pollice la mia condotta* ».

E di fatto, dopo breve tempo, il Pastore mi rispedì il manoscritto con una lunga lettera, per la quale sento il dovere di ringraziare con animo commosso il professore e in base alla quale ho rielaborato interamente la quarta parte del mio lavoro. In questa lettera il Pastore, pur mantenendo il suo dissenso per le considerazioni svolte nella valutazione, aveva la bontà di esprimersi in questi termini per me molto lusinghieri: « *Io sento di dover chiudere queste pagine con un profondo ringraziamento che mi erompe dal cuore. Chi ha scritto un'esposizione così diffusa con tanto garbo, con tanta vibrata pazienza, con tanta forza di organizzazione dal suo punto di vista, con tanto scrupolo informativo, merita il mio più vivo e riconoscente elogio. Esso (questo elogio mio, voglio dire) ora che sono ritirato a vita oscura, non ha più nessun valore sociale e nessuna autorità. L'insuccesso delle mie teorie mi fascia d'ombra. Tanto più che io non faccio il minimo sforzo per rompere il ghiaccio intorno a me. Morrò come vissi e come vivo, in ombra. Ma noi — e parlo anche per mia moglie, la coraggiosa compagna della mia vita — serberemo nel cuore la più grata memoria della sua coraggiosa e illuminata bontà. Quanto sarei felice di poter ancora vedere stampata la sua monografia. Le garantisco che sarebbe per me una gioia incomparabile* ».

* * *

Annibale Pastore è nato ad Orbassano, piccolo paese 15 km. ad occidente di Torino, il 13 novembre 1868. Egli stesso si compiace di ricordare che da ragazzo condusse le vacche al pascolo sulle rive del Sangone, pastore di nome e di fatto [1]; ma il babbo, vedendone l'ingegno vivace pensò di farlo studiare, inviandolo a Torino nell'oratorio di Don Bosco. Il giovane subì il fascino di quella sublime figura ed ha serbato sempre nella mente

---

[1] *Scritti di varia filosofia* (SvF), pag. XII.

e nel cuore il ricordo di quel sorriso, che illuminava nei momenti di dolore, non meritato, il suo viso veramente da santo. Un fatto increscioso però troncò fin dal primo anno la sua permanenza all'Oratorio. Il ragazzo si addormentò una sera, la festa di Maria Ausiliatrice, durante la predica, dentro un confessionale della Basilica. Svegliatosi nella notte profonda, corse alla porta battendo ad essa disperatamente. Ma dalla casa discosta nessuno udì il suo richiamo. Al mattino Don Bosco, aprendo la porta trovò il piccolo Annibale delirante, la mano afferrata ancora convulsamente alla porta. Il babbo non accettò scuse e ritirò il ragazzo, facendogli però continuare gli studi.

Così a 24 anni il Pastore si laureò in lettere nell'Università di Torino, sotto la guida di Arturo Graf, che lo incoraggiò anche a pubblicare la sua tesi di laurea: La vita delle forme letterarie. Ma, per l'improvvisa morte della mamma, mutato il senso della vita, abbandonò la letteratura e si dedicò alla filosofia, segnatamente alla filosofia delle scienze. Il Pastore ebbe quindi nella vita filosofica un inizio « assai tardivo, movimentato e laborioso »[2]. Si laureò in filosofia a 35 anni nel 1903 e pubblicò lo stesso anno la sua tesi Sopra la teoria della scienza, presso l'editore Bocca, col deciso orientamento epistemologico che mantenne per la maggior parte delle sue opere filosofiche.

Anche alla cattedra universitaria il Pastore arrivò tardi; libero docente di filosofia teoretica nel 1904, tenne da principio dei corsi liberi all'Università di Genova a cominciare dal 1906; quindi tenne la cattedra di filosofia teoretica all'Università di Torino, prima come supplente di Pasquale d'Ercole, nel 1910-11, poi per incarico e per comando dal 1914 al 1921; quindi da quell'anno titolare per concorso, vinto con la presentazione della pregiata opera Il problema della causalità (PdC). Dopo la morte del Kiesow fu anche incaricato della direzione del Laboratorio di Psicologia sperimentale, fino al suo collocamento a riposo per limiti d'età nel 1939. In quella circostanza, nel prendere commiato dai colleghi ed alunni, affermava che gli anni dell'insegnamento uni-

---

[2] Il mio pensiero filosofico, in Filosofi italiani contemporanei di SCIACCA, p. 333-334.

versitario, salvo gli anni di strazio della guerra mondiale, erano stati per lui anni di vera felicità. Anche dopo il suo collocamento a riposo ha conservato la direzione del Laboratorio di Logica sperimentale (L. S.) da lui stesso fondato nel 1935-36 presso l'Istituto di Psicologia nell'Università di Torino, annesso all'Istituto di Filosofia teoretica.

Un avvenimento importante nella vita del Pastore fu il suo incontro col giovane Pietro Mosso, nato a Cerreto d'Asti. Ecco quanto me ne scrive il Pastore stesso: « Pietro Mosso fu da me incontrato per la prima volta al R. Liceo di Asti, dove io, già incaricato di Filosofia Teoretica all'Università di Torino, insegnavo contemporaneamente filosofia (dal 1910 al 1915). Avendo avuto la fortuna di apprezzare immediatamente le sue eccezionali virtù, lo preparai con speciale cura, me lo portai a Torino, gli feci fare gli studi di matematica e di fisica, affinchè potesse occuparsi di logica e d'epistemologia con informata coscienza (non da dilettante, come facevano i positivisti — salvo rarissime eccezioni); gli aprii la porta della LdP, lo indussi a scrivere e gli feci pubblicare dal mio editore Bocca, in opera a parte, i Principi di Logica del Potenziamento, che furono tutti discussi parola per parola tra noi e sono come il verbale dei nostri colloqui, sulla cui pubblicazione io contavo per aprirgli la via della carriera universitaria ».

Il Mosso laureatosi in ingegneria, si specializzò nel campo scientifico sperimentale della lotta contro i gas bellici, costruendo speciali mezzi anti-gas, che ebbero richieste di istallazioni anche all'estero. Prestò anche la sua collaborazione alla Società per l'Incremento delle Costruzioni Anti-gas (S. I. C. A.) a Ginevra in Svizzera, a Torino e a Roma. Negli ultimi anni, ritiratosi a Cerreto, ebbe l'incarico di Commissario Prefettizio in quattro piccoli comuni; e in questa qualità, mentre il giorno 29 gennaio 1945 si recava in compagnia del sacerdote Don Molas dei Becchi per salvare un Sacerdote preso in ostaggio dai tedeschi, trovava la morte per incursione aerea nei pressi di Sessant'[3]. Il dolore del Pastore

---

[3] Per queste ed altre notizie sull'ingegner Pietro Mosso, cf. la necrologia estratta dal Bollettino Parrocchiale *L'amico di S. Andrea in Cerreto d'Asti*, 1945, n. 1.

per questa perdita fu inconsolabile, giacchè con la morte del suo fedele collaboratore egli si vedeva stroncata ogni speranza di continuazione nelle ricerche di logica sperimentale.

* * *

La produzione letteraria del Pastore è veramente abbondante e varia; il Pastore infatti è stato sempre aperto anche ad altri campi più o meno profondamente connessi con la filosofia, e cioè all'estetica, all'etica e alla mistica. Sono brani piuttosto isolati che ci fanno però scoprire nella personalità del Pastore un lato altamente umano, una natura profondamente lirica, quel senso più personale della vita in ombra, precisamente quello squilibrio di riflessione e di sensibilità che lo ha sempre dominato, a cui l'autore stesso accenna nell'Introduzione al volume Scritti di varia Filosofia, pubblicati nel 1939 dalla Facoltà di lettere e filosofia della R. Università di Torino, in occasione del suo venticinquesimo di insegnamento universitario e insieme del suo collocamento a riposo.

Tuttavia l'opera principale del Pastore versa in filosofia teoretica, che per lui si identifica con la logica, intesa con quella larga significazione di potenziamento, alla quale egli ha dedicato numerosi lavori in tutta la sua carriera filosofica. Bisogna però tener presente che il Pastore non è un filosofo che sia nato con un sistema già fatto, nè lo ha preso in prestito da altri, ma con lavoro personale, attraverso una lunga serie di meditazioni e di pubblicazioni, si è formato lentamente la sua filosofia, rimanendole poi attaccato con quell'affetto che tanto lo faceva commuovere esponendo le sue teorie nei congressi e nei colloqui privati. Il suo pensiero nei primi venti anni, dal 1903 al 1923, andò svolgendosi in forme e sensi continuamente progredienti verso una meta non prevista all'inizio, ma che si venne gradualmente imponendo e svelando da sè con i successivi risultati delle analisi compiute. Finchè sbocciò, con l'apporto caro e prezioso del Mosso, nella Logica del Potenziamento (LdP), che è rimasta l'espressione definitiva della filosofia teoretica del Pastore.

Di questa originale teoria, la cui principale caratteristica è il vivo contatto con le scienze fisiche e matematiche e perfino con la tecnica, mancava finora un'esposizione organica e completa e conseguentemente anche una valutazione adeguata. Ho creduto perciò opportuno farne oggetto del presente studio, nel quale molto mi sono giovato del consiglio dei PP. Muñoz e Morandini, entrambi Professori dell'Università Gregoriana, ai quali esprimo qui il mio ringraziamento.

PARTE PRIMA

IL PUNTO DI PARTENZA

CAPITOLO PRIMO

PREPARAZIONE E IMPOSTAZIONE DEL PROBLEMA

1. — SOPRA LA TEORIA DELLA SCIENZA.

Una delle espressioni caratteristiche della filosofia nello scorcio del secolo scorso e sul principio di questo secolo è costituita da quella corrente di pensiero che va sotto il nome di Filosofia della scienza. Il problema della scienza, del suo valore, dei suoi metodi, non è certo un problema nuovo; che anzi è stato sempre al centro dell'interesse filosofico, in ogni età. Tuttavia nel secolo decimonono questo problema assumeva un aspetto nuovo. Infatti, mentre le filosofie dominanti agli inizi del secolo andavano elaborando quelle prodigiose architetture intellettuali che sono i grandi sistemi dialettici, ovvero spendeva tutte le sue forze nell'opera di restaurazione dei grandi ideali minacciati dalla rivoluzione, le scienze positive prendevano sempre maggiore sviluppo, frazionandosi e specializzandosi nei vari rami dello scibile, adottando e perfezionando continuamente nuovi metodi e strumenti di indagine, facendo sempre nuove e meravigliose scoperte in ogni campo e dandoci così una visione sempre più intima dei molteplici fenomeni della natura.

Questo rigoglioso sviluppo della scienza determinava quindi il sorgere di una doppia corrente: la filosofia della scienza e la filosofia scientifica. La filosofia scientifica, come pura e semplice applicazione del metodo scientifico alla filosofia, doveva naturalmente avere la precedenza cronologica; mentre la filosofia della scienza, teoria riflessa del metodo scientifico, supponeva non solo il metodo già in se stesso sviluppato, ma anche il sorgere di qualche difficoltà in contrario, che costringesse la mente a tornare su se stessa.

La prima corrente era il frutto naturale e diretto degli accennati progressi della scienza, che avevano insinuato le più rosee speranze negli animi di molti, disgustati tanto del formalismo di una scolastica decadente, come delle arbitrarie costruzioni a priori dell'idealismo. Si credeva cioè da molti che si poteva ormai fare a meno delle astruse elucubrazioni della metafisica e della teologia e che si sarebbe finalmente giunti alla spiegazione ultima e assoluta delle cose col trasportare di peso nella filosofia i metodi positivi della nuova scienza, la quale non temeva smentita perchè fondata sui fatti. Augusto Comte fu la prima espressione filosofica di questo dogmatismo scientifico e la filosofia positiva da lui inaugurata dominò quasi senza contrasti per oltre mezzo secolo. Il suo trionfo è facilmente spiegabile, quando si pensi che essa corrispondeva ad un sentito bisogno, quello cioè di riaccostare il sapere filosofico alla realtà e al rigore del metodo scientifico.

Ma mentre nella prima metà del secolo XIX si era constatato che la filosofia non poteva trascurare le scienze positive, nella seconda metà del secolo fu invece la scienza che dopo aver ripudiata la filosofia come cosa vana, mostrò sempre più la necessità e il desiderio di una riconciliazione con essa. E furono gli stessi ulteriori sviluppi della scienza che fecero crollare di colpo presso i più coscienziosi scienziati e gradatamente anche nei filosofi il dogmatismo del positivismo e del materialismo. Si vide infatti che quella scienza meccanicistica, la quale pretendeva ridurre tutta la realtà alle idee chiare e distinte di estensione e di moto, non era sufficiente a spiegare i fenomeni; la teoria atomica, con tanta accuratezza svolta durante tutto il secolo, e che aveva avuto tanti splendidi risultati e tante conferme, appariva come una teoria sorpassata e bisognosa di rinnovamento radicale. La stessa matematica, ritenuta fino allora come l'esempio tipico della necessità ed eternità della scienza, era messa a soqquadro dalle nuove teorie dei numeri e dalle geometrie non euclidee. Nuove teorie poi venivano nei primi anni di questo secolo a sconvolgere i concetti più naturali e radicati, come la continuità dell'energia con la teoria dei quanti, i concetti di spazio e di tempo con la teoria della relatività, quelli di causalità e determinismo con la meccanica quantistica. Si imponeva quindi una revisione dei concetti stessi della scienza, dei suoi principi, dei suoi metodi; compito però al quale i filosofi si rivelavano impari per la mancanza assoluta di competenza tecnica.

Fu allora che, mentre il neo-romanticismo e il neo-idealismo si affermavano clamorosamente nel campo della cultura e della filosofia, proclamando col Brunetière la bancarotta della scienza con quella stessa impudente intemperanza con cui lo scientismo aveva proclamato la morte della filosofia, fu allora che alcuni scienziati si sentirono costretti ad intraprendere da se stessi la critica della scienza, dando origine « al glorioso movimento di revisione dei principi e dei metodi della scienza, quale proruppe nella seconda metà del secolo XIX, dalle più progredite analisi dell'epistemologia »[1].

In questo movimento venne ad inserirsi, fin dal principio della sua attività filosofica, Annibale Pastore, il quale, secondo il giudizio concorde degli storici della filosofia, trova il suo posto più appropriato appunto in questa corrente di pensiero. Tutta la vasta produzione di filosofia teoretica e in particolare di logica, per oltre quarant'anni di infaticabile lavoro, ebbe sempre per fine principale l'epistemologia, come teoria della scienza in senso stretto, centrando i problemi del metodo.

I primi lavori pubblicati, fra il 1899 e il 1901, furono di psicologia sperimentale e vennero compiuti nel laboratorio dell'Università di Torino, sotto la guida del celebre psicologo Federico Kiesow. Il suo interesse però si allargò subito a campi più vasti, dedicandosi specialmente allo studio della fisica sotto la direzione di Antonio Garbasso e della matematica alla scuola di Peano. E il primo frutto di questa appassionata ricerca si realizzò nella sua

---

[1] PASTORE A., La logica della ricerca scientifica, in *Logica Sperimentale* (L.S), pag. 4. In seguito nel citare le opere del PASTORE sarà generalmente sottinteso il nome dell'autore.

tesi di laurea, pubblicata nel 1903 col titolo: *Sopra la teoria della scienza: logica, matematica e fisica*.

L'idea centrale di questa opera è il processo di identificazione formale della logica, della matematica e della fisica. Il Pastore nei riguardi della scienza in senso stretto accetta la classificazione Spenceriana, inglobata però in una nuova classificazione delle scienze in senso largo dal Trivero. Secondo questi il quadro generale del sapere comprende le tre grandi partizioni: Storia, Scienza e Filosofia. La scienza in senso stretto poi si divide in: 1) Scienze astratte o analitiche: logica, matematica; 2) Scienze astratte-concrete o analitiche-sintetiche: scienze positive sperimentali; 3) Scienze concrete o sintetiche: scienze naturali o d'osservazione [2].

Partendo da questa divisione, il Pastore dopo aver analizzato le idee primitive delle singole scienze, passa ad una considerazione sintetica, dalla quale desume questi due principi: « 1° la piena e mutua convertibilità delle varie idee primitive della logica, della matematica e della fisica; 2° la possibilità logica di una spiegazione comune (unificabilità) » [3]. Ed a simile conclusione giunge nella seconda e terza parte, dove tratta degli assiomi e delle teorie. La conseguenza quindi è che logica, matematica e fisica non devono essere considerate come scienze diverse, ma piuttosto come diversi travestimenti o formalità di un solo identico processo logico. A chiarire tale identità e piena convertibilità delle tre scienze enumerate, ci richiama un fatto della fisica, che gli serve come di paragone. « Come — dalla possibilità di provocare simultaneamente i diversi fenomeni meccanici, termici, chimici, elettrici, magnetici, luminosi facendo passare la corrente elettrica attraverso la catena di Grove, ad esempio — noi possiamo concludere che essi non sono altro che manifestazioni diverse di una sola energia fisica, la quale si appalesa variamente secondo la costituzione degli strumenti in cui agisce; così — dal fatto che noi possiamo insieme provocare i vari ordini scientifici legandoli intimamente

---

[2] Sopra la teoria della scienza, p. 3-4, nota.
[3] Ibid., p. 73.

fra loro mediante una catena di formulari logici, matematici e fisici ... — siamo indotti a concludere che essi non sono altro che manifestazioni diverse di una sola virtù ideale che si appalesa variamente secondo la costituzione delle formalità scientifiche in cui agisce »[4]. Questa fondamentale identità per cui « i vari ordini scientifici riferiti non sono che la realtà mascherata di un solo processo »[5], ha come ulteriore conseguenza che i vari ordini, pur essendo in sè indipendenti l'uno dall'altro, possono non solo pienamente e reciprocamente scambiarsi fra loro, ma anche fondersi in combinazioni scientifiche o scienze miste, originate dalla fusione delle varie formalità logiche, matematiche e fisiche.

Bisogna perciò affermare la logica possibilità di sei scienze miste, alcune delle quali sono già state più o meno sviluppate; esse sono: la logica matematica e la logica fisica o sperimentale, la matematica logica e la matematica fisica, la fisica logica e la fisica matematica. Tralasciando tutte le altre e rinviando una più ampia trattazione della logica fisica ad un'opera seguente, che esamineremo nell'articolo terzo, il Pastore si ferma in quest'opera a parlare della logica matematica che è per lui « la prima applicazione inconsapevole del nostro principio fondamentale della convertibilità delle idee primitive »[6].

2. — LA LOGICA MATEMATICA.

Nel campo della logica matematica il Pastore segue all'inizio l'indirizzo di Peano, di cui si professa discepolo, e non manca di esprimere ripetutamente la sua ammirazione per tutto questo nuovo indirizzo logico che « oltrepassò disdegnoso il campo della teoria aristotelica, spiegò il volo attraverso le scienze pure e si fermò sulla matematica che ha diritto ad un posto d'onore nella storia delle scienze contemporanee »[7].

---

[4] Ibid., p. 74-75.
[5] Ibid., p. 84.
[6] Ibid., p. 90.
[7] Sillogismo e Proporzione, p. XI.

E' noto che Giuseppe Peano, svolgendo la critica dei sistemi scientifici già iniziata dal Pasch, dal Gergonne e da altri matematici, mirava in primo luogo a dare alla geometria e in genere alle matematiche un più grande rigore logico, come ad una scienza ideale puramente deduttiva ed astratta. Per questo egli riteneva necessario eliminare quanto più possibile il criterio dell'evidenza intuitiva nei fondamenti delle scienze stesse. Questo criterio, rivelatosi insoddisfacente in seguito alle ricerche che portarono alla fondazione delle geometrie non euclidee, doveva essere sostituito colla scelta arbitraria di un certo numero di concetti primitivi non definiti che debbono essere esplicitamente dichiarati. « Il logico non ha da inquietarsi se questi rispondano a ragioni di evidenza o se siano acquisiti sperimentalmente, ovvero se si accettino come « ipotesi » in vista di un qualsiasi scopo ulteriore, ed in questo senso non si distingue più fra « assiomi » e « postulati »; egli ha solo da verificare che tutti i postulati vengano enunciati come tali, e nella forma di puri rapporti logici supposti fra i concetti primitivi »[8]. L'unica esigenza a cui i sistemi primitivi devono rispondere è che siano, quanto è possibile, ridotti di numero e che permettano la deduzione logica di tutto il sistema, verificando così i criteri di indipendenza e compatibilità.

Per lo sviluppo del sistema il Peano introduce il simbolismo ideografico, con cui per primo raggiunge in modo compiuto lo scopo che si era proposto il Leibniz, cioè la costruzione di una ideografia logica destinata a rendere visibile l'esattezza dei ragionamenti. Egli infatti con la felice e geniale introduzione del suo metodo, « ha dato il modo, non solo di scrivere totalmente in simboli qualsiasi proposizione (il che era stato fatto dagli autori precedenti), ma anche, e ciò è della massima importanza, di poter assoggettare tali proposizioni ad un calcolo formale con leggi fisse; ha cioè realizzato il *calculemus* divinato da Leibniz »[9].

---

[8] Enriques F., Per la storia della logica, Bologna, Zanichelli, 1922, p. 196.

[9] Burali-Forti C., Logica Matematica, Milano, Hoepli, 1916, 2ª ed., p. XVIII. Cf. Padoa A., Ce que la logique doit à Peano, in *Actes du Congrès international de Philosophie scientifique*, Paris, 1936, cahier VIII, p. 32.

Su questo indirizzo dunque il Pastore tenta dapprima un'ulteriore riduzione delle idee primitive enumerate dal Peano e con sottili osservazioni e successive riduzioni giunge alla conclusione che tutti gli enti primitivi della logica matematica possono venir rappresentati da tre termini: classe, individuo, inclusione, che costituiscono quindi le idee primitive, idee semplici, che qualunque uomo possiede, senza però che sia possibile darne una definizione [10].

Ma da questa riduzione risulta anche un'altra conclusione, che conferma quella identificazione formale di logica e matematica, tanto cara al Pastore. Infatti le idee primitive della logica matematica, ottenute dalla considerazione dei simboli di Peano, non differiscono essenzialmene da quelle riscontrate dal Pastore nelle precedenti analisi della logica pura e della matematica pura. Bisogna quindi ritenere che non vi sono in una di queste scienze idee e conseguentemente simboli propri ed esclusivi, di cui l'altra scienza sia priva. Segue da ciò che « la stessa definizione della logica matematica deve per conseguenza venire modificata. Infatti la definizione che si riscontra nel Dizionario di Matematica del Peano: « la logica matematica è la scienza che tratta delle forme di ragionamento che s'incontrano nelle varie teorie matematiche, riducendole a formule simili alle algebriche », è ammissibile solo nel caso che si ritenga necessario, per esprimere tutte le proporzioni di una teoria matematica determinata, aggiungere ai segni propri di questa determinata teoria matematica anche i segni propri della teoria logica ». Il Pastore propone quindi quest'altra definizione: « la logica matematica è la scienza che sostituisce la formalità della matematica alla formalità della logica nella trattazione delle idee primitive che sono comuni alle due scienze » [11]. In questo modo la logica matematica viene ad essere la disciplina che tratta della formalità logica dal punto di vista della formalità matematica, un modello matematico o la veste matematica della logica.

---

[10] Sopra la teoria della scienza, p. 92-105.
[11] Ibid., p. 107-108.

Anche nelle opere successive il Pastore insiste su questa corrispondenza formalistica fra le forme logiche e le matematiche. Particolarmente importante è il volume *Sillogismo e Proporzione. Contributo alla teoria e alla storia della logica pura,* pubblicato nel 1910, ma già composto tre anni prima.[12] Il frutto principale di questo studio è la prova dell'origine matematica del sillogismo aristotelico e quindi di tutta la logica classica. La teoria aristotelica del concetto, del giudizio e del sillogismo, hanno infatti, secondo l'interpretazione teorico-storica svolta nell'accurato lavoro, un valore nettamente matematico. Aristotele prende i motivi fondamentali dalla sua dottrina logica dall'opera già ampiamente svolta prima di lui nel campo della matematica; ed in particolare la sua dottrina del sillogismo non è che la traduzione in un linguaggio più universale della teoria delle proporzioni secondo la regola del tre semplice, per cui gli elementi del sillogismo, concetto e giudizio, vengono a corrispondere agli elementi della proporzione, numero e rapporto. Con ciò il Pastore non intende affatto sminuire il merito del grande logico che ha dominato con la sua autorità i secoli, ma anzi vuole rivelarci quella parte di verità scientifica che costituisce il valore reale del sistema aristotelico.

Sempre nello stesso intento di giungere al riconoscimento dell'identità formale dei due calcoli, logico e matematico, fu scritta nel 1908 e presentata al IV congresso internazionale di matematica una importante memoria che segna la prima origine della LdP [13]. In essa il Pastore dopo aver osservato che quasi tutti i matematici che contribuirono maggiormente al progresso del calcolo logico,

---

[12] Il mio pensiero filosofico, p. 337.

[13] Il mio pensiero filosofico, p. 338. E' interessante ricordare l'atteggiamento del Peano e del Poincaré di fronte alla memoria del Pastore, come ce lo riferisce l'interessato nel citato articolo: « Peano era recisamente contrario alla mia tesi, negatrice delle leggi più tipiche della logistica. Tuttavia con ammirabile spirito di indulgenza e di imparzialità mi indusse a presentarla al IV Congresso internazionale di Matematica (Roma, aprile 1908). Poincaré, presente alla comunicazione, non aveva detto verbo. Richiesto per lettera di suo giudizio rispose a Peano così: Dite al vostro giovinotto (io avevo però già 40 anni) che al suo posto io farei *come se* ». Art. cit., p. 337-338.

erano chiaramente ispirati « dal desiderio di impedire una fusione possibile dei due calcoli, che, a prima giunta, ha l'apparenza di una confusione »[14], passa ad esaminare una delle maggiori differenze, universalmente riconosciute fra i due calcoli. Data l'importanza di questa critica nello sviluppo della LdP, vi torneremo sopra nel capitolo seguente. Per ora ci basti riferire la conclusione immediata che l'autore ne cava e cioè « che per tal modo vengono distrutte le più forti ragioni tecniche contrarie alla tesi dell'identità fondamentale dei due calcoli, perchè calcolo logico e calcolo matematico si presentano ormai come due insiemi che possiedono le medesime proprietà fondamentali; quindi sulle traccie del Russel, del Huntington e del Couturat, è ovvio identificarli puramente semplicemente dal punto di vista formale »[15].

Concludendo dobbiamo riconoscere che il nostro autore seppe conservare nei confronti della logica matematica una posizione originale ed indipendente. Anche nel periodo in cui risentiva maggiormente l'influenza del suo venerato maestro, Giuseppe Peano, assunse in più di un punto un atteggiamento contrario all'indirizzo più corrente della scuola. In seguito poi se ne staccò completamente per rivolgersi ad una concezione sempre più filosofica, riconoscendo la limitatezza dell'indirizzo puramente formalistico della logica matematica. Tuttavia nelle pubblicazioni successive non mancò di fermare più d'una volta la sua attenzione ai rapporti fra logica e matematica; e ciò sia per considerare la matematica dal punto di vista della sua nuova logica, sia per dare alla sua logica generale in punti centrali della dottrina una veste prettamente matematica. I concetti di potenza logica, di potenziamento, con i teoremi e principi relativi, le equazioni logiche, che tanta importanza hanno nella LdP, sono appunto concetti desunti dalla matematica per dare veste e sviluppo a dei nuovi concetti logici e rendere possibile con gli sviluppi del calcolo matematico la nuova forma di ragionamento logico, che il Pastore crede di dover sostituire alla logica di Aristotele.

---

[14] Sulla natura extralogica delle leggi di tautologia e di assorbimento nella logica matematica, in LdP, p. 37.

[15] Ibid., p. 47.

3. — LA TEORIA GENERALE DEI MODELLI.

Pierre Duhem nel suo lavoro sulla teoria fisica [16], pubblicato nel 1906, distingue nettamente due tendenze nella costruzione delle teorie fisiche, una propria degli spiriti astratti, metafisici, ragionatori profondi e stringati, l'altra invece propria degli spiriti intuitivi, concreti, dotati di una vasta immaginazione. Mentre i primi nel costruire una teoria fisica si attengono strettamente alle idee logiche, ai concatenamenti e nessi razionali dei fatti e delle leggi, gli altri invece sentono il bisogno di ricorrere ad un insieme di immagini, simboli, modelli, che rendano concrete le idee e quasi tangibile il ragionamento. Questo secondo è, a dire del Duhem, il modo proprio di concepire e di ragionare degli inglesi ed a loro si deve la formazione e lo sviluppo di questa tendenza, come lo indicano i nomi di Faraday, Thomson, Lodge, e soprattutti Maxwell. Il Duhem non nasconde la sua naturale avversione contro questo metodo, la cui diffusione anche fuori dell'Inghilterra è da attribuirsi in primo luogo al gusto dell'esotico, al desiderio di imitare lo straniero, la moda di Londra. Nè più favorevole si mostra il Poincaré che vede nella ricerca di spiegazioni meccaniche « una questione un po' oziosa e dove le nostre forze si consumerebbero in pura perdita » [17].

Tuttavia bisogna riconoscere, come fa lo stesso Duhem, che questo bisogno di concretizzare la teoria fisica in modelli sensibili, corrisponde ad una naturale inclinazione dello spirito umano; e questa rispondenza, più che il semplice gusto per l'esotico, ha contribuito al largo diffondersi del metodo inglese, non solo fra spiriti deboli ed estranei alle profondità della scienza, ma anche fra eminenti scienziati, come Enrico Hertz. Infatti, come osserva

---

[16] Duhem, La théorie physique; son objet et sa nature, Paris, Chevalier, 1906, pp. 85-167. Nello stesso anno il Pastore pubblicava la sua *Logica formale* che analizzeremo in questo e nel seguente articolo; come pure dall'agosto di questo medesimo 1906 è datata la prefazione dell'opera seguente: *Del nuovo spirito della scienza e della filosofia*.

[17] Citato dal Pastore, Del nuovo spirito, p. 52, nota.

l'Höffding, « Hertz si differenzia dal Mach proprio in questo che accentua più fortemente il lato simbolico dei concetti, che non l'aspetto economico. E' il bisogno imperioso di immagini intuitive che spicca particolarmente in lui »[18]. « Conoscere scentificamente le leggi, dice Hertz, significa essere in grado di dedurre dallo stato attuale delle cose lo stato loro per un istante qualunque. Ora la via che segue lo spirito umano per giungere a questa conoscenza è la seguente: noi ci formiamo degli oggetti esteriori delle immagini e cerchiamo di formarcele in modo tale che le consegunze logiche delle immagini siano alla lor volta immagini delle conseguenze naturali »[19].

Il Pastore ripetutamente, non solo in queste prime opere, ma anche nelle più recenti, si esprime con parole di lode nei riguardi dell'« ammirabile teoria dei modelli che costituisce uno dei meriti più singolari di Enrico Rodolfo Hertz »[20]. Però in questa rappresentazione immaginativa e anche reale delle idee, leggi e teorie, mediante simboli e modelli, egli non vede affatto qualche cosa di opposto a quelle che sono le esigenze logiche di uno spirito razionale, ma vede piuttosto un armonizzarsi e completarsi della spiegazione logica e razionale con la spiegazione fisica e sperimentale, in omaggio al suo principio generale della identità formale di logica, matematica e fisica. La novità veramente originale del nostro autore sta anzi in una impensata estensione della teoria dei modelli meccanici oltre il campo della fisica, al campo della stessa filosofia teoretica e della logica pura [21].

Seguendo il pensiero di Hertz, da lui conosciuto attraverso l'insegnamento e gli scritti del Prof. Antonio Garbasso, il Pastore

---

[18] HÖFFDING H., Moderne Philosophen, Leipzig, Reisland, 1905, p. 113.
[19] Citato dal PASTORE, Del nuovo spirito, p. 24.
[20] Sopra la teoria della scienza, p. XXIII.
[21] Un germe della teoria della logica sperimentale, che è fondata sull'applicazione dei modelli meccanici alla logica, il Pastore lo ritrova nel tentativo di Raimondo Lullo di costruire « una macchina per pensare, che combina i soggetti e i predicati secondo le leggi della sillogistica, ciò che egli dice la grande arte, Ars magna ». Cf. PASTORE, Logica formale, p. 49-50.

così si esprime : « Pensare è null'altro che costruire speciali meccanismi, introdurre in essi certe ipotesi che riescano a trasformarli cioè a metterli in funzione, ricavarne in seguito le conseguenze sperimentali da paragonarsi ai risultati di un altro ordine di ricerche equivalenti, perchè da ultimo si possa giudicare dell'esattezza del funzionamento del meccanismo costrutto ». A chi, come il Duhem, volesse considerare questa rappresentazione concreta e meccanica come un « allontanare il pensiero dalla realtà dei fatti logici, sostenendo la materialità grossolana dei modelli ideo-fisici », il Pastore così risponde : « ogni operazione logica è in fondo una finzione simbolica, vale a dire una costruzione vera e propria di modelli ». Anche il concetto logico non è che un modello ideale interno, sintesi più o meno complessa di rappresentazioni che l'esperienza naturale porge a tutti gli spiriti, e « in tutti i concetti, giudizi e raziocini noi non ci aggiriamo dal continuo se non nella cerchia dei modelli »[22].

Il Pastore però nello svolgere la teoria generale dei modelli segue una via tutta sua, differente da quella dei fisici inglesi; egli vuole armonizzare, come abbiam detto, la tendenza astrattista con quella intuizionistica, proclamando la legittimità di ambedue in quanto corrispondono a due forme di pensiero, a due tipi di scienze egualmente legittime e feconde. E' questo per il Pastore un fatto acquisito nel campo delle teorie fisiche; e la ragione di tale legittimità è da ricercarsi nel postulato fondamentale della teoria della scienza del Pastore, cioè la piena e mutua convertibilità delle varie teorie logiche, matematiche e fisiche.

Così dunque il Pastore giustifica la seconda applicazione del suo principio fondamentale, che ci deve condurre alla costituzione della seconda scienza mista : la logica fisica o sperimentale. Secondo questo principio infatti si potranno avere in ogni ordine di fatti « modelli puramente logici, modelli algebrici, modelli geometrici, modelli fisici, modelli meccanici, modelli chimici, ecc. », mentre « l'unica condizione di verità a cui deve soddisfare un modello qualunque è questa, che le conseguenze che per necessità lo-

---

[22] Ibid., p. 243-246.

gica possiamo dedurre da un tale modello siano alla loro volta modello di quei fenomeni che per necessità fisica scaturiscono dagli oggetti considerati » [23].

4. — LA LOGICA SPERIMENTALE.

L'idea di introdurre nel campo della logica pura la teoria dei modelli di Hertz era stata già accennata nel primo saggio *Sopra l'esperienza mediata* ed aveva avuto un primo sviluppo nel volume *Sopra la teoria della scienza*; non trovò però la sua piena attuazione che nel volume del 1906: *Logica formale dedotta dalla considerazione di modelli meccanici*, e nei due brevi scritti, pure del 1906: *Macchine logiche, conferenza popolare* e *I progressi e le condizioni presenti degli studi intorno la logica formale*. Il principio fondamentale da applicare è il seguente: « contradistinguere ogni ente logico interiore con un simbolo esteriore » [24]. Ora gli enti della logica formale sono tre: idea, giudizio, raziocinio. Sarà pertanto necessario costruire tre modelli fisici, che ci rappresentino rispettivamente l'idea, il giudizio e il raziocinio. Diamo qui nelle linee principali la costruzione del nostro autore.

1° L'idea è rappresentata da due rotelle di raggio diverso poste su un medesimo asse. La rotella grande rappresenta il termine universale o la classe, la rotella piccola il termine particolare o individuo; nel modello completo usato dal Pastore le rotelle piccole sono due per rappresentare due particolari diversi qualunque. Mediante un ingranaggio differenziale costituito da tre ruote coniche dentate, il Pastore ottiene una macchina (modello ideo-fisico!) nella quale quando è in movimeno la rotella grande, allora anche le rotelle piccole ruotano ambedue nel medesimo senso della grande; se invece la rotella grande rimane ferma, le piccole girano in senso contrario fra loro. Questo fatto ci rappesrenta appunto

---

[23] Sopra la teoria della scienza, p. 168.
[24] I progressi e le condizioni presenti degli studi intorno la logica formale, p. 12.

la proprietà fondamentale dei termini logici: ciò che vale in universale vale anche in particolare, mentre ciò che vale per un particolare di una classe, non vale sempre necessariamente per l'universale, anzi per un altro particolare può valere esattamente il contrario [25].

2° Il giudizio è il rapporto di due idee; pertanto il suo modello ideo-fisico sarà presto costruito da due sistemi di rotelle al posto di S e P, e da una cinghia che li collega al posto della copula. Se la cinghia è a lati paralleli, i due sistemi di rotelle girano nello stesso senso ed avremo il giudizio affermativo; se la cinghia è incrociata, le rotelle girano in senso inverso e il giudizio sarà negativo. Secondo poi che si collegano le rotelle piccole o le grandi, avremo giudizi particolari o universali [26].

3° Finalmente il raziocinio sarà rappresentato da tre sistemi di rotelle: termine maggiore, minore e medio, collegati a due a due da tre cinghie, proposizione maggiore e minore e conclusione. Per vedere se un sillogismo è in forma e quale è la conclusione legittima (A, E, I, O), basta disporre le cinghie delle due premesse, collegando i termini estremi col medio; quindi con una manovella si mette in moto il meccanismo e si vedrà subito quale è la relazione che può collegare i due estremi fra loro [27].

Non possiamo addentrarci in troppi particolari, tanto più che l'autore stesso nel recente articolo più volte citato *Il mio pensiero filosofico* giudica queste opere come « lavori eccentrici, compiuti con le intemperanze di un'ipotesi in parte buona e feconda, in parte illudente, perchè troppo ligia alle analogie esteriori. La vera sistematizzazione scientifica non sarà raggiunta che assai tardi nelle ricerche di logica sperimentale col sussidio della logica del potenziamento » [28]. Ci fermeremo solo alle conclusioni che il Pastore crede di ricavare dall'applicazione dei suoi modelli meccanici. Egli infatti afferma che i modi legittimi dei sillogismi sono non

---

[25] Cf. Logica formale, p. 141-157.
[26] Cf. ibid., p. 167-171.
[27] Cf. ibid., p. 181-187.
[28] Il mio pensiero filosofico, p. 337.

già 19, come vuole la logica aristotelica con le sue otto famose regole, ma 32, senza contare altri 38 modi con la conclusione debole, in cui cioè il soggetto o il predicato sono presi nella conclusione con estensione minore che nelle premesse [29]. Tralasciando questi ultimi, i nuovi modi legittimi non contenuti negli schemi classici sono: 10 in cui il termine medio è preso tutte e due le volte come particolare [30] e 4 in cui le premesse sono entrambe negative e anche particolari [31].

Riguardo alle eccezioni contro la quarta regola (« *aut semel aut iterum medius generaliter esto* ») sembra che il disaccordo e l'innovazione del Pastore sia piuttosto di parole che reale. Infatti il Pastore riconosce che nel caso generico in cui il termine medio è preso come particolare in senso vago, la quarta regola è pienamente valida; l'eccezione si ha unicamente « se il termine medio contiene un solo particolare, se cioè il particolare di M è sempre lo stesso nelle due premesse e non fa che identificarsi con sè ripetendosi nelle due premesse » [32]. Ma in tale caso il sillogismo conclude *ratione materiae* e non *ratione formae;* la loro trattazione pertanto va esclusa dalla logica formale e l'innovazione è nulla.

La seconda eccezione è più importante: essa viola le regole sesta, settima e ottava. Ora è vero che posto in funzione il modello ideo-fisico, costruito dal Pastore non si vede perchè non si dovrebbe concludere da due premesse negative, dato che in tal caso le rotelle rappresentanti gli estremi girano in senso concorde. Ma proprio questo ci fa vedere l'inanità di tutta la costruzione del Pastore; giacchè in qualunque modo siano combinate le premesse secondo la qualità e la quantità, avremo sempre che i due termini estremi girano nello stesso senso o in senso contrario; una conclusione quindi sarà sempre possibile, eccetto quando la conclu-

---

[29] Logica formale, p. 219-222.
[30] Ibid., p. 200-201 e 220. Quattro modi appartengono alla prima figura, cioè: IAA, III, OAE, OIO. Due appartengono alla seconda figura: IAA et III. Due alla terza: III ed OIO. E due alla quarta: OAE et III.
[31] Ibid., p. 211-213 e 220. Due modi appartengono alla seconda figura: OEA ed OOI; gli altri due alla quarta: OEA ed OOA.
[32] Ibid., p. 188.

sione debba essere negativa e il termine maggiore sia particolare nelle premesse. Il modello ideo-fisico non è pertanto in grado di scoprire neppure se vi siano casi in cui nessuna conclusione è legittima, e quindi neppure potrà insegnarci se vi siano delle leggi che regolano i rapporti che devono intercorrere fra le premesse affinchè il sillogismo obbedisca alle leggi generali del pensiero. Nessuna meraviglia quindi se il modello ideo-fisico non ci manifesta la illegittimità di alcuni modi particolari. Certo non è impossibile trovare dei modelli fisici, che rappresentino, molto analogicamente, alcuni fatti logici e tali modelli possono avere a volte qualche utilità specialmente nella esposizione per i principianti [33]. Così ad esempio non è infrequente presso i logici il ricorrere alle immagini visive di cerchietti includentisi o escludentisi per spiegare qualche particolare modo di sillogismo. Ma volere, in in base ad un modello tanto deficiente ed analogico, procedere a modificare delle leggi fondamentali, le quali risultano dalle più generali leggi del pensiero, sembra per lo meno imprudente. Certo non bisogna credere che il Pastore contento del semplice risultato della sua macchinetta abbia senz'altro rigettato le classiche leggi aristoteliche; però le ragioni teoriche con cui crede di giustificare i risultati del suo modello, non sembrano concludere maggiormente.

Tuttavia, tralasciando un'ulteriore polemica su un argomento di scarsa importanza, richiamerò l'attenzione su le conclusioni di ordine critico e gnoseologico, a cui il Pastore accenna al termine del suo lavoro. Prima di tutto l'accordo, che egli ha creduto di poter stabilire fra le leggi della logica pura e le leggi della meccanica, è una conferma del valore oggettivo della nostra cognizione: « le leggi della natura sono pure le leggi del pensiero »[34]. Infatti non solo da una legge di natura noi possiamo dedurre con la sola logica delle altre leggi che verifichiamo in seguito con l'esperienza; ma possiamo anche verificare

---

[33] Il Pastore ricorda «quella varietà di diagrammi logici che furono lungamente in uso per rappresentare le mutue relazioni dei termini di un sillogismo al tempo di Alessandro di Afrodisia». Ibid., p. 184, nota.

[34] Ibid., p. 251.

sperimentalmente le leggi della logica pura. E' possibile non solo fare della pratica con la teoria, ma anche fare della teoria con la pratica.

L'altra conseguenza è questa: che davanti a diverse rappresentazioni di un medesimo fatto, rappresentazioni logiche, matematiche, meccaniche, ecc. non siamo autorizzati a dare una speciale preferenza ad alcuna di esse: «sotto un certo punto di vista, le infinite teorie accettabili sono tutte vere, per quanto siano anche irriducibili nei loro postulati »[35]. E' su questa teoria dell' « infinita verità dei modelli » che si appunta l'attenzione del Pastore nelle opere seguenti.

5. — L'IDEA DELL'INFINITA VERITÀ.

Il Pastore nei suoi primi saggi si è prevalentemente soffermato sulla logica formale, considerata come scienza analitica, e, basato sul principio dell'identità formale fra la logica, matematica e fisica, ha dedicato il meglio delle sue energie ad una interpretazione o traduzione della logica pura in termini matematici e fisici, contribuendo così alla formazione di una logica-matematica e di una logica-fisica, in cui mostra della vera originalità. Ma fin dal suo saggio successivo *Del nuovo spirito della scienza e della filosofia*, e più ancora nelle memorie di poco posteriori: *Sull'origine delle idee in ordine al problema dell'universale* (1909), *Il valore teoretico della logica* (1910), *Dell'essere e del conoscere* (1911), il suo interesse prende nettamente un'altra direzione, verso la quale si orienterà tutto il successivo sviluppo del suo pensiero filosofico fino alla programmatica prolusione del 1922: *Nuovi orizzonti della filosofia teoretica in relazione alla teoria della relatività*.

Questo interesse è doppio: epistemologico e gnoseologico o metafisico. Da una parte infatti il Pastore attende alla formazione di una teoria del metodo della scienza, ossia ad un'interpretazione filosofica della scienza, attraverso l'esame filosofico del

---

[35] Ibid., p. 249-250.

2 — F. SELVAGGI

concetto, dei metodi e del principio generale delle scienze stesse. Tale teoria deve soddisfare le opposte esigenze dell'empirismo e del razionalismo, e quindi non potrà fondarsi sulla ragione, e neppure sulla sola esperienza, ma esigerà « il riconoscimento della natura e della funzione sperimentale e deduttiva ad un tempo di tutte le scienze esatte »[36]. Però data l'importanza centrale di questo problema in una filosofia della scienza, la teoria del metodo sperimentale riceverà un'adeguata esposizione in un apposito capitolo della seconda parte.

D'altra parte il Pastore sente sempre più il bisogno di innalzarsi ad una concezione filosofica che abbracci il reale nella sua universalità e dia una base teoretica alle stesse ricerche sul metodo delle scienze. Ora questa base filosofica è l'idea dell'infinita verità, che il Pastore considera come « il miglior frutto filosofico di questo primo periodo »[37], e che non è che l'applicazione al campo filosofico della teoria dei modelli, già precedentemente esposta. La teoria dei modelli, dice infatti il Pastore, non contempla solo un metodo particolare di conoscenza scientifica, ma riguarda qualunque specie di cognizioni, anzi tutta la realtà; essere e conoscere non sono altro che modelli, rappresentazioni logiche e fisiche, mentre la vera realtà non è altro che la legge, cioè i rapporti costanti delle idee e delle cose. L'importanza di questa teoria su cui l'autore torna con entusiasmo in tutti gli scritti di questo primo periodo, sta in ciò che essa forma il passaggio per giungere alla concezione della realtà come unità subobiettiva e quindi alla risoluzione dell'ente in relazione, proposizione che formerà la base generale o se vogliamo il sostrato metafisico della teoria definitiva dell'autore, la LdP.

Per farci comprendere d'un colpo la sua idea, il Pastore riporta un esempio desunto alla lettera dal suo maestro, Antonio Garbasso[38]. Supponete dunque di avere dentro una cassa chiusa un orologio, in modo tale però che all'esterno apparisca il solo quadrante col moto delle sfere. Se voi mostrate un tale oggetto

---

[36] Del nuovo spirito della scienza e della filosofia, p. 7.
[37] Il mio pensiero filosofico, p. 337.
[38] Del nuovo spirito, p. 183-185.

ad un meccanico d'ingegno sottile, domandandogli di spiegare il meccanismo che produce quel movimento, egli potrà forse trovare un'ipotesi ingegnosa con cui renderà conto del movimento delle sfere, anzi potrà moltiplicare le ipotesi che potrebbero produrre tutte il medesimo fenomeno, giacchè come mostrò Enrico Hertz, se esiste un sistema materiale o meccanismo, che goda di certe proprietà, ne esistono per ciò solo infiniti altri obbedienti alle medesime leggi. Quale fra queste ipotesi o modelli è il vero? Noi siamo impotenti a determinarlo; e dovremo contentarci sempre di spiegazioni ipotetiche.

Ma il Pastore procede oltre, affermando che « gli infiniti sistemi equivalenti al primo proposto ma occulto ed obbedienti alle medesime leggi sono tutti veri »[39]. Tale affermazione è basata sulla nozione stessa della scienza che egli desume dai moderni scienziati; viene infatti comunemente ammesso che ciò che vi è di essenziale nella scienza è la determinazione della legge, cioè dei nessi che intercedono fra i vari fenomeni e che, espressi in equazioni, permettono di dedurre dallo stato attuale delle cose lo stato loro per un istante qualunque. L'equazione dunque costituisce l'oggetto vero della scienza, « la vera natura che valga la pena di considerare »[40]. Le ipotesi scientifiche con gli infiniti modelli da una parte, i fenomeni naturali con la loro pure infinita varietà dall'altra, non sono che immagini o concretizzazioni egualmente accettabili della legge. E fra tutta questa infinita varietà di modelli non v'ha ragione alcuna di preferenza, posto che i modelli escogitati rendano conto ugualmente bene di tutte le leggi. Certo se si trattasse di stabilire i rapporti fra modelli e modelli, per esempio fra un modello ideale (idea) e un modello reale (cosa), di fronte al modello occulto proposto potremo dire solo che i modelli equivalenti sono verisimili, ma non veri. Invece il vero scopo della scienza è stabilire i rapporti fra i modelli e le leggi e « di fronte precisamente a queste leggi noi dobbiamo riconoscere che tutti gli infiniti sistemi sono, non già verisimili, ma veri e questa verità è infinita ». Perciò all'antica formula che

---

[39] Ibid., p. 185.
[40] Ibid., p. 55.

definisce la verità: *adaequatio rei et intellectus,* potremo sostituire quest'altra: *veritas est adaequatio legis et imaginis,* giacchè dobbiamo vedere « nell'oggetto le leggi, e nell'intelletto le rappresentazioni, i sistemi soddisfacenti, i modelli dinamici, gli infiniti simboli equivalenti »[41].

Questa nuova concezione della conoscenza e della verità che potrebbe portare ad un relativismo scettico il più radicale, è invece per il Pastore l'ultimo passo per giungere ad una forma non meno radicale di panlogismo[42]. Posta infatti l'idea dell'infinita verità per cui le cose e i fenomeni, non meno delle nostre ipotesi e teorie, sono modelli e immagini delle leggi, ne segue immediato il riconoscimento della logicità immanente in tutto l'universo. Gli individui nella loro infinita molteplicità realizzano ed effettuano in sè l'essenza logica, cioè il rapporto costante o la legge dell'universale, pur essendo infinitamente liberi in questa realizzazione ed effettuazione. Riesce pertanto inaccettabile ogni concezione non logica della natura. La natura logica dell'unversale realtà, ossia l'assoluta razionalità dell'universale, conferma quindi « il profondo aforisma di Hegel », che tutto ciò che è reale è razionale, tutto ciò che è razionale è reale[43]. E nel riconoscimento della perfetta razionalità del reale sta pure il superamento d'ogni idealismo e d'ogni realismo esclusivista. Sia il realismo che l'idealismo infatti contengono una parte di verità, ma solo una parte. Giacchè l'idealismo non può distruggere il fatto empi-

---

[41] Ibid., p. 186.

[42] L'idea del panlogismo, già accennata nella prolusione *Il valore teoretico della logica* (in *Riv. di fil.* 1910, p. 587-588) e nella memoria *Dell'essere e del conoscere* (p. 42-44), forma il motivo centrale della voluminosa opera *Il pensiero puro* (1913). E' questo lo scritto più ermetico del Pastore, tanto che egli stesso nella Prefazione del *Il solipsismo* scrive: « Credo di dover attribuire il successo poco edificante di quell'opera all'oscurità dello stile » (op. cit., p. 8). In questo volume l'autore svolge fra l'altro la storia del panlogismo, o meglio la storia della filosofia vista dal punto del panlogismo, per concludere alla sua tesi dell'autologia, cioè del pensiero puro. Il pensiero puro o autologico è il pensiero nella sua purezza, il pensiero del pensiero, che pone logicamente se medesimo e non ha bisogno di altro per essere. Sul pensiero puro ritorneremo al capitolo terzo.

[43] Dell'essere e del conoscere, p. 43.

rico e scientifico della realtà oggettiva, contrapposta alla coscienza, l'essere. D'altra parte l'essere non può estendersi fuori della conoscenza, della razionalità, della logicità. Quindi l'essere e il conoscere, pur nella loro distinzione ed opposizione, si armonizzano e « si identificano come condizioni nella serie infinita dell'universo »[44]. L'essere che non è conoscere è impensabile; falsità del realismo; parimente il conoscere che non è essere: falsità dell'idealismo. Sia l'essere che il conoscere poi devono essere concepiti non solo come varietà empirica dei fatti, ma anche come realizzazione dell'unità logica della legge. L'essere è la molteplicità oggettiva, cioè la materia; il conoscere è l'unità soggettiva, cioè la forma. La realtà però è una sola, non per la negazione di uno degli opposti, bensì perchè gli opposti non costituiscono più una contradizione insuperabile, ma sono semplici astrazioni, reali solamente nella sintesi concreta subobiettiva. « Essere e conoscere, oggetto e soggetto, esteriorità e interiorità, materia e forma, molteplicità e unità, realtà e pensiero, ecc. coesistono come condizioni correali e conideali di una serie comune e tale che l'una condizione esiste per virtù dell'altra »[45].

Così, con un processo lento ma continuo, il pensiero del nostro filosofo si è svolto dalle posizioni iniziali sino all'affermazione di quella concezione unitaria della realtà che, come ho già detto e come vedremo più ampiamente al capitolo terzo, formerà la base generale della sua teoria definitiva, la logica del Potenziamento.

6. — IL PROBLEMA GENERALE DELLA RAGIONE LOGICA.

Nel 1922 come primo saggio nella sua Biblioteca di filosofia teoretica, Annibale Pastore publicava un lavoro di Pietro Mosso, dal titolo *Principii di Logica del Potenziamento*[46]. Questa pubbli-

---

[44] Il valore teoretico della logica, in *Riv. di fil.* 1910, p. 586.

[45] Dell'essere e del conoscere, p. 38.

[46] I *Principii di LdP* furono pubblicati in 2ª edizione come appendice del volume del Pastore *La LdP*. Da questa edizione saranno desunte tutte le citazioni.

cazione segna la data di nascita della nuova logica, la teoria definitiva del nostro autore. Già fin dal 1915, ci fa sapere il Pastore, egli aveva incoraggiato, continuando poi sempre ad assisterlo sulle basi di un nutrito carteggio, il suo « affezionato ex-allievo Pietro Mosso, singolarissima tempra geniale di matematico e d'inventore, a prender in esame oggettivo e dalle radici tutto il problema logico tentandone la ricostruzione »[47]. Egli infatti aveva intravisto la possibilità, anzi la necessità di una logica generale, a principio integralmente relativistico, avente la sua base logica fuori di tutti i sistemi logici particolari e tale da costituire essa stessa la base logica di tutti questi ultimi.

Ecco dunque come si presenta il problema generale della ragione logica: Ogni scienza allo sguardo del logico è come un campo o un sistema chiuso particolare, che da alcuni enti primitivi, idee, assiomi, postulati, si sviluppa per via deduttiva in tutto l'insieme dei teoremi, delle leggi, dei corollari. E' evidente però che questi enti primitivi, la loro scelta e posizione, non può essere giudicata in base alle scienze stesse particolari: nel processo dimostrativo e risolutivo è necessario fermarsi ad un primo che giustifichi tutto il successivo, ma che non può essere giustificato da questo. D'altra parte però « è un punto ormai acquisito nella critica delle scienze che la scelta degli enti primitivi non è arbitraria, dovendo soddisfare alle condizioni necessarie e sufficienti allo sviluppo del sistema »[48]. E' necessario quindi ricorrere ad una scienza superiore, che giustifichi i fondamenti extra-sistematici, pre-sistematici della scienza. « Qualche epistemologo, osserva il Pastore, ha creduto di contestare l'utilità di una teoria dei sistemi primitivi », ripetendo col Poincaré che « l'oscurità della sorgente non impedisce al fiume di fluire ». « Ma la conoscenza delle sorgenti forse l'impedirà? risponde argutamente il nostro autore. Spetta alla critica rendere ragione di tutto l'organamento logico della conoscenza; quindi non è logico partire dalla sistemazione residuata dei sistemi primitivi se si possono determinare

---

[47] Il mio pensiero filosofico, p. 340.
[48] La crisi della logica, in LdP, p. 58.

le condizioni necessarie e sufficienti del loro processo di costruzione » [49].

Pertanto indagare i fondamenti dell'indagine scientifica, determinare le condizioni generali ed il processo di costruzione d'ogni sistema di enti primitivi, l'origine cioè, la scelta, il significato delle idee primitive di ogni scienza particolare, è questo il compito presistematico che si propone la nuova logica e che « sposta il centro di gravità d'ogni ricerca dalla logica particolare come sistema alla logica generale come logicità » [50].

Senonchè come ogni altra scienza, anche la logica generale ha bisogno di alcuni principi, di un gruppo di enti primitivi, che siano la sua base e punto di partenza; ma è impossibile ricorrere ad un'altra scienza superiore più generale, nè può essa stessa dimostrare, cioè dedurre i suoi principi, essendo questi la condizione previa d'ogni deduzione. Il problema della ragione logica si estende quindi anche nei confronti della stessa logica generale e cerca una soluzione che non può andar fuori da una di queste tre formulazioni.

« 1° Il sistema logico è sviluppato logicamente e comprende in se stesso la spiegazione del suo principio;

2° la logica è una scienza o sistema particolare e la sua ragione è extra-logica;

3° i principi della logica non sono logici » [51].

Un rapido esame ci farà scartare senz'altro le due ultime soluzioni, giacchè ammettere un campo neutro dell'extralogico è distruggere la validità universale della logica e sostituire ad una ragione teoretica un suo momento pratico o tecnico, mentre affermare l'illogicità dei principi logici equivale a distruggere qualunque conoscenza sistematica particolare, che dalla logica solo può ricevere la coscienza del suo processo e il criterio della propria validità. Pertanto « la sola base possibile alla logica è quella che la rende scienza prima ed autonoma, cioè potenza di porre

---

[49] LdP, Introduzione, p. 8.
[50] La crisi, cit., p. 58.
[51] Mosso, Principi di LdP, p. 277.

il logico, l'extra-logico e il non-logico. Sotto questo rispetto il problema della logica è espresso dalla prima formulazione e si presenta come la ricerca della logicità nell'interno stesso della logica » [52].

Così impostato il problema della ragione logica, il Pastore si propone subito un compito previo indispensabile: occorre cioè urgentemente sgombrare il terreno della logica da tutte le proprietà extra-logiche che riescono a paralizzarla. Questo lavoro fu iniziato sin dalla già citata memoria del 1908: *Sulla natura extralogica delle leggi di tautologia e di assorbimento nella logica matematica*, e condotta vigorosamente specialmente nei confronti di Aristotele e di Kant in vari articoli raccolti nella *LdP* e nel recente volume su *L'acrisia di Kant*. All'esposizione di questa critica compiuta da un punto di vista originale sarà dedicato il secondo capitolo di questa prima parte, che ci presenterà quindi il lato negativo del punto di partenza della nuova logica, e servirà a dare una forma più concreta al problema della logica generale.

---

[52] Ibid., p. 278.

CAPITOLO SECONDO

CRITICA DELLE LOGICHE PRECEDENTI

1. — La logica aristotelica.

« Per intendere ed esprimere la base della logica, quale potenza che crea, assumiamo come punto di riferimento e di partenza la logica classica esaminandone la base attuale »[1]. Così si esprime il Mosso nei suoi *Principii di LdP*. Lo stesso dobbiamo fare ora noi, se vogliamo comprendere la posizione nuova che la LdP assume nei confronti di tutte le logiche precedenti. Questa critica molto severa e demolitrice, si può forse riassumere in una parola, dicendo che nessuna delle logiche precedenti si è posta mai come logica generale, pura logicità, ma che tutte le logiche sono state sempre sistemi logici particolari, partecipando quindi tutte del carattere necessario di ogni sistema chiuso, di porre cioè i propri principi senza una giustificazione interna al sistema. Questo carattere nel caso della logica, fa sì che i principi logici e quindi il sistema tutto da essi derivato, sia di natura extralogica, distruggendo in questo modo non solo la validità universale della logica, ma anche il valore di qualunque conoscenza, che dalla logica dovrebbe ricevere la coscienza del proprio procedere e il criterio della propria validità. Ed in questo il Mosso ed il Pastore hanno veduto giustamente: la negazione della logicità dei principi della logica porta infatti fatalmente non solamente al riconoscimento di un campo più o meno vasto dell'irrazionale nella cognizione e nella realtà, ma alla piena negazione della razionalità del conoscere e dell'essere.

---

[1] Mosso, Principi di LdP, p. 278.

Seguiamo ora nei particolari la critica che la LdP muove ai vari sistemi logici, cominciando da quella logica che ha dominato per secoli il pensiero occidentale: la logica aristotelica.

L'esame della logica aristotelica che il Pastore svolge nei suoi saggi più recenti, raccolti in *La LdP* e in *L.S.* o ancora posteriori, è ben diverso da quello compiuto nel volume *Sillogismo e Proporzione*. Il differente indirizzo è dovuto al fatto che il Pastore giovane non aveva ancora scoperto la funzione essenziale dell'intuizione logica, avvolto ancora nel pregiudizio che la logicità fosse puramente deduttiva.

Sotto l'aspetto deduttivo il Pastore riconosce ancora pienamente il merito di Aristotele, « il più alto esponente della logica classica »[2], anzi il vero fondatore della logica analitica e deduttiva, che per tanti secoli ha dominato il pensiero dell'umanità. Aristotele infatti, dopo aver chiaramente distinto le tre forme elementari del pensiero, concetto, giudizio e sillogismo, ha codificato definitivamente la regola del loro uso logico e deduttivo; « egli vide con stupenda chiarezza la necessità della non contradizione nello sviluppo analitico della deduzione »; tutti i suoi principi logici sono e rimangono veri sotto l'aspetto formale deduttivo e perciò « Aristotele, l'Aristotele vivo di ciò che è vivo e vitale negli Analitici, resta »[3].

Tuttavia l'aspetto puramente analitico della logica Aristotelica è ciò che ne costituisce il vizio essenziale. La logica formale infatti si chiuse e si cristallizzò nei limiti della sillogistica[4], « le sue forme concettuali, giudicative, sillogistiche sono colate nello scheletro dell'analisi »[5]; sicchè « il principio aristotelico dell'analisi non tardò a diventare parassita e incapace di produrre »[6]. La logica si ridusse all'ufficio di puro strumento, organo di tutte le scienze e degenerò così in quel vano formalismo che per tanti secoli ridusse gli studi logici in uno stato miserando[7].

---

[2] Sul compito critico della filosofia, in *Arch. di fil.* 1940, p. 464.
[3] Il problema del trascendente nella scienza, in L.S, p. 65.
[4] La logica della ricerca scientifica, in L.S, p. 6.
[5] LdP, Prefazione, p. 7.
[6] Il problema del trascendente nella scienza, in L.S, p. 65.
[7] Sulla logica della logica secondo E. Lask, in LdP, p. 259.

Quello però che è più importante per la valutazione della logica aristotelica, è la alogicità dei principi, conseguenza della pura deduttività di essa. Infatti la logica analitica di Aristotele proclama la necessità « di fermarsi allo sviluppo delle forme logiche, di non cercare di risalire al di là dei sistemi primitivi, di non indagare il senso logico dello sviluppo analitico delle forme elementari »[8]. Quindi la sua base, la dottrina dei principi, ha la sua ragione di essere in altro, come una scienza particolare qualunque; non riesce e reggersi da sè; è qualche cosa che può, anzi deve essere superato. Siamo così portati ad esaminare la dottrina dei principi e principalmente del « principio classico d'identità, (che) fu posto alla base d'ogni costruzione sistematica, come assertore della permanenza, dell'eguaglianza e dell'invarianza assoluta degli enti logici in tutto il processo del discorso »[9].

Su questa posizione fondamentale del principio d'identità nella logica aristotelica, anzi in ogni sistema scientifico, il Pastore ritorna frequentemente; ma occorre determinare bene il significato che egli attribuisce a questo principio per comprendere in che senso egli rigetta il principio d'identità. Esso può enunciarsi come « l'ipotesi che gli enti rimangano uguali ed immutati attraverso a tutte le relazioni in cui possono comparire »; si afferma cioè « un'invarianza degli enti al variare delle relazioni, esigente un sostrato immutabile, una entità assoluta »[10]. Orbene, secondo il Pastore, nell'enunciare questo principio per base della logica, Aristotele non fa che codificare un pregiudizio, che ereditò da Parmenide e da Platone: cioè l'affermazione della razionalità dell'identico e dell'irrazionalità del diverso. In Parmenide infatti, in Platone e poi in Aristotele, « lo Stesso, cioè l'identico solo fu considerato come razionale; l'Altro dello Stesso cioè il diverso

---

[8] Ibid.

[9] Sul fondamento logico della matematica, in LdP, p. 96-97.

[10] Mosso, Principi di LdP, p. 279. Si deve tuttavia notare che secondo Aristotele « l'identità non è pura tautologia, perchè ciò che è identico sotto un rispetto, per altri è formalmente diverso: ponendo $a = a$ si esprime a come sistema di rapporti con $x, y, \ldots z$ e quindi si intende in realtà $a (x, y, \ldots z) = a (x', y', \ldots z')$ ». Ibid., p. 280.

fu considerato come irrazionale » [11]. Si sarebbero potuti postulare altri principi; Aristotele aveva l'esempio, e lo conosceva benissimo, di Eraclito colla dottrina dell'eterno divenire e la variazione continua degli enti reali. Fra le due concezioni opposte, criticamente ugualmente accettabili, Aristotele preferì al principio eracliteo del divenire, il principio immobilizzante dell'identità. Codificò così ad arbitrio il suo principio come una convenzione comoda: « lo scelse per avere una terra ferma sotto i piedi in mezzo al divenire dell'universo che tutto cambia, ignorando la possibilità di costruire un altro sistema di riferimento, per calcolare le variazioni continue degli enti reali » [12].

Da allora il principio di identità — inteso come la permanenza dell'ente identico con se stesso, nonostante il mutare degli enti coi quali è in relazione — venne considerato come la *conditio sine qua non* del ragionare, giacchè è sembrato impossibile il ragionamento senza « introdurre nel discorso l'assicurazione fondamentale che una cosa è e resta quella che è » [13]. Così ad esempio sarebbe impossibile il sillogismo se non si supponesse che il soggetto, che nella conclusione si mette in relazione col predicato, rimanga identico a se stesso quale era nella premessa, in cui era stato messo in relazione col termine medio; e così pure che il termine medio rimanga identico a se stesso, quando nelle due premesse è posto in relazione coi due termini estremi. In genere non si può ragionare su di un ente, senza supporre che l'ente per il mio ragionarci sopra non si muta, permane identico non solo realmente, ma anche concettualmente.

Ma il principio di identità-invarianza non è solo arbitrario, bensì anche inetto al fine della conoscenza, che è quello di adeguarsi alla realtà. Questa osservazione è decisiva nei riguardi del nostro principio; giacchè quando si tratta dei principi non si può parlare di dimostrazioni pro o contra, ma solamente del criterio di scelta. Si può fare convenzione di tutto, salvo a godere o deplorare le conseguenze. Ma allora se un inconveniente imprevisto

---

[11] Critica dell'irazionalismo di Meyerson, in LdP, p. 149.
[12] Ibid., p. 150.
[13] Ibid.

compromette l'indagine della scienza, se un nuovo metodo rende possibile un più ampio lavoro, è necessario abbandonare il vecchio principio per il progresso del sapere e della verità. Tale appare al Pastore il principio di identità aristotelico, giacchè la realtà si manifesta sempre più con la sua incontestabile alterazione. Ostinarsi nella esclusiva razionalità dell'identico, vuol dire residuare un sempre più largo margine di elementi che resistono ad ogni tentativo di razionalizzazione, significa quindi « adottare il partito preso di non dar retta alla lezione della realtà » [14].

Qui il Pastore si propone la fondamentale difficoltà e cioè che sarà impossibile abbandonare il principio di identità se esso è la condizione *sine qua non* del ragionare. « Ma non lo è, risponde recisamente. Questo è il punto capitale che bisogna comprendere. E il tentativo di identificare l'identità-invarianza con la non contradizione-coerenza non è che una confusione di principi eterogenei. Infatti l'identità fissa l'ente nel discorso irrelativamente; la non contradizione lo fissa relativamente. L'identità nega la relazione al sistema; la non contradizione l'afferma come coerenza d'ogni concetto, sia con sè, sia con gli altri del sistema. I due principi pertanto non sono complanari, come è stato già provato dal Mosso. Anche è inutile dire: — o ammettere il principio d'identità esplicitamente, o negarlo a parole ma farne uso implicito negandolo. — Questo dilemma è falso, perchè tal principio non è usato che in un sistema, e non è vero, come fu già detto, che altri siano impossibili » [15]. « Riassumendo, dice ancora il Pastore, non c'è ragione alcuna per conservare in logica il principio aristotelico d'identità-invarianza... Ci sono invece ragioni fortissime per abbandonarlo » [16].

Ho voluto portare per disteso quanto scrive il Pastore in questo articolo apparso nella *Rivista di Filosofia* nel 1926, giacchè è questo il brano in cui egli più fortemente si pronuncia contro il principio classico di identità. A parte la non chiara distinzione fra

---

[14] Ibid., p. 152. Cf. Verso un nuovo relativismo, in LdP, p. 16-18.
[15] Critica dell'irrazionalismo di Meyerson, in LdP, p. 151.
[16] Ibid., p. 158.

l'identità-invarianza e la non contradizione-coerenza [17] e il valore che dovrebbe avere quest'ultima nella logica universale, il rigetto del principio classico d'identità non poteva essere più categorico: tale principio non è la condizione necessaria del ragionare, si può rigettare senza contraddirsi.

Questa posizione estrema non corrisponde però esattamente al pensiero del Pastore quale ci appare dal complesso dei suoi scritti. Non parliamo delle opere che precedono la scoperta del principio del potenziamento: così per esempio, nel 1908, nel famoso saggio *Sulla natura extralogica*... dichiarava assurdo negare « la validità del principio di identità a cui si connettono naturalmente tutte le operazioni possibili d'ogni calcolo » [18]. Anche in *Il problema di causalità* difende il principio di contradizione come valido non solo nel campo logico, ma anche in quello metafisico, affermando la ragionevolezza dell'estensione aristotelica del principio di contradizione a tutto il sapere. « Aristotele, ponendo il principio

---

[17] Per il senso di questa distinzione il Pastore rimanda alla Nota del Mosso sopra *L'identità come principio logico extrasistematico*, presentata, ma non potuta svolgere al VI Congresso Nazionale di Filosofia, marzo 1926, e che in seguito non ha potuto essere pubblicata (Cf. ibid., p. 151 e 170). A mio parere questa distinzione portata qui per sfuggire ad una difficoltà stringente, non ha gran valore nè in sè nè per il pensiero dell'autore: di fatto non viene impiegata altrove, benchè si accenni ad essa più d'una volta. La distinzione consiste in questo che con l'uno si afferma l'identità, con l'altro si nega la contradizione: a è a e non non-a. Ma il principio di non contradizione si fonda tutto su quello di identità e quindi ne segue necessariamente le sorti; anzi la distinzione fra i due principi è più verbale che reale. Perciò non può far meraviglia se il Pastore estende anche a questo secondo principio quanto dice dell'identità e cioè che il suo valore è ristretto unicamente al campo sistematico della logica deduttiva; vale per il discorso, ma non per i principi da cui il discorso dipende nè per l'operazione logica, l'intuizione, con cui questi principi vengono posti dalla logica generale (cf. L.S, p. 54-59, 65, 69, 314-317). Sul principio di non contradizione avremo occasione di ritornare più di proposito al capitolo V. Nel capitolo IV anche vedremo che al principio di identità-invarianza il Pastore, nei saggi principali della LdP, sostituisce non il principio di non contradizione-coerenza, ma il principio di identità-distintiva.

[18] Sulla natura extralogica, in LdP, p. 45. E si noti che in questa memoria il principio di identità è ancora preso come il principio classico dell'uguaglianza $a = a$. (Cf. ibid., p. 44 e Mosso, op. cit., p. 292).

di contradizione, che a sua volta implica la necessità, a base d'ogni sapere così razionale come naturale, non ebbe torto »[19]. Ma anche negli scritti successivi si nota una posizione più moderata nei confronti di questo principio. Il suo pensiero è questo: il principio classico d'identità-permanenza non è il principio universale della realtà e della logica: è possibile andare oltre questo principio; anzi è necessario, sia se si vuole afferrare il reale nella sua variazione continua, sia se si vuole fondare logicamente la logica, la logica generale. Una logica che si ferma a questo principio, sarà una logica particolare, un sistema chiuso [20]. Il principio di identità e la logica su di esso fondata conservano la loro validità, ma solo come caso particolare, « vale solo per gli enti convenuti rigidi nel campo sistematico del discorso, non già per il campo ordinario dell'esperienza »[21]. Perciò « sotto il rispetto D, il sistema si compone aristotelicamente, cioè coll'identità classica, la non contradizione e il terzo escluso »[22]. E più recentemente, nel 1939, scrive con espressioni di esaltazione: « La prima caratteristica del pensiero occidentale non si trova nelle inconseguenze che errano a caso, ma nella deduzione logica, cioè nella derivazione necessaria d'una conclusione dalle premesse fondata sul principio di non contradizione, a cui si riduce in ultima analisi la validità d'ogni discorso. Il criterio ultimo del vero dimostrabile è a questa condizione lumeggiata splendidamente da Aristotele »[23].

Concludendo dunque dobbiamo dire che « l'identità di un concetto con se stesso $a = a$ contemplata dalla logica è un caso particolare rispetto alla nuova logica », la logica come logicità [24]. Nel-

---

[19] PdC, I, p. 69.

[20] Cf. Sul fondamento logico della matematica, in LdP, p. 96-97 e Rassegna logica, ibid., p. 140-141.

[21] La crisi della logica, in LdP, p. 58.

[22] Il problema del trascendente nella scienza, in L.S, p. 54.

[23] La logica del pensiero occidentale, in L.S, p. 314.

[24] La crisi della logica, in LdP, p. 64. Fin dalla relazione al Congresso filosofico nazionale di Salsomaggiore nel 1935, e poi di nuovo nel 1937 al Congresso di Napoli, il Pastore propose una ricerca storica, a suo parere importante e suggestiva: « scoprire la funzione sintetica degli Analitici di Aristotele » (in L.S, p. 7 e 65), facendo vedere che la logica aristotelica non è puramente deduttiva, ma riconosce una funzione logica sin-

l'ultima parte, dopo aver visto il nuovo sviluppo della logica con cui il Pastore crede di superare la logica aristotelica, dovremo ritornare su queste posizioni che sono il vero punto di partenza di tutta la LdP.

2. — DA ARISTOTELE A KANT.

Il lungo periodo che va da Aristotele a Cartesio, in cui è inclusa per intero la scolastica e dalla quale non va disgiunta la neo-scolastica e indirizzi affini [25], viene riassunto, almeno negli scritti più recenti, con poche e brevissime considerazioni. « La logica scolastica, che tuttavia ebbe il grande merito di rivivere la virtù della forma analitica aristotelica, non trovò una nuova via d'uscita » [26], poichè « restò vittima nonchè schiava del principio d'identità » [27]; il pregiudizio aristotelico non fece che consolidarsi col tempo deformando e restringendo sempre più il campo della logica, accentuandone sempre più il vano formalismo [28]. In particolare « una densa nuvola non tardò ad estendersi sopra le origini matematiche della sillogistica », sicchè questa, « ingolfata nel più sterile verbalismo, cadeva nel massimo discredito » [29]. E' vero che con Ruggero Bacone si ebbe un primo tentativo di riforma del metodo scientifico, con un ritorno insistente all'uso dell'osservazione nell'investigazione della natura. « Ma non fu che uno spunto, insufficiente a inaugurare il metodo sperimentale »; tanto più che, caduto nell'estremo opposto, « Bacone giunse a condannare ogni

---

tetica e costruttiva e ammette in questo campo la compatibilità del contraditorio. L'invito non venne accolto, per cui l'autore cominciò egli stesso la ricerca che lo portava a scoprire vestigi di intuizione logica in Aristotele. In una relazione alla sezione torinese dell'Istituto di Studi Filosofici, pubblicata in *Arch. di Filos.* 1940, n. 4, il Pastore analizzava tre passi di Aristotele, nei quali crede di trovare gli elementi desiderati, benchè in condizione affatto opaca e improduttiva. Su tale interpretazione torneremo nell'ultimo capitolo.

[25] Rassegna di logica, in LdP, p. 129.
[26] Il problema del trascendente nella scienza, in L.S, p. 65.
[27] Critica dell'irrazionalismo di Meyerson, in LdP, p. 153.
[28] LdP, Prefazione, p. 7, e Sulla logica della logica, ibid., p. 259.
[29] Sul D.U, ib., p. 111.

uso di ragionamento deduttivo » senza del quale è impossibile, per il Pastore, ottenere la necessità delle leggi causali [30]. Tolte rare eccezioni, la scolastica si andò sempre più impegolando nella logica formalistica, pensando che questa bastasse anche alla conoscenza delle leggi della natura: « il processo logico formalistico veniva confuso, anzi identificato col processo fisico, un'astrazione verbale insomma veniva elevata al grado di realtà naturale » [31]. E tutto questo, nonostante la buona volontà con la quale « molti dei nostri più arcaici cultori di logica formale hanno speso la loro triste vecchiaia in ricerche da impagliatori di sedie, compilando opere di logica, in cui la sola cosa che non abbia senso è appunto la loro opera » [32].

Se ci fermiamo più specialmente nei riguardi del metodo della scienza, si possono notare anche alcuni interessanti riscontri. Già gli antichi, come ora i moderni fisici, hanno fatto uso nella conoscenza della natura delle ipotesi e dei modelli, ma i pregiudizi metafisici da cui si lasciavano dominare, hanno paralizzato completamente questo metodo. Infatti le ipotesi, usate dagli antichi nella spiegazione dei fenomeni naturali, si possono dividere in due categorie: 1° le ipotesi primordiali, causative; 2° le ipotesi secondarie, consecutive. Le ipotesi capitali erano per gli antichi delle anticipazioni essenzialmente dommatiche e sovraordinate ai fatti, cioè dei principi imposti dalla loro concezione metafisica del mondo; ma assolutamente gratuiti, non avendo originariamente alcun rapporto ai fatti che si volevano spiegare, cioè alle apparenze della natura. La loro necessità era generata dall'associazione psicologica delle abitudini mentali e non da inconcepibilità logica del contrario. Le ipotesi secondarie invece si devono considerare come dei mezzi, dei ripieghi, per mettere d'accordo i principi metafisici con i fatti; in questo consisteva tutto lo sforzo della loro filosofia naturale. Queste ipotesi, che si possono chiamare bilaterali, sono subordinate tanto ai principi metafisici, quanto ai fatti. Gli schemi ipotetici secondari poi erano accolti solo come convenienti nella

---

[30] PdC, I, p. 102.
[31] Ibid., p. 106.
[32] Rassegna di logica, in LdP, p. 132.

pratica, mentre in fondo la maggior parte dei filosofi era propensa a dubitare della loro verità fisica. Il difetto metodologico degli antichi, quindi, consistette principalmente nell'ammissione gratuita delle ipotesi primordiali e conseguentemente nel proposito di subordinare le ipotesi strumentali a quelle condizioni pregiudiziali [33].

« Dobbiamo trasportarci al secolo decimosettimo per ripigliare con Descartes il filo della migliore rivelazione aristotelica, cioè il nesso fra il metodo matematico della proporzione e il metodo logico della deduzione » [34]. Ed infatti il primo merito di Descartes è quello di aver saputo ricondurre la deduzione logica alla sua origine matematica, riconoscendo che in ogni deduzione non si fa che stabilire un'eguaglianza di rapporti. Altro merito importantissimo di Descartes fu quello di aver intravisto la seconda operazione logica fondamentale, che insieme alla deduzione è necessaria alla formazione della scienza. Descartes infatti stabilisce la necessità e la logicità dell'evidenza come operazione fondamentale nella costruzione dei sistemi, operazione in nessun modo riducibile alla deduzione. E « l'evidenza di Descartes non è la semplice evidenza, è invece già quasi, con sorprendente nettezza, l'intuizione logica dell'elemento formale dello sviluppo del discorso » [35]. Essa cioè non è il frutto di una intuizione puramente psicologica della coscienza volgare in preda dei sensi, ma l'intuizione dei termini e quella dei rapporti, quindi intuizione logica e necessaria. Descartes tuttavia non giunse a riconoscere in modo chiaro e distinto il compito che ha l'intuizione secondo la nuova LdP.

Finalmente ancor più si mostrò la genialità di Descartes nella trasformazione da lui effettuata del sistema geometrico nel sistema algebrico, mediante la creazione della geometria analitica. Compito di una ricerca epistemologica generale sarebbe quello di stabilire le leggi generali di trasformazione per cui, quando si conosca la totalità degli enti di un sistema e l'elemento formale del loro sviluppo, sia possibile passare ad un nuovo sistema, in cui ad un nuovo discorso (o insieme di enti) corrisponda un nuovo univer-

---

[33] Del nuovo spirito, p. 125-135.
[34] Sul D.U, in LdP, p. 111.
[35] Novità sulla logica di Descartes, in LdP, p. 206.

so (o elemento formale). Questo, come vedremo, è il problema che la LdP ha risolto col teorema del potenziamento logico e con l'impianto delle equazioni logiche; Descartes, pur non giungendo alla teoria generale, ce ne ha tuttavia dato un esempio mirabile nel caso concreto della geometria analitica [36].

Il riconoscimento del merito di Descartes non viene a scemare in nulla l'importanza e il valore di Galileo. Sebbene questi non si sia occupato del problema filosofico e quindi sia inutile cercare in lui un contributo diretto in gnoseologia, alla soluzione del problema generalissimo della filosofia come logicità, tuttavia nella epistemologia, cioè nel campo sistematico delle scienze sperimentali, il suo merito è sommo. A lui infatti si deve, come il Pastore largamente prova nella parte storica del suo *Il problema della causalità* [37], l'aver stabilito il nuovo metodo di ricerca delle leggi causali fondato sull'esperimento e l'aver sviluppato quella teoria delle macchine, che deve essere considerata come la prima e già progredita anticipazione della teoria dei modelli di Hertz.

Il metodo Galileiano risulta dalla intima sintesi di tre operazioni, due estreme e una media. Le estreme, di cui Galileo parla più esplicitamente, sono l'esperienza sensibile e la dimostrazione necessaria. La prima è la manifesta osservazione che ci dà i fatti contingenti, l'esperienza procurata per mezzo dei sensi, punto di partenza, di cui non si può fare a meno nello studio della costituzione dell'universo, realmente sussistente *in rerum natura*. L'ultima operazione, che sola può e deve assicurare il ricercatore della necessità del processo naturale, è la deduzione sia del calcolo che dell'esperimento; il calcolo per l'astronomia, l'esperimento per la fisica. L'operazione media fra l'esperienza e la dimostrazione è meno esplicitamente enunziata dal Galilei; pure non è difficile raccoglierla dal metodo da lui messo in azione. Essa consiste nell'impiego deliberato dell'ipotesi tecnica come mezzo deduttivo di ricerca e di prova. L'ipotesi può essere o puramente logica e teorica, come è quella di cui si fa uso nel conseguente calcolo matematico e di cui già aveva dato esempio Copernico; oppure è fisica

---

[36] Ibid., p. 216-219; cf. Sul D.U, ib., p. 111-113.
[37] PdC, v. I, p. 119-140.

e conduce alla costruzione delle macchine come strumento di ipotesi deduttiva nell'esperimento. La prima è chiamata da Galileo: ipotesi, supposizione, dottrina, teoria...; l'altra: esempio, figura, esperienza, artificio, macchina... Quindi la felice trovata di Galileo nell'uso dell'ipotesi deduttiva è che la soluzione del problema fisico deve saltar fuori dalle cose, dai fatti medesimi: *rebus ipsis dictantibus*, far parlare i fatti tornando alla natura.

Ma la strada aperta da Galileo non fu tenuta nel debito conto dalla filosofia seguente, che si scisse nei due indirizzi del razionalismo e dell'empirismo. Entrambi si limitarono, nel campo sistematico delle scienze e delle logiche particolari, ad un punto di vista parziale e quindi difettoso, rimanendo così molto più lontani dal fondare la logica generale [38]. Il razionalismo si restringe alla ricerca puramente logica e aprioristica, credendo di poter dedurre col solo ragionamento logico e matematico tutte le leggi della natura; mentre la corrente dell'empirismo, che va da Hobbes attraverso il Locke e il Berkeley fino a Hume, pur avendo compreso l'errore dell'indirizzo razionalistico, cioè che la ragione sola, priva dell'esperienza non può fornirci una teoria della natura, si rifugia però nel fenomenismo empirico, riconoscendo la sola esperienza come fonte di cognizione, e conclude quindi con la negazione del principio di causalità, anzi della nozione stessa di causa e di ogni necessità logica [39].

3. — L'ACRISIA DI KANT.

Se agli altri sistemi logici il Pastore ha dedicato solo brevi pagine, a volte incidentali, a Kant invece ha rivolto spesso e di proposito la sua attenzione, specialmente nei due volumi su *Il problema della causalità* e recentemente nel volume *L'acrisia di Kant*. Non è nostra intenzione passare in rassegna tutta quanta questa produzione; ci basterà accennare ai principali rilievi, fermandoci più in particolare a ciò che più direttamente riguarda il problema della scienza.

---

[38] Ibid., p. 141.
[39] Ibid., p. 166-167.

Le critiche mosse dal Pastore a Kant, e non solo nel recente volume, sono molto spesso radicali e senza attenuazione. Tuttavia ciò non deve indurci a credere di trovare nel Pastore un antikantiano. Egli anzi afferma ad ogni passo la sua ammirazione per Kant, per la sua opera, e vuole piuttosto spingersi innanzi per la via stessa aperta da Kant, come un vero « figliuolo del criticismo »[40]; tanto che, a voler classificare il nostro filosofo in una delle divisioni tradizionali, io non esiterei a metterlo fra i neo-kantiani o neo-criticisti, dove il Pastore si troverebbe molto più a suo agio che non tra i positivisti, fra i quali viene generalmente classificato.

Venedo subito al centro della nuova critica del Pastore, rileviamo che l'acrisia fondamentale di Kant consiste nella subordinazione della ragione teoretica alla ragione pratica: « Il punto più critico della critica kantiana è la questione del rinvio della Critica della ragion pura alla Critica della ragion pratica »[41]. Kant, seguendo la persuasione dell'opinione comune, distingue due forme di conoscenza: la teoretica e la pratica. La prima ha il compito di afferrare un oggetto a noi dato nell'intuizione sensibile secondo le leggi della sensibilità; la seconda invece ha il compito di riconoscere, realizzare un oggetto non dato, ma che dovrebbe essere[42]. Ufficio della critica della ragione teoretica sarebbe stato di stabilire le condizioni della facoltà di riconoscere rimanendo nel puro ordine teoretico dell'essere e non del dover essere. Kant invece volle giustificare, salvare teoreticamente anche l'esigenza della vita morale; di qui il ricorso alle idee trascendentali e l'abusivo trapasso dall'ordine teoretico all'ordine pratico, con la subordinazione di quello a questo.

E' questa la tesi che il nostro autore sostiene nei primi saggi della sua recente opera, in cui quindi il punto fondamentale è la dimostrazione della natura non teoretica, ma pratica e morale delle idee trascendentali; tali idee cioè, secondo il Pastore, non hanno affatto una funzione conoscitiva, non sono condizioni logiche

---

[40] L'acrisia di Kant, p. XV.
[41] Ibid., p. 20.
[42] Ibid., p. 25.

del conoscere, ma sono interamente dovute alle esigenze della ragione pratica che vuole giustificare il valore dei principi pratici e salvare le aspettazioni, speranze e preoccupazioni morali. E questo, afferma il Pastore, « è l'irrazionale velato sotto le specie della ragione. Si conceda venia per il duro linguaggio: è la falsificazione della ragione teoretica a fin di bene »[43]. La ragion teoretica invece doveva rimanere nel suo campo e considerare solo quelle che sono le condizioni del conoscere, rimanendo indifferente a tutto ciò che non riguarda il problema teoretico, riconoscendo la piena illusorietà delle idee trascendentali, non solo in quanto vengono entificate dall'illusione metafisica, ma anche come semplici funzioni regolatrici ed espressioni della più alta unità sintetica.

Per sfuggire dunque a questa fondamentale acrisia è necessario non soltanto distinguere la ragion teoretica dalla ragion pratica, ma anche riconoscere la separazione e indipendenza assoluta delle due ragioni: la teoretica riguarda la verità logica, la ragion pratica (per ritenere la terminologia equivoca di Kant) riguarda il valore etico. Ora, verità logica e valore etico sono due fonti diverse, irreducibili, sebbene interferenti. E' illusorio di voler giustificare il teoretico col pratico, come il pratico col teoretico. Aver disconosciuto questi limiti ed aver affermato il primato della ragion pratica sulla ragion teoretica è l'acrisia fondamentale di Kant. Ma « che bisogno c'è, osserva ripetutamente il Pastore, di subordinare la conoscenza logica all'azione morale, o questa a quella? Per uno spirito logico e libero, è sotto ogni rapporto necessario che la logica non defletta dalla verità e che la libertà agisca secondo il puro volere. Il conflitto tra la logica e l'etica non è possibile perchè i campi sono diversi »[44].

Dopo queste constatazioni il Pastore si domanda quale sia la ragione per cui Kant non ha potuto concepire la piena sufficienza della ragion teoretica a se stessa e che conseguentemente gli ha impedito di assurgere ad una logica veramente generale e indipendente. Tale radice, risponde, deve ricercarsi nella mancanza di intuizione logica nella logica kantiana. Kant avvertì confusa-

---

[43] Ibid., p. 24.
[44] Ibid., p. 97.

mente nel campo della ragion teoretica una lacuna; ma per difetto di critica, dovuto alle insorgenze di ordine pratico, non riuscì a logicamente determinarla, nonchè a colmarla [45]. Ora solo l'operazione dell'intuizione logica è quella che dà, secondo il Pastore, la possibilità di risolvere nella sua generalità il problema della ragione logica. E' naturale quindi che la mancanza di essa dovesse essere per la logica di Kant la prima fonte di illogicità e di acrisia.

Riesaminiamo un istante l'intero quadro della logica kantiana e la mancanza di intuizione logica risulterà evidente. La logica kantiana si divide in Analitica trascendentale e Dialettica trascendentale [46]. La Dialettica però, in quanto riguarda le idee, le quali, secondo l'interpretazione del Pastore precedentemente svolta, non sono che illusioni della ragion pratica, deve essere rimandata alla seconda Critica [47]. La Logica trascendentale si riduce pertanto all'Analitica trascendentale con le sue due parti: l'Analitica dei concetti che si chiude con l'esposizione della tavola delle categorie, e l'Analitica dei principi, con la dottrina dei giudizi.

Il merito di Kant nella prima parte, secondo il Pastore, è incontestabile: egli ha rettamente percepito l'attività sintetica e formatrice della ragione, stabilendo che il valore oggettivo della conoscenza deriva dalle forme conoscitive a priori, universali e necessarie, perchè inerenti alla costituzione mentale di tutti gli uomini: « Questa è la maggiore profondità critica che sia stata scoperta dai filosofi nella storia della filosofia » [48]. Ma questo è ancora l'aspetto deduttivo delle nostre operazioni mentali. Nella seconda parte Kant, avendo confusamente intuita, come si è detto, la duplice funzione intellettiva analitica e sintetica, ci dà nell'*Io*

---

[45] Ibid., p. 126-127. Il Pastore avanza anche l'ipotesi che Kant abbia avuto sentore di questa operazione logica, non deduttiva e analitica, ma produttiva e sintetica; che però l'abbia indebitamente confusa con la facoltà delle idee trascendentali oltrepassanti la possibilità dell'esperienza. Al contrario, un chiaro ed esplicito riconoscimento dell'intuizione logica il Pastore lo ritrova in Pascal nella famosa teoria delle ragioni del cuore: cf. ibid., p. 127-129 e La logicità del pensiero occidentale, in L.S, p. 322-232.
[46] Ibid., p. 172.
[47] Ibid., p. 79.
[48] PdC, II, p. 11.

penso la forma suprema dell'attività sintetizzatrice del nostro Io. Tuttavia questa unità sintetica è frutto di una intuizione psicologica e non ancora dell'intuizione logica della forma unificante. L'*Io penso* è l'atto della sintesi della coscienza, « l'atto formale per cui il soggetto si riferisce al predicato »; in esso vediamo « la legislazione discorsiva della natura nel suo normale sviluppo, ma non l'elemento formale dello sviluppo. In una parola, vediamo l'azione della forma logica, non la forma logica dell'azione » [49]

Questa carenza dell'intuizione logica della forma in Kant è un punto su cui il Pastore torna ripetutamente. La critica da lui mossa presenta indubbiamente delle oscurità e presuppone già lo svolgimento delle dottrine fondamentali della LdP sulla forma logica e sull'intuizione logica: su di essa quindi ritorneremo nell'esporre tali teorie. Per ora mi pare che la critica del Pastore si possa con sufficiente chiarezza e fedeltà ridurre alle osservazioni seguenti: In ogni sistema logico o complesso di attività intellettive, noi abbiamo insieme una molteplicità di elementi e un principio di unità. Il principio di unità dà la possibilità stessa del sistema nel quale gli elementi si compongono fra loro discorsivamente, secondo cioè le regole della deduzione. Assegnare il principio di unità dei singoli sistemi o complessi è ufficio essenziale della logica. Ma non basta assegnarli o determinarli comunque; perchè la costruzione sia interamente logica, è necessario che anche la posizione del principio di unità sia frutto di un'operazione logica. Kant ha visto la necessità di questi principi unificatori dei sistemi e li ha assegnati nei vari campi della sensibilità con le forme a priori della sensibiltà, dell'intelletto con le categorie, nel campo del giudizio come sintesi del sentire e del pensare con l'unità sintetica dell' *Io penso*. Tuttavia, e qui appunto si avverte la mancanza dell'intuizione logica della forma, queste varie forme a priori, questi principi sintetici di unità, sono ancora mantenuti a priori in senso dogmatico, in modo sempre identico, invariabile, persistente, cioè in fondo come un dato o un elemento qualunque del discorso. La determinazione delle forme trascendentali a priori è pienamente arbitraria, dogmatica e quindi acritica, giacchè

---

[49] Sulla logica della logica, in LdP, p. 260.

non si può sapere « con quale diritto Kant presuma d'aver afferrato le forme uniche del potere sintetico produttore della realtà e d'averne fissato i limiti per sempre » [50].

Messa così « in distinto rilievo la massima acrisia di Kant consistente nella distruzione delle condizioni che dovrebbero rendere possibile la conoscenza, mentre il compito critico consiste nella ricerca di questa possibilità » [51], dobbiamo ancora accennare ad un'importante critica riguardante la teoria della scienza in particolare. Tale osservazione era dal Pastore già avanzata nei due volumi su *Il problema della causalità* [52].

Il problema della scienza è il problema della determinazione scientifica delle leggi causali. Ora, anche accettando tutta la teoria di Kant sulla possibilità della fisica pura, tale problema non viene ancora risolto. Infatti è noto che Kant imposta tutta la sua soluzione sulla distinzione dei giudizi sintetici a priori e i gudizi sintetici a posteriori. Questi ci danno le cognizioni singolari e contingenti derivanti dalla semplice esperienza e, secondo Kant, non hanno bisogno di spegazione, giacchè l'esperienza non è che una continua sintesi di percezioni [53]. I giudizi sintetici a priori invece sono quelli che ci danno la possibilità della fisica pura, mediante il riconoscimento delle forme a priori e dell'attività sintetica dello spirito. Kant riconosce come vera scienza solo questa fisica pura a priori, giacchè essa sola raggiunge l'ideale supremo del sapere e cioè « la ricostruzione razionalmente necessaria di tutta la realtà da un principio supremo razionale » [54].

Ma il Pastore osserva giustamente che la fisica pura di Kant non è la vera fisica o scienza esatta della natura, quale essa si è venuta formando di fatto, seguendo la tradizione di Galileo. La fisica pura di Kant non è altro che « la metafisica immanente della natura esteriore » [55], una ricostruzione della realtà puramente

---

[50] Sulla intuizione logica, in LdP, p. 192.
[51] L'acrisia di Kant, p. 155-156.
[52] PdC, v. I, p. 10-18 e 180-185; v. II, p. 11-13.
[53] Ibid., I, p. 11.
[54] Ibid., p. 16.
[55] Ibid., p. 11. Cf. Ibid., p. 17: « Per lui la fisica pura è nient'altro che la metafisica della causalità ».

ex principiis e non *ex datis* [56], una scienza che ci dà le leggi generali della formazione del pensiero, ma che non ci dà il modo di risolvere in concreto il problema delle cause. « La sintesi a priori di Kant, restando nel campo della metafisica, non dà la conoscenza di fatto delle leggi della natura » [57]; essa rimane un'elegante ipotesi gnoseologico-metafisica e nulla più e non permette di risolvere anche la questione del modo di scoprire e di provare i rapporti causali della natura entro i limiti della scienza fisica particolare [58].

Dunque Kant lasciò completamente da parte la questione della vera fisica, la fisica sperimentale. Accanto alla cognizione puramente empirica, l'esperienza sensibile, e alla cognizione puramente a priori, metafisica, non seppe riconoscere una terza forma di conoscenza, la conoscenza sperimentale, veramente scientifica, che partecipa evidentemente degli altri due tipi, ma che non può ridursi a nessuno dei due [59]. E' sulla natura di questo metodo sperimentale che si deve portare l'attenzione del filosofo che voglia risolvere veramente il problema della scienza: Kant non comprese ciò e con questo ha dato a divedere di disconoscere il valore delle scienze sperimentali, mettendo in mostra tutta la limitatezza della sua soluzione del problema della scienza.

4. — LA LOGICA MATEMATICA.

Veniamo ora alla critica che il Pastore muove contro la logica matematica, e che è della massima importanza per la genesi della nuova logica, giacchè è appunto di lì che il Pastore prende le mosse per l'introduzione nel calcolo logico del concetto di potenza da cui fu dedotto il termine di Logica del Potenziamento.

Prima di tutto il Pastore osserva che la logica matematica è rimasta chiusa nel campo puramente analitico-deduttivo; anzi ha accentuato ancor più il carattere di strumento, organo, proprio della logica aristotelica, riducendosi sempre più ad una pura

---

[56] Ibid., p. 16.
[57] Ibid., p. 17.
[58] Ibid., p. 181.
[59] Ibid., II, p. 12.

« ideografia strumentale » [60]. I caratteri di scienza formale hanno esaurito tutto il campo logico matematico, restringendone sempre più la possibilità di impiego al punto che ormai « manca ogni relazione tra il pensiero e il suo strumento, tra lo strumento e gli oggetti del pensiero » [61]. La logica matematica quindi viene meno completamente al compito di logica generale come processo di costruzione dei sistemi primitivi e si riduce anch'essa ad un sistema logico particolare. Nella posizione degli enti primitivi essa si limita alla formulazione per definizione, postulato od assioma, ma non risolve affatto il problema della « formazione del concetto, che è l'operazione primitiva della logicità e il problema centrale della logica » [62].

In secondo luogo la logica matematica « mantiene sia pure in vari modi il principio di identità-eguaglianza-permanenza, che sopprime il potenziamento » [63], e ciò specialmente a causa delle famose leggi di tautologia e di assorbimento. La critica di queste leggi, che forma il primo inizio della LdP, fu compiuta dal Pastore nella memoria *Sulla natura extralogica delle leggi di tautologia e di assorbimento nella logica matematica*, presentata al congresso internazionale dei matematici nel 1908, e fu riassunta dal Mosso nei suoi *Principi di LdP*.

Si rende qui necessaria una accurata esposizione di queste leggi, che furono concordemente accolte da tutti i logici matematici. Diamone subito l'enunziato in simboli.

Legge di tautologia (o di semplificazione):

$$aa = a, \quad a + a = a;$$

Legge di assorbimento:

$$a\,(a + b) = a, \quad a + (ab) = a.$$

Cominciamo col ricordare che nella logica matematica si suole distinguere un doppio calcolo: il calcolo delle proposizioni e il

---

[60] Rassegna di Logica, in LdP, p. 141.
[61] Mosso, Principi di LdP, p. 285.
[62] Ibid., p. 285, nota.
[63] Sul fondamento logico della matematica, in LdP, p. 104.

calcolo delle classi [64]. Il calcolo delle classi è fondamentalmente identico al calcolo delle proposizioni, ma con un'interpretazione diversa che risulta dall'analogia delle due nozioni. Quindi i segni definiti per riguardo alle proposizioni acquistano senz'altro significato rispetto alle classi, tenuto conto delle debite analogie.

Il simbolo ab, oppure $a \times b$, indica il prodotto logico e si legge a e b; mentre il simbolo $a + b$ indica la somma logica e si legge a o b. Il prodotto logico di due proposizioni a, b, è una proposizione affermante che a e b sono entrambe vere; la loro somma logica è una proposizione affermante che una almeno di queste due proposizioni è vera. Perciò si dice che il prodotto logico di due proposizioni è la loro affermazione simultanea; e la loro somma la loro affermazione alternata [65].

Riferendoci alle classi, il prodotto di due classi è l'insieme degli elementi comuni alle due classi; la somma è l'insieme degli elementi che appartengono all'una o all'altra [66]. Il Burali-Forti ci dà queste definizioni: il prodotto « $a \times b$ indica la classe formata dagli x che appartengono tanto ad a quanto a b »; la somma « $a + b$ indica la classe formata dagli x che appartengono alla classe a o alla classe b, pur potendo appartenere ad entrambe » [67].

Possiamo quindi interpretare nel linguaggio comune le leggi sopra enunziate in simboli. Nel calcolo delle proposizioni avremo:

Legge di tautologia: la proposizione affermante « a è vera e a è vera » è uguale alla proposizione « a è vera »;

legge di assorbimento: la proposizione « a è vera e a o b è vera » è uguale alla proposizione « a è vera ».

Nel calcolo delle classi avremo:

Legge di tautologia: la classe formata dagli elementi comuni

---

[64] Classe (che in logica matematica si esprime col simbolo Cls oppure K) è un'idea primitiva che non si può esprimere o definire mediante altre idee note; ha il valore di *terminus* degli scolastici, idea generale, nome comune, avendo principalmente riguardo all'estensione. Cf. BURALI-FORTI, Logica matematica, Milano, Hoepli, 1916, 2a ed., p. 1.

[65] COUTURAT, I principi di logica pura, in *Enciclopedia delle scienze filosofiche*, diretta da A. Rüge, tr. it., Milano, Sandron, 1914, p. 133.

[66] Ibid., p. 153.

[67] BURALI-FORTI, op. cit., p. 57.

ad *a* ed ad *a* è uguale alla classe *a;* la classe degli elementi formata dagli elementi appartenenti ad *a* oppure ad *a* è uguale alla classe *a;*

legge di assorbimento: la classe formata dagli elementi comuni alla classe *a* e alla classe somma di *a* e *b* è uguale alla classe *a;* la classe formata dagli elementi appartenenti alla classe *a* oppure alla classe prodotto di *a* e *b* è eguale alla classe *a*.

Riferendosi anche a queste leggi, il Peano dice: « Le proposizioni di logica sono in generale evidenti. Le loro dimostrazioni non hanno per scopo di assicurarci della loro verità, ma solamente di stabilire dei legami deduttivi fra di esse »[68].

Orbene, secondo la critica mossa dal Pastore nella citata memoria, « tutte le dimostrazioni che furono escogitate »[69], anzi anche « qualunque altra dimostrazione escogitabile »[70], « sono viziose in quanto nelle premesse bisogna introdurre la tesi, cioè la conclusione »[71]. E nemmeno è possibile introdurle come proposizioni primitive o postulati. Taluni infatti giustificano questa assunzione ricorrendo ad un fondamento ontologico; ragionano così: « l'oggetto esteriore non si moltiplica anche se noi lo pensiamo molte volte di seguito; dunque neanche si moltiplica il concetto... Ma chi non vede che qui si confonde il campo logico col campo ontologico, perchè si pretende che ciò che vale ontologicamente valga anche logicamente? » « Altri, credendo di potersi valere dell'ampia libertà conceduta alla scelta delle Pp, pongono esplicitamente il principio tautologico come un postulato, senza aggiungere nessuna giustificazione al riguardo ». Ma neppure ciò è ammissibile. Infatti la scelta delle Pp non è completamente arbitraria, ma è subordinata alla condizione di non introdurre in nessun sistema ipotetico-deduttivo la contradizione. Ora ponendo $aa = a$, si sacrifica il principio di identità, in quanto « si affermano relativa-

---

[68] PEANO, Formulaire de Mathématique, t. IV, Turin, Bocca, 1903, p. 15. Ivi stesso si può vedere la dimostrazione data dal Peano, mentre per il BURALI-FORTI si confronti la p. 15 della 1ª ed. e la p. 236-7 della 2ª ed. dell'op. cit.

[69] Sulla natura extralogica, in LdP, p. 40.

[70] Ibid., p. 43.

[71] La crisi della Logica, in LdP, p. 61.

mente identiche due quantità logiche fra cui passa un'innegabile diversità di contenuto e di estensione »[72].

E' questo il punto principale della critica del Pastore: l'oggetto del calcolo logico, egli dice, è il concetto puro, la cui realtà consiste nel puro essere pensato, non avendo bisogno d'altro per esistere. Ora « ogni pensato concettuale tante volte è quante volte si pensa, indipendentemente dal fatto che esso corrisponda o no a verun oggetto reale esistente fuori del pensiero ». « Da ciò risulta che, ponendo aa, sebbene il concetto del primo a sia identico al concetto del secondo a, tuttavia gli oggetti logici, cioè i concetti di cui si tratta, sono innegabilmente due, e quindi il concetto della loro affermazione simultanea è irreducibile al concetto semplice di a ». Negare questa diversità concettuale è negare « la validità universale del principio di identità a cui si connettono naturalmente tutte le operazioni possibili d'ogni calcolo »[73].

Dobbiamo dunque concludere che la legge di tautologia e conseguentemente quella di assorbimento non possono essere giustificate in nessuna maniera, nè come proposizioni derivate, nè come primitive. Al loro posto dovranno essere sostituite le seguenti equazioni:

$$aa =|= a, \quad a + a =|= a;$$
$$a(+b) = a^2 + ab.$$

Sgombrato così il terreno della logica deduttiva dalle proprietà extralogiche che riescono a paralizzarla, sarà possibile sviluppare il calcolo logico con l'introduzione delle potenze e dei multipli (a^2 e $2a$) con proprietà analoghe a quelle della matematica[74].

La proposta del Pastore però non ebbe uno sviluppo immediato; si sarebbe potuto credere che la indulgente bonarietà dei

---

[72] Ibid., p. 43-44. Si tenga presente che la Memoria che esaminiamo è stata composta nel 1908, quindi, come avverte l'autore nel ripubblicarla in LdP, quando ancora la logica era considerata come puramente deduttiva e il principio di identità classico come universalmente valido. Cf. Ibid., p. 48, nota.

[73] Ibid., p. 44-45.
[74] Ibid., p. 46.

grandi matematici, Peano e Poincaré, per il « giovinotto » di 40 anni, avesse fatto sbollire gli entusiasmi innovatori di questa memoria. Invece nel 1922 essa forniva al Mosso il punto di partenza per l'introduzione della potenza e del coefficiente in logica e per lo sviluppo dei teoremi delle potenze e del potenziamento, che sono alla base della nuova Logica del Potenziamento.

PARTE SECONDA

LA LOGICA PURA

CAPITOLO TERZO

IL PENSIERO REALE

1. — MOMENTI ASTRATTI DELL'ESSERE E DEL CONOSCERE.

Nella memoria *Dell'essere e del conoscere* che si può considerare come il primo trattato di filosofia teoretica del nostro filosofo, il Pastore prendeva le mosse da questa affermazione: « La filosofia deve di necessità partire da un'affermazione dogmatica e propriamente dall'affermazione dell'essere e del conoscere e delle varie specie di essi, benchè debba poi al fine convenire che il sistema dell'essere costituisce col sistema del conoscere sostanzialmente un'unica realtà »[1].

A parte il dogmatismo alogico di questa impostazione, dovuto al fatto che il Pastore in questo primo periodo non aveva ancora riconosciuta la dualità operativa D.U, colla quale solo è possibile, secondo lui, stabilire una logica veramente generale, si può ben dire che questa affermazione sia come il primo inizio di quella filosofia teoretica che è alla base della LdP, come il sostrato metafisico della nuova logica. Mostreremo infatti in questo capitolo che l'identità dell'essere e del conoscere, considerata come relazione unitaria subobiettiva e autoproduttiva e quindi autologica, è per il Pastore la vera realtà, per cui si invera in tutta la sua portata il principio hegeliano: « tutto ciò che è reale è razionale e tutto ciò che è razionale è reale ». Tale identità però non può essere concepita se non come la concorrenza in uno dei due momenti astratti del-

---

[1] Dell'essere e del conoscere, p. 6-7.

l'essere e del conoscere, del soggetto e dell'oggetto, del mondo interno e del mondo esterno. Di qui la necessità di cominciare la filosofia proprio dall'affermazione distinta dell'essere e del conoscere, quale ci vien data dall'ingenua, precritica attestazione della coscienza e del senso comune, senza però che tale distinzione pregiudichi il giudizio finale sulla vera natura della realtà.

L'eguale immediatezza e necessità dei due termini astratti dell'essere e del conoscere ci impone però fin d'ora un'osservazione della massima importanza: e cioè l'impossibilità di giungere alla totale risoluzione di un termine nell'altro, evitando così i due estremi del realismo o oggettivismo puro e dell'idealismo o puro soggettivismo [2].

Orbene l'essere e il conoscere che gli corrisponde si distinguono non meno ovviamente e necessariamente in tre specie o gradi diversi: 1) l'essere delle variabili indipendenti, cioè le cose e i fatti del mondo naturale, dati particolari e contingenti, al quale corrisponde la forma del conoscere anche essa particolare e contingente, cioè la conoscenza empirica (sensibile e intellettiva); 2) l'essere delle variabili dipendenti, cioè il gruppo delle relazioni costanti, necessarie e universali, le leggi della natura, al quale corrisponde il conoscere universale e necessario, cioè la conoscenza scientifica (sperimentale e razionale); 3) l'essere dell'universale, come sintesi concreta (seriazione) di tutta la realtà, a cui corrisponde il conoscere filosofico, e dove il pensiero puro raggiunge l'autocoscienza nell'infinita razionalità dell'universo [3]. Un rapido esame delle proprietà caratteristiche dei due primi gradi dell'essere e del conoscere, l'empirico e lo scientifico, servirà per introdurci alla trattazione più esauriente del terzo grado.

L'esperienza, come primo grado dell'essere e del conoscere e quindi come condizione capitale della conoscenza, è il dato di fatto e insieme il processo fondamentale da cui bisogna necessariamente partire in ogni nostra indagine. Ora un esame ovvio

---

[2] Il Pastore ripetutamente nei vari scritti di questo periodo contrappone la sua teoria gnoseontologica, che definisce subobiettivismo, al puro soggettivismo e puro oggettivismo; ma credo non sarebbe facile provare l'esistenza storica di soggettivismi e oggettivismi così puri.

[3] Dell'essere e del conoscere, p. 7; Il pensiero puro, p. 13, 429, ecc.

ed immediato ci mostra che « essa è sempre l'affermazione di due termini in rapporto, il soggetto e l'oggetto, la cui esistenza in nessun modo noi riusciamo a sopprimere, come in nessum modo riusciamo a cancellarne la differenza » [4]. Questo riconoscimento è il portato più prezioso della nostra esperienza, senza del quale non ci sarà mai dato di acquistare un punto di vista superiore circa la natura della realtà; e d'altra parte è talmente necessario che negare il legame del soggetto coll'oggetto sarebbe distruggere inesorabilmente il fatto stesso dell'esperienza [5]. Riconosciuto però facilmente il carattere relativo d'ogni esperienza, il pensiero empirico finisce sempre per considerare come assolutamente immobili i termini stessi del riferimento, cadendo in quell'entificazione metafisica dell'assoluto che costituisce uno dei più naturali sofismi dell'umana intelligenza [6]. Infatti il soggetto conoscente e l'oggetto conosciuto vengono considerati come due realtà opposte e indipendenti: l'io e il mondo, capaci di esistere per se stesse, nonostante l'intimo legame relativo che li congiunge nel rapporto conoscitivo.

E' necessario perciò salire ad un grado superiore, cioè alla conoscenza scientifica, la quale non solo riprende la rivelazione immanente dell'essere e del conoscere che è irriflessivamente constatata dall'esperienza, ma procede oltre nel riconoscimento dell'essenziale relativismo d'ogni essere e d'ogni conoscere [7]. Infatti noi vediamo che la conoscenza scientifica dipende essenzialmente da due principi o postulati, la cui verità è prima presunta, poi provata dal fatto stesso della scienza: 1° l'esistenza obiettiva della realtà (verità dell'oggettivismo); 2° la razionalità della natura (verità del soggettivismo). « E' ovvio consentire in primo luogo

---

[4] PdC, II, p. 19.

[5] « L'esperienza dice coscienza, cioè il subobiettivismo nella ricchezza immediata del dato. E' la duale unità, o dualità una, d'ogni singolo nella variabile molteplicità indipendente dei fatti ». Il pensiero puro, p. 69.

[6] Nuovi orizzonti della filosofia teoretica, in *Logos*, 1922, p. 20.

[7] La trattazione completa della natura e del metodo della scienza formerà l'argomento di un apposito capitolo. Qui premettiamo alcuni accenni necessari per il passaggio alla terza forma del conoscere e per la determinazione del problema della trascendenza.

che la scienza fisica suppone e insieme esige una concezione realistica, suppone cioè la credenza all'esistenza degli oggetti empirici indipendentemente dalla nostra volontà. Tutti consentono che l'esperimento non avrebbe alcun senso senza la fiducia comune dell'esistenza di un mondo esteriore di oggetti e di fatti in rapporti più o meno stabili fra loro, relativamente fuori del soggetto senziente. Chi si metterebbe a sperimentare se non credesse fermamente all'esistenza obiettiva della realtà? » La verità dell'oggettivismo, già affermata dall'esperienza, viene quindi ulteriormente legittimata dalla scienza [8].

D'altra parte non è men chiara la prova della parziale verità del soggettivismo. Infatti il secondo postulato accennato, la razionalità della natura, senza del quale il tentativo di conoscere scientificamente le leggi causali diventerebbe assurdo, ci dice che la natura per essere scientificamente conoscibile deve essere ordinata in modo logico, cioè si deve piegare e plasmare secondo le leggi del nostro intelletto. E' stato uno dei meriti immortali di Kant l'avere per primo chiaramente riconosciuto che la razionalità della natura, cioè la sua universalità e necessità logica, non è giustificabile da un punto di vista puramente oggettivo e realista, ma esige una concezione essenzialmente soggettivistica della scienza: la possibilità della scienza si salva, come ha dimostrato Kant, col riconoscimento della sintesi a priori, per la quale la forma a priori del soggetto trascendentale investe ed informa il dato amorfo della sensibilità, conferendo alla conoscenza universalità e necessità [9].

« Anche più forti e convincenti sono le prove della parziale verità del relativismo ». Infatti tutto il compito della conoscenza scientifica consiste nello stabilire i rapporti universali e neces-

---

[8] PdC, II, p. 40. Tuttavia dobbiamo guardarci dal dare un significato filosofico e metafisico a questa affermazione. Finchè si rimane nell'ordine scientifico l'esistenza obiettiva della realtà non è che un postulato, un'ipotesi di lavoro e come la condizione pratica della possibilità della scienza. Ma non bisogna dare un valore assoluto a questo realismo, quasi che la filosofia dovesse accettarlo come dimostrato dalla scienza. Cf. anche: Il problema del trascendente nella scienza, in L.S, p. 47-71.

[9] PdC, v. II, p. 11 e 41-42; v. I, p. 183-185.

sari che legano i dati particolari e contingenti dell'esperienza. La scienza non sa più che farsene delle entità assolute, dei termini irrelativi; ma procede ogni giorno più nella risoluzione completa di ogni ente o termine singolare in numeri e in equazioni, e cioè sempre in relazioni e in rapporti costanti che trovano poi la loro espressione nei teoremi della matematica o nelle leggi della fisica [10].

Tuttavia anche la conoscenza scientifica si arresta a metà strada e non è capace di giungere a riconoscere completamente l'unità del soggetto-in rapporto-coll'oggetto: non esaurisce quindi il ciclo del conoscere. Essa però ci dà la possibilità di passare al terzo grado dell'essere e del conoscere che è la filosofia. Infatti « raggiunte queste due certezze preliminari (dell'esperienza e della scienza) la filosofia potrà affrontare il suo compito sintetico (perfettamente autonomo) raccogliendo la molteplicità alogica particolare e contingente dell'esperienza, mediante i rapporti logici e necessari della scienza, nell'unità del sistema universale » [11]. La filosofia a sua volta, per giungere alla concezione vera e profonda della realtà universale, deve procedere per gradi: è necessario cioè in primo luogo indagare astrattamente la natura e il valore della conoscenza in genere (gnoseologia): in secondo luogo esaminare astrattamente la natura e il valore del principio fondamentale della realtà (ontologia); in terzo luogo comporre i risultati delle due indagini astratte, giungendo alla concezione del principio essenziale unico che, come vedremo, possiamo chiamare indifferentemente così pensiero, come realtà, o ancor meglio *pensiero reale* (gnoseontologia) [12].

---

[10] PdC, II, p. 210-211.
[11] Ibid., p. 35.
[12] Ibid., p. 191-192.

2. — L'UNITÀ SUBOBIETTIVA DELLA CONOSCENZA.

« E' notissimo che la conoscenza, considerata nella sua elementare espressione che è l'atto giudicativo, è attività produttrice di relatività e propriamente processo distintivo e unitivo di soggetto conoscente e oggetto conosciuto »[13]. Pertanto i fattori costitutivi dell'atto organico della conoscenza in genere sono quattro: il soggetto, l'oggetto, la relazione e l'unità produttiva del tutto. Il Pastore si dilunga nel mettere in luce la imprescindibilità di questi quattro fattori; giacchè se è vero che senza soggetto non vi potrebbe essere conoscenza (e si dimostra quindi già falsa la tesi della costituzione esclusivamente oggettiva della realtà, che urta contro le irrefragabili esigenze della conoscenza in genere), d'altra parte però con non minore evidenza la conoscenza in genere pone un'oggettività: il *cogito* non è mai un puro *cogito*, ma è sempre un *ego cogito aliquid*. Possiamo dunque analogamente concludere alla legittimità e parziale verità dell'oggettivismo e quindi alla falsità di ogni soggettivismo puro che contradice alle esigenze di obiettività della conoscenza.

Il terzo fattore essenziale è la relazione, mediante la quale si ha il riferimento dell'oggetto al soggetto, l'applicazione della determinazione e distinzione all'indeterminato e indistinto. La realtà di questo rapporto tra soggetto e oggetto non ha minore diritto di questi due termini ad essere riconosciuto come essenziale al fatto della conoscenza. L'analisi filosofica della conoscenza in genere conferma perciò il risultato dell'empiriologia e dell'epistemologia, e cioè che fuori della relazione subobiettiva, cioè fuori di questo rapporto soggetto-oggetto, non vi è nè soggetto, nè oggetto, nè conoscenza possibile. Di qui la verità del relativismo gnoseologico per cui ogni conoscenza si risolve in una relazione o in un sistema di relazioni del tipo SrO, e viene distrutto ogni assolutismo, sia oggettivo che soggettivo. « I pretesi soggetti assolutamente in sè nella gnoseologia vecchia (l'io, la persona, l'anima, lo spirito colle sue diverse funzioni e manifestazioni)

---

[13] Ibid., p. 197.

non hanno niente d'intelligibile, fuori della relazione subobiettiva, e sono vani idoli, da relegarsi fra le superstizioni dello spirito umano »; lo stesso si deve ripetere dei « pretesi oggetti assolutamente in sè della vecchia metafisica (spazio, tempo, materia, movimento, sostanze, cause, forze, infinito, universale, mondo, assoluto, Dio) »[14].

Finalmente l'ultimo fattore essenziale dell'intero processo conoscitivo è l'unità produttiva del tutto, che si distingue tanto dal soggetto quanto dall'oggetto e dal loro rapporto, e si dispiega come « attività concreta di riferimento del riferente indeterminato e indeterminante al riferito determinato ma determinante »[15].

In questo modo il pensiero filosofico coll'analisi della conoscenza pone e supera la tesi del soggettivismo, oggettivismo, relativismo, dualismo (e pluralismo), monismo e attivismo, riconoscendo che « la conoscenza è attività subobiettiva da cima a fondo »[16].

Questo stesso ci viene confermato dalla natura costitutiva dei due termini medesimi della relazione conoscitiva. Infatti da una parte nel soggetto è impossibile la separazione del mero conoscere dal mero essere; perchè, secondo l'insegnamento di Descartes, « se io penso, io sono; e se io sono (quel che sono) io penso ». Allo stesso modo nell'oggetto, la separazine del mero essere dal conoscere « non è meno impossibile perchè l'essere che non sia l'essere conosciuto, cioè l'essere come realtà che non sia un fatto di conoscenza, per un essere conoscente è niente! » E questo è l'insegnamento di Berkeley[17]. Pertanto nel soggetto risaliamo dal conoscere all'essere: *cogito ergo sum;* nell'oggetto dall'essere al conoscere: *esse est percipi,* e viceversa.

Questo risultato a cui attraverso l'empiriologia e l'espistemologia, giunge la gnoseologia, già ci fa intravedere la profondità infinita del *pensiero puro,* che è *il pensiero del pensiero medesimo.* Giacchè già si intravede che il pensiero non è epifenomeno

---

[14] Ibid., p. 201, nota, e 220, nota.
[15] Ibid., p. 199.
[16] Ibid., p. 215.
[17] Ibid., p. 202.

della realtà, ma è in fondo la realtà medesima; per cui il pensiero della realtà si riduce al pensiero del pensiero e la filosofia all'autologia.

3. — L'UNITÀ PSICOFISICA DELLA REALTÀ.

Passiamo ora ad esaminare astrattamente la natura e il valore del principio fondamentale della realtà, ricercando l'equivalente metafisico del principio gnoseologico. Se infatti bisogna riconoscere che nessuna forma di realtà è per noi possibile senza che ci sia manifesta per una forma di conoscenza, si presenta come pienamente plausibile l'ipotesi che quel complesso di dati e di rapporti, che fu messo in luce nella dottrina della conoscenza, trovi un completo riscontro nella dottrina della realtà.

E realmente, come i dati e i rapporti della conoscenza sono o prevalentemente soggettivi, o prevalentemente oggettivi, o evidentemente subobiettivi, così i dati e i rapporti della realtà sono o prevalentemente psichici, o prevalentemente fisici, o psicofisici. Anche sul terreno metafisico, contro le varie forme di un primitivo monismo indistinto, occorre cominciare col riconoscimento della eguale legittimità delle sue opposte esigenze, distinguendo i due elementi eterogenei della realtà: la materia e lo spirito, che a lor volta si frantumano in una molteplicità di centri indipendenti: verità del dualismo e pluralismo.

Però bisogna anche osservare che « questi sono gli elementi della vita filosofica, non la vita. Stanno a questa come i suoni alla musica, i colori alla pittura ». La filosofia deve superare i primi due cicli del pensiero metafisico, che pongono prima l'unità implicita che non esprime se non la generalità indistinta del reale, e poi la distinzione esplicita, che esprime solo la particolarità dei modi opposti; e così potrà giungere alla vera metafisica, sintesi teorica che pone l'unità esplicita e concreta dell'universale. Molti sistemi monistici, prodotti della più matura riflessione, hanno tentato di raggiungere l'ideale, « ma non lo raggiungono in causa della loro esclusività, cioè della loro pretesa di ridurre i vari fattori del reale ad uno solo; facendo, ad esempio, dello spirito l'epifenomeno della materia o viceversa (monismo oggettivistico o spiritualistico), o tutto deducendo da una neutrale unità, *tertium quid* non più resistente del centauro in zoologia »[18].

Il difetto essenziale di tutti questi sistemi è l'ammettere un assoluto irrelativo come essenza della realtà. Ora l'assoluto in sè, come risulta già dall'analisi della conoscenza, è impossibile perchè non può soddisfare le condizioni generali del conoscere: ogni esistenza deve essere relativa a qualche cosa (soggetto o oggetto) e quindi non può essere solo in sè. L'assolutamente irrelativo, essendo assolutamente impensabile, non può essere la vera realtà, ma è piuttosto la negazione assoluta della realtà. Dobbiamo invece ritenere che ogni realtà fisica è sempre relativa a una realtà psichica e viceversa; la natura è immanente allo spirito e lo spirito immanente alla natura, sicchè la relatività non è soltanto la condizione essenziale del conoscere, ma anche dell'essere e della realtà. Tolta la relazione, la realtà stessa scompare. « Nessuna ideabile realtà è reale se non a patto che possa trovarsi in relazione col soggetto che l'afferma. Non vi è caso che un reale sia assolutamente in sè e quindi irrelativo, per quanto s'invochi il fatto perenne dell'impulso conoscitivo umano verso l'oggetto irrelativo. Solo ciò che è relativo è conoscibile; tutto il resto non è che illusione »[19].

Ma se tutto è essenzialmente relativo, bisogna concludere che non vi sono due mondi separati, l'uno fisico e l'altro psichico, e neppure v'è un mondo che sia semplice rispecchiamento inerte dell'altro, epifenomeno senza valore d'un fenomeno unicamente reale. Ogni fenomeno o realtà, affermato fisico o psichico, è immancabilmente anche psichico o fisico; la realtà è unica, ma come sintesi attiva produttrice di psiche e di fisi, spirito e natura. La realtà come se una corrente sola circolandovi perennemente la polarizzasse, è un'unità ma bipolare, costituita cioè da due poli opposti, da due estremi relativamente diversi, uniti e pur distinti da un medio relativamente identico ad entrambi. I due

---

[18] PdC, II, p. 218.
[19] Ibid., p. 224.

estremi sono ciò che convenzionalmente diciamo la realtà psichica e la realtà fisica, ma di fatto sono entrambi da ritenersi insieme psichici e fisici, essendo impossibile la separazione. Quel che varia da un estremo all'altro è unicamente l'apparenza, dovuta al prevalere dell'uno o dell'altro momento dell'individuazione; in un estremo costituente la cosidetta natura, prevale il fattore fisico; nell'altro costituente il cosidetto spirito, prevale il fattore psichico. Ma tanto la natura quanto lo spirito sono psicofisici; tutta la realtà è psicofisica [20].

Questo termine *psicofisico* esprime con vivezza il carattere di ogni realtà e il paragone dei poli magnetici chiarifica molto bene la nuova dottrina metafisica. Infatti uno degli elementi più importanti e caratteristici del magnetismo non è solo la distinzione dei due poli, ma anche l'impossibilità di ottenere un polo isolato dall'altro. Nel campo elettrico la dualità di stato positivo e negativo è dovuta a cariche elettriche di diversa natura, una positiva, l'altra negativa, di modo che isolando le cariche positive dalle negative, possiamo avere uno stato senza l'altro. Nel magnetismo invece l'esperienza ci mostra che se si spezza una calamita in due parti, ciascuna di queste è una calamita completa fornita di due poli opposti, e lo stesso si ripete sempre se si procede in queste scissioni fino a ridurre il magnete in piccolissime schegge. Questo ha indotto i fisici a supporre che ogni magnete, anzi qualunque corpo, sia costituito da tanti piccoli magneti quanti sono gli atomi del corpo stesso. Il campo magnetico macroscopico dato da una calamita non è altro che la risultante apparente dovuta all'ordinato orientamento assunto da tutti i campi magnetici microscopici dei singoli atomi. La psicofisicità di tutto il reale e il prevalere di uno dei fattori nei poli opposti non poteva essere più chiaramente illustrata, anche se, come vedremo nell'ultima parte, non può considerarsi come sufficientemente provata.

---

[20] Ibid., p. 219-222; 245-246. Il Pastore nota che questa « è, almeno nelle sue linee fondamentali, l'interpretazione del Masci », il quale aveva già usato anche il termine psicofisico per esprimere la natura della realtà.

4. — IL PENSIERO COME UNIVERSALE REALTÀ.

Non rimane adesso che riunire in uno i risultati concordi della gnoseologia e della metafisica e stabilire in che cosa consista la totalità del reale nella sua generica natura. Orbene la tesi del pensiero reale afferma che tutta la realtà è pensiero in senso universale, cioè in quanto « il pensiero significa l'attività distintiva e unitiva del soggetto in relazione all'oggetto »[21]. E la prova di ciò è presto data. La tesi del pensiero reale infatti non è che la conclusione delle precedenti indagini gnoseologiche e metafisiche. Da un lato infatti abbiamo trovato che il pensiero in generale non è altro che la relazione subobiettiva, attività unitiva e distintiva di soggetto in relazione ad oggetto. Dall'altro che anche la realtà universale non è altro che tale relazione psicofisica o subobiettiva. Dobbiamo dunque concludere che la realtà è il pensiero e il pensiero è la realtà[22].

A vero dire, posta l'identità di essere e di pensiero, il tutto può con eguale diritto chiamarsi *pensiero*, e anche *realtà*, tenendo sempre presente che nè la realtà è la sola oggettività separata dal soggetto, nè il pensiero la sola soggettività priva dell'oggetto, ma pensiero e realtà sono egualmente unità psicofisica e subobiettiva. Sembra però più opportuno ricercare la vera essenza del principio fondamentale del tutto nel prodotto avente il massimo contenuto e la forma più progredita, in cui si trova il compendio più ricco e la suprema realizzazione dell'universo. Ora questa forma che rivela il massimo della virtù e perfezione non è il senso o la materia, ma il pensiero in cui l'universale ha raggiunto pienamente se stesso, rivelandosi come attività unitiva e distintiva di soggetto in rapporto ad oggetto. Perciò si conclude che la realtà è in radice o in fiore ciò che nel pieno sviluppo è il nostro pensiero. Il pensiero infatti solo nell'uomo raggiunge il suo massimo valore, giacchè « a quanto ci risulta solo gli uomini pensano sapendo di pensare »; però anche in tutta la realtà v'è pensiero come

---

[21] Ibid., p. 228.
[22] Ibid., p. 243.

funzione subobiettiva ed in questo senso pensa tanto l'uomo quanto l'universo. « Vuol dire che il pensiero può svolgersi in varie forme e poniamo anche infinite, perchè la sua forma formativa essenziale è d'essere attività unitiva distintiva di SrO e questa è l'orditura dinamica di tutta la conoscenza e anche di tutta la realtà » [23].

Negare che fuori dell'uomo, sia di noi in particolare che dell'uomo in generale, vi sia pensiero e subobiettività, e affermare quindi che l'impensato da noi (non l'impensabile) sia il niente, è arbitrario ed assurdo: arbitrario perchè la nostra ignoranza sull'esistenza di una subobiettività non umana nell'universo non ci dà diritto di negarla; assurdo perchè in tal caso l'uomo sarebbe un'incognita impenetrabile, la sua esistenza un miracolo. Il Pastore invece ritiene che fra l'umanità pensante, conscia del suo pensiero, e ogni altra individuazione possibile dell'universale realtà, non vi sia differenza di essenza, ma solo di grado e di funzione; entrambe sono soggette alle stesse leggi e condizioni, prodotte da quella stessa incessante attività subobiettiva che forma tutte le cose. Se pertanto si domanda: — Morti noi, morto tutto? —, bisognerà rispondere senza esitazione: « No. Resterà, per lo meno, la subobiettività che non è la nostra, ma che è pure sempre in relazione già fin d'ora con noi, benchè all'infuori della nostra notizia (coscienza chiara) » [24].

Dunque nella teoria del Pastore, quando all'integrale unità del tutto, polarizzantesi nella dualità e quindi nelle infinite dualità psicofisiche dell'universo, diamo il nome di pensiero universale, non si riduce la realtà al pensiero soggettivo dell'uomo, nè si deriva la materia dallo spirito, come suole fare il soggettivismo assoluto; e neppure si fa una comoda mutilazione del reale o una ipotesi arbitraria; ma piuttosto si segue una tradizione solenne nella filosofia, che dagli antichi greci, attraverso Cartesio, Spinoza e Kant, fino ai nostri giorni si è decisamente orientata a vedere

---

[23] Ibid., p. 238.
[24] Ibid., p. 236-237. « Aggiungiamo questo, nota il Pastore, per togliere ogni via di scampo all'affermazione dogmatica dell'essere in sè indipendente da ogni soggetto » e perchè nella realtà relativa « nessun reale a rigore è separato da tutto il resto ».

nel *logos*, nel pensiero, l'essenza stessa, eterna ed infinita, del reale [25].

Il Pastore insiste molto nel mettere in luce la differenza essenziale della sua dottrina da quella del soggettivismo assoluto, sia solipsistico che trascendentale, rappresentati rispettivamente da Levi e da Gentile [26]. Il soggettivismo riduce tutta la realtà al solo soggetto pensante e fa dell'oggetto, della materia, una creazione, un epifenomeno del soggetto, del pensiero. Ma questa tesi deriva da una doppia arbitraria identificazione, dalla quale la teoria della subobiettività si tiene bene in guardia. Il soggettivismo infatti, riconosciuto con Kant che il soggetto è attività del pensiero, identifica pensiero e soggetto; d'altra parte, riconosciuto con Berkeley che non può parlarsi di oggetto indipendente dal soggetto pensante, riduce ogni oggetto al soggetto, asserendo così che il soggetto è l'unica realtà. Per il Pastore invece il soggetto resta solo il soggetto e l'oggetto resta solo l'oggetto; sia l'uno che l'altro sono egualmente necessari e insostituibili e non si tenta nessuna riduzione o derivazione del mondo oggettivo dalla coscienza soggettiva. Il primato del soggetto sull'oggetto, sostenuto dal soggettivismo, sfuma nel concetto della realtà come attività subobiettiva, per cui il soggetto stesso non è che un'individuazione, un termine astratto di quell'attività produttiva universale che si manifesta nel dimorfismo riproduttivo di soggetto pensante e oggetto pensato. La produttività del soggetto riguardo all'oggetto non ha senso nè importanza di principio metafisico. Ogni soggetto è stato esso stesso generato per essere generante d'un generato; e l'oggetto generato, come non può in alcun modo ridursi al soggetto generante, così è anche esso « una genitura fornita di sue proprie viscere, che a sua volta sarà capace di generare » [27].

Pertanto il soggettivismo non meno che l'oggettivismo, l'idealismo non meno che il realismo, il monismo non meno che il dualismo, e tutte le altre tesi esclusivistiche vengono superate dal pensiero

---

[25] Ibid., p. 241.
[26] Ibid., p. 227-238. L'argomento è ripreso in modo più ampio nel volume di poco posteriore su *Il solipsismo*, p. 147-174.
[27] Il solipsismo, p. 151.

filosofico, che giunto al massimo grado della sua purezza (pensiero puro autologico), si pone come processo distintivo-unitivo, monodualistico, psico-fisico, reale-ideale, subobiettivo [28].

Per conchiudere, il Pastore riassume in breve tutto il suo pensiero con questo sillogismo: « Relazione (SrO) è pensiero (in s. u.); realtà è relazione (SrO); dunque la realtà è pensiero (in s. u.) » [29]. Così il Pastore pone come provata la tesi del pensiero reale, inteso come l'unità-universale-della soggettività-in relazione-coll'oggettività, dove « i tratti di linea interposti sono impiegati per far capire che *l'unità-universale-della soggettività-in relazione-coll'oggettività* deve essere intesa come una parola sola » [30].

5. — L'ATTIVITÀ CAUSATIVA UNIVERSALE.

A completare nelle sue linee essenziali la concezione filosofica dell'universo è necessario ancora fermare l'attenzione su una importante conseguenza della tesi precedente e cioè sul riconoscimento del valore della causalità universale, senza però cause prime, nè fini ultimi. La realtà, come risulta dal fin qui detto, si presenta come attività produttrice di riferimento di oggetto a soggetto, in modo tale che solo nella sintesi subobiettiva acquistano realtà sia il soggetto che l'oggetto, i quali fuori di essa sarebbero nulla. Questo già ci prova che ogni atto conoscitivo, in quanto produttivo, è atto causativo; anzi il pensiero, come attività sintetica subobiettiva e psicofisica universale, è lo stesso processo causativo del reale. « Pensare è causare »: è questa la grande conclusione a cui, secondo il Pastore, è giunto Spinoza. Le premesse del grande sillogismo storico furono messe da Bruno e da Descartes. Giordano Bruno, che deve essere riconosciuto come il preparatore della coscienza moderna, pose la premessa maggiore: « Essere è causare ». Cartesio pose la premessa minore: « Pensare è essere ». Spinoza concluse: Dunque « pensare è causare » [31].

---

[28] PdC, II, p. 240.
[29] Ibid., p. 249.
[30] Ibid., p. 324, nota.
[31] Il pensiero puro, p. 157.

Si presenta quindi il problema del senso e del valore della causalità nella filosofia. Di fronte ad esso la mente umana si trova in una strana condizione, giacchè non contento di domandare alla scienza il perchè dei fenomeni empirici, da un lato sente di dover reclamare ancora qualche cosa al di là delle risposte della scienza, « dall'altro finisce per accorgersi che questa ulteriore ricerca, se e in quanto si risolva nella ricerca del perchè del perchè, non è altro che la più grande illusione ». Ora questa strana condizione della mente umana è derivata, secondo il Pastore, da una tendenza naturale a pascersi di illusioni, che « ci spinge alla vecchia metafisica congiunta in mistico sposalizio con la teologia », e ci fa ipostatizzare un'ipercausa dietro ogni causa. E' necessario invece rinunciare all'ipotesi di una causa efficiente prima della realtà, come entità metafisica che non sia riducibile a relazione, « perchè la ricerca di questa causalità è — secondo noi — illusoria e illegittima. Illusoria perchè l'ipotesi che l'universo sia effetto di una causa efficiente non è altro che la realizzazione d'un'astrazione remotamente antropomorfica e infine d'una superstizione; illegittima perchè l'uso di questa ipotesi estesa all'interpretazione suprema della realtà, conduce all'idea contradittoria d'una causa non causa, nonchè senza causa » [32].

Il Pastore si dilunga nel rafforzare questa sua conclusione. Le osservazioni principali che egli svolge nelle pagine seguenti si riducono a queste: la causalità legale quale ci è data dalla scienza si comprende da sè senza bisogno di essere ulteriormente spiegata con un perchè del perchè [33]; anzi se l'universale processo causativo avesse bisogno di un'ulteriore spiegazione non sarebbe più l'essere universale [34]. Del resto la causa prima dovrebbe a sua volta essere spiegata, giacchè non giova nulla appellarsi ad una incognita [35]; anche per la causa prima si presenta la stessa ricerca del perchè, anche essa deve essere a sua volta causata. Quindi la nozione di causa prima diventa contradittoria ed assurda, giac-

---

[32] PdC, p. 275.
[33] Ibid., p. 285.
[34] Ibid., p. 291, nota 1.
[35] Ibid., p. 276-277.

chè deve essere causata ed incausata, assoluta e relativa)[36]. Analoghe critiche sono mosse contro l'idea di causa finale ultima e di finalità nell'universo, insistendo particolarmente sull'illusione antropomorfica che ci conduce a trasportare nella spiegazione metafisica della realtà quei concetti di causa e di fine che noi scorgiamo in noi stessi [37]. Quanto agli argomenti con i quali si suole provare l'esistenza di questa causa prima e fine ultimo, rispondere è un perditempo. « Io non vedo punto che la critica negatrice della metafisica delle cause sia ridotta a questa estremità, di intraprendere la discussione con coloro che non sanno discutere ». Si degna però il Pastore di dare una risposta a quella « facezia puramente immaginativa di Voltaire », nella quale si riassume la prova teleologica: se esiste l'orologio, esiste l'orologiaio. « Peccato, risponde il Pastore, che quei causafinalisti, che sono tanto pronti a legittimare la loro ipotesi con quel ritornello popolare (davanti a cui è quasi impossibile per un teoretico frenare un movimento d'impazienza), non siano altrettanto pronti a seguitare l'antifona, confessando l'ulteriore imbarazzo di non poter sognare che l'orologiaio esista... senza mai esser nato. Questo rilievo, malgrado la sua apparente leggerezza, è definitivo » [38].

Sgombrato così il terreno filosofico dalle inutili ipostatizzazioni metafisiche, la ricerca del senso della causalità nella filosofia deve consistere in un ulteriore sviluppo nella direzione ideale assodata dalla scienza, quale sarà meglio chiarita nel capitolo sesto. La causalità legale, ossia le leggi causali della natura, che è l'oggetto della scienza, non esige qualche cosa di più, un'ipercausa, che sia oggetto della filosofia; ma si identifica con quel processo attivo universale che la filosofia scopre in tutte le cose e che è il pensiero reale. Perciò quando si afferma il pensiero reale come attività causativa della realtà, in nessun modo si riprende la tesi della Causa prima della vecchia metafisica. Il pensiero universale non sta davanti all'universo come una causa davanti al suo effetto; non è un principio donde derivino tutti i fenomeni; ma si iden-

---

[36] Ibid., p. 288-290.
[37] Ibid., p. 292-304.
[38] Ibid., p. 284, nota, e p. 295, nota.

tifica con lo sviluppo causale dell'essere ed è pura relazione causativa, universale e impersonale, che non ha bisogno di ulteriori spiegazioni perchè si pone e si comprende da sè. Certo, il pensiero reale di cui qui si parla non ci è per niente familiare; tuttavia noi dobbiamo purificare energicamente il nostro pensiero ordinario da ogni antropomorfismo e da ogni tendenza esclusivista e così giungeremo al senso ideale dell'attività causativa dell'universo che pone tutti i fenomeni come psicofisici e la loro produzione causale come la realtà medesima del pensiero [39].

---

[39] Ibid., p. 283-286.

CAPITOLO QUARTO

LA BASE GENERALE DELLA LOGICA DEL POTENZIAMENTO

1. — RISOLUZIONE DELL'ENTE IN RELAZIONE.

Se, come abbiamo visto al capitolo secondo, il principio classico dell'identità-invarianza e la tesi metafisica dell'assoluto sono stati la cagione che ha impedito finora il sorgere di una logica generale, ne segue che solo riconoscendo la relatività dell'ente e il principio dell'identità del distinto potremo trovare la base generale della logica come logicità e risolvere così definitivamente il problema della ragione logica. Ora la tesi del pensiero reale ci offre appunto tale possibilità, giacchè l'universo considerato come attività unitiva e distintiva di soggetto e di oggetto è appunto pura relatività, aliena da ogni assolutismo.

Questo aspetto relativistico della sua teoria fu dal Pastore messo in più esplicita luce nella prolusione del 1922 che si può considerare come la più immediata preparazione della nuova LdP. In essa il Pastore riassumeva il suo pensiero con queste parole: « La relatività è la condizione essenziale così dell'essere come del conoscere. Il reale non è meno subobiettivo del pensiero (in s. u.). Dunque una filosofia che non sia pensiero della somma relatività è un'ombra vana »[1].

Pietro Mosso dava su questo principio la prima impostazione della nuova logica nel suo scritto *Principi di LdP*, pubblicato l'anno seguente: « L'ente è la relazione e quindi la distinzione fra

---

[1] Nuovi orizzonti della filosofia teoretica, in *Logos* 1922, p. 33.

ente e relazione è verbale »². Il Pastore riprendeva e approfondiva nei vari suoi articoli l'affermazione della relatività funzionale degli enti, completandone il significato e integrandola con gli altri principi che tutti insieme costituiscono la base generale della LdP:

    1° la risoluzione dell'ente in relazione;
    2° la variazione relativa degli enti;
    3° il potenziamento reciproco degli enti³.

Il relativismo che il Pastore vuole impostare è un relativismo nuovo, diverso da tutti i relativismi precedenti. Già abbiamo visto nel capitolo precedente come egli si tiene lontano dal relativismo soggettivistico, solipsistico e scettico, affermando la relazione come essenzialmente subobiettiva. Nel suo saggio *Verso un nuovo relativismo* precisa la sua posizione nei confronti di altre forme sterili di relativismo. Aristotele considera la relazione come una categoria o un predicato particolare, equiparabile agli altri predicati della realtà; i positivisti fanno della relazione un *tra*, cioè un tratto d'unione tra i termini dati, o anche come vincolo dinamico d'interazione, ma sempre tra enti invariabili o permanenti; Hegel la concepisce come un momento dialettico di opposti, relativo all'essere che mediandosi si concepisce. Al di là di tutte queste interpretazioni, la LdP considera la relazione « come logicità universale e propriamente come la totalità produttiva dell'individuazione e della variazione degli enti e dei loro rapporti »⁴.

« Concedete aristotelicamente che le cose permangono come enti logici nella loro invarianza e che la loro relazione logica, ridotta a rapporto tra cose, si possa studiare indipendentemente dagli enti, è evidente che la logica finisce per contrarsi a sua volta in un campo chiuso di mediazione e la realtà scissa dal relativo, irrigidita nell'assoluto, perde la possibilità di essere compresa nelle forme del conoscere, che fuori del relativare non ha senso »⁵. E' necessario invece creare « una situazione metafisica nuova alie-

---

    ² Mosso, Principi di LdP, p. 289.
    ³ Cf. i diversi saggi riprodotti in LdP, p. 17; 25; 256; e in L.S, p. 6-7; 64.
    ⁴ Verso un nuovo relativismo, in LdP, p. 15.
    ⁵ Ibid., p. 17.

na da ogni assolutismo, in quanto per noi assoluto significa sempre assenza di relazioni e l'oggetto più generale di ogni filosofia si risolve essenzialmente in relazione » [6].

La nuova logica della relatività soddisfa pienamente alla condizione richiesta per la base della logica generale: essa cioè è autonoma, come si richiede per la base di qualunque sistema, ma è insieme posta nell'interno del sistema logico e quindi è di natura logica; non è certo dimostrabile, perchè presupposta ad ogni dimostrazione; pure non è arbitraria, ma sicura e resiste ad ogni tentativo di superamento. « La LdP, essendo teoria della relatività che ha la sua ragione nella relatività, non conosce altra giustificazione che sè medesima. Non ha la sua ragione in altro. Riesce a reggersi da sè sola. Senza presupposti. In questo senso essa è schiettamente autologica » [7]. Per il Pastore quindi il relativo è veramente il concetto primo e fondamentale, antecedente logicamente al concetto dell'assoluto: ogni essere come ogni conoscenza, ci appare inizialmente come relazione. L'assoluto invece è un concetto derivato; e solo per l'introduzione del principio dell'identità-invarianza come condizione comoda del ragionare, si è venuti nella necessità di stabilizzare l'ente, liberandolo dalle sue relazioni, rendendolo assoluto. E' stata quindi la mancanza di un sistema logico capace di seguire l'ente nel suo variare relativo, quello che ha indotto la mente a fondare la metafisica dell'assoluto mediante l'entificazione della relazione. La LdP invece introducendo, come vedremo, col teorema del potenziamento, la possibilità di seguire l'ente nelle sue variazioni relative, ha reso possibile il ritorno della filosofia come pensiero puro dell'universale relatività.

La risoluzione dell'ente in relazione deve essere tanto completa che riuscirà impossibile pensare l'ente e la relazione nello stesso tempo come formalmente distinti. Per pensare l'ente e la relazione in modo distinto formalmente, occorre pensare l'ente e la relazione come due entità indipendenti nel momento in cui si

---

[6] La LdP nelle sue relazioni con la scienza e la filosofia, in LdP, p. 31-32.

[7] Sul fondamento logico della matematica, in LdP, p. 97. Cf. anche Introduzione alla teoria delle equazioni logiche, ibid., p. 69. Vedremo nel capitolo seguente che questa logicità è dovuta al fatto che la relatività è posta mediante l'operazione logica U.

pensano distinte. Ma pensare la relazione come entità già non è più pensare la relazione e l'ente come distinti; e d'altra parte pensare l'ente come esistente indipendentemente dalla relazione è contrario al principio che risolve completamente ogni ente in relazione. Tuttavia pur non potendosi formalmente separare l'ente e la relazione, una qualche distinzione fra ente e relazione non si può negare. Se infatti abbiamo un sistema di n enti, $a, b, c \ldots n$, ogni ente è un insieme di relazioni $ab, ac, \ldots an$. L'ente quindi non può identificarsi con nessuna di queste relazioni in particolare, ma solo col loro complesso. D'altra parte dato un sistema di relazioni, esso non definisce l'ente, ma solo l'insieme o classe di enti del sistema; per cui la reciproca del principio fondamentale della LdP (risoluzione dell'ente in relazione) è vera solo se all'ente si sostituisce il concetto di classe o insieme di enti. Ne segue che mediante le relazioni l'ente non può essere di colpo individuato e quasi fissato nella sua determinata individuazione. Ma l'indeterminazione iniziale diminuisce al crescere delle relazioni diminuendo corrispondentemente l'estensione della classe; di modo che le due idee correlative di ente e di relazione sono in rapporto inverso [8].

Concludiamo pertanto affermando che « per questo punto di vista i limiti della relatività, della logicità e della totalità del reale si confondono. Nessun ente ha più in sè costante, cioè un assoluto a prescindere dalla relazione ... La relazione non è una soprastruttura dell'ente, ma ogni ente è riportabile e risolvibile nella relatività formale » [9].

Così « l'impossibilità di arrestarci ad un assoluto teoretico

---

[8] Introduzione alla teoria delle equazioni logiche, in LdP, p. 82-83; La logica della ricerca scientifica, in L.S, p. 9, nota. Queste affermazioni sembrano in contrasto con ciò che altrove dice il Pastore; e cioè che l'identità distintiva e il potenziamento dipendono *solo* dal numero degli enti del sistema. Da questo infatti ne segue che coll'aumentare il numero degli enti aumenti anche il numero delle relazioni, per cui l'ente e la relazione sarebbero in proporzione diretta.

[9] Ibid., p. 70; e Dalla filosofia dell'intuizione alla filosofia del potenziamento, in LdP, p. 181.

giustifica il pensiero puro del relativismo, cioè dell'infinitamente relativo » [10].

2. — VARIAZIONE RELATIVA E IDENTITÀ DISTINTIVA.

Il significato generico della risoluzione dell'ente in relazione « viene a specificarsi in due proposizioni subordinate :

1° che ogni ente varia in sè per effetto del solo variare degli enti, coi quali è in relazione;

2° che ogni ente potenzia gli altri coi quali è in relazione ed esso stesso compare col grado del suo insieme potenziato.

La prima esprime la materia logica e reale così del conoscere, come dell'essere (come entità), la seconda esprime la forma logica e reale di sviluppo d'ogni cosa » [11].

Vale a dire nella LdP si procede mediante due principi, l'uno di base, l'altro di sviluppo: l'identità pone l'esistenza dell'ente individuandolo nella sua variazione relativa, cioè identificandolo con sè e distinguendolo dal resto; il teorema del potenziamento poi dà la conoscenza dello sviluppo relativo dell'esistente [12]. Consideriamo quindi separatamente i due principi.

La variazione relativa dell'ente è una rivelazione di fatto continua e universale, è la grande lezione della stessa realtà; essa si impone necessariamente ad una logica che voglia dare una spiegazione razionale della realtà. La sua negazione invece era implicita nella logica aristotelica e in tutte le logiche successive, che avevano adottato il principio di identità-invarianza come la condizione indispensabile del ragionare. Ma l'impossibilità in cui si è trovata la scienza di spiegare la realtà ha fatto sì che ormai il dubbio sulla variazione continua del reale non sia neanche più un'ipotesi che possa essere seriamente impugnata [13]. La scienza al difuori dei sistemi rigidi della logica sistematica è giunta già da

---

[10] Il problema del trascendente nella scienza, in L.S, p. 64.
[11] Cf. i diversi saggi riprodotti in LdP, a p. 69, 97, 179 ecc.
[12] La crisi della logica, in LdP, p. 60 e 64.
[13] Critica dell'irrazionalismo del Meyerson, in LdP, p. 150 e 152.

tempo a questa constatazione, dando sempre maggiore sviluppo alle cosidette leggi di correlazione di sviluppo, di relazione mutua e di molteplicità degli effetti. Ciò vale non solo per i viventi, in cui le variazioni continue con l'ambiente sono evidenti, ma anche per i corpi anorganici, che pure a prima vista ci danno l'impressione di esistere indipendentemente dall'ambiente. I maggiori progressi in questo senso sono stati raggiunti con le teorie fisiche più moderne: la relatività einsteiniana, il principio di indeterminazione di Heisenberg e di complementarietà di Bohr. Queste teorie ci fanno sempre più vedere l'intima relazione esistente fra realtà e conoscenza e la necessaria mutazione relativa che interviene sempre fra i due sistemi osservante e osservato. Una conferma, anzi una prova diretta della falsità dell'invarianza assolutistica ci è data anche dal fatto d'esperienza comune che una parola in relazione con un'altra è quasi sempre diversa da quello che significa in relazione con una terza, così proprio come avviene per un colore, una sensazione, un suono. « Certo non ci è dato di osservare quale variazione sensibile si effettui in un concetto, quando nello sviluppo del discorso si cangi il numero dei concetti del suo sistema, nè quali variazioni trascini in questi una variazione delle proprietà di quello. Ma è qui dove si impone la necessità di non riporre la logica nè nella morfologia osservabile del discorso, nè nei simboli a senso invariabile, per costruzione esangui di logicità » [14].

Questa lezione della realtà ci mette dunque nella necessità di introdurre nella logica un « principio di identità, ma con senso *sui generis*, in tutto nuovo e diverso dal comune della logica sia Aristotelica, sia leibniziana », giacchè solo con questo principio potremo risolvere la questione: « se la realtà varia, come è ancora possibile stabilire che essa varia logicamente? » [15].

L'introduzione di questo nuovo principio è dovuta al Mosso il quale nei suoi *Principi di LdP* imposta un'ampia analisi del concetto di identità. Per lui il valore logico dell'identità non consiste

---

[14] La crisi della logica, in LdP, p. 59.
[15] Dalla filosofia dell'intuizione alla filosofia del potenziamento, in LdP, p. 175; e La crisi della logica, in LdP, p. 58.

nell'eguaglianza aristotelica $a = a$ [16], neppure nell'inclusione della logica matematica $a > a$. Le due espressioni dell'identità classica non sono l'espressione primitiva dell'identità logica, ma piuttosto la presuppongono e ne sono una conseguenza; giacchè noi non possiamo affermare che $a = a$ oppure $a > a$, se non sappiamo già che sono uno stesso ente e sopratutto che sono un ente logico, cioè un ente identico con se stesso. L'identità logica è l'operazione primitiva della logicità che crea l'ente logico individuandolo mediante la distinzione che essa introduce in un punto del campo logico. L'identità cioè, nell'uniformità primordiale di un campo logico, distingue col suo operare gli enti, non come entità assoluta che nella LdP non si possono ammettere, ma come centro di relazioni variabili al variare degli altri enti del sistema.

« Per esprimere questa idea, e mantenere nettamente divise le idee espresse da identità, inclusione tra enti $a > a$ ed eguaglianza tra determinazioni diverse dello stesso ente $a = a$, poniamo come prima e fondamentale relazione $a =|= a$ ad esprimere che l'ente a esiste come ente logico ». A tale espressione va subito congiunta, precedentemente ad ogni altra, l'idea di relazione $a \, R \, a$. E quindi « il sistema

$$a =|= a$$
$$a \, R \, a$$

esprimente che esiste l'ente logico relativo a, è la prima determinazione di un ente logico sistematico » [17].

Tale idea, come le altre che il Mosso svolge in questo saggio, è ripresa e ripetuta spesso dal Pastore. Tuttavia la frammentarie-

---

[16] Anche il Pastore insiste sulla differenza fra identità ed eguaglianza, rispondendo ad una critica dell'Abbagnano: « L'identità non è l'eguaglianza. Un ente può permanere identico e non eguale... Se l'ente identico si sviluppa, può essere nel secondo momento non eguale al primo momento. Per essere eguale occorre che sia riversibile (inclusione doppia o reciproca) ». Invece dire che l'essere è identico a se stesso attraverso lo sviluppo e il potenziamento, vuol dire che rimane sempre lo stesso termine, ma non si nega la sua variazione. Cf. Schiarimenti sulla deduzione scientifica, in LdP, p. 169.

[17] Mosso, Principi di LdP, p. 288-289.

tà delle sue esposizioni, in questo caso più ancora che in altri, fa sì che il principio di identità distintiva riesca uno dei concetti più oscuri e quasi inafferrabili [18]. Ci pare però che da tutto il complesso del sistema si possa giungere a questa conclusione: il principio di identità distintiva, che si oppone al principio classico di identità-eguaglianza-permanenza, ci dice *che ogni ente è identico a se stesso in quanto si distingue dagli altri coi quali è in relazione*. Solo in questo modo è possibile affermare l'identità non nella permanenza e eguaglianza (la quale si riduce a un caso particolare sistematico per gli enti convenuti rigidi nel discorso), ma nella variazione relativa: infatti posta la tesi della risoluzione dell'ente in relazione e conseguentemente il principio che ogni ente varia al variare degli enti coi quali è in relazione, affinchè sia ancora possibile il ragionare su un tale ente relativo e variabile, è necessario affermare l'identità nella variazione; ma tale identità non può essere più basata sull'*in sè*; quindi deve essere basata sull'*ad aliud*, cioè sulla distinzione dagli altri data dalle relazioni che costituiscono l'ente relativo.

Questa operazione primordiale della logicità che distingue l'ente individualmente è necessariamente correlativa a una secon-

---

[18] Riferiamo alcune citazioni più dirette su questo argomento: « L'identità è il modo di operare della logicità che crea i termini distinguendoli con l'identificarli con se stessi e individuandoli rispetto al loro mondo di relazione »; quindi « il valore logico dell'identità sta nella distinzione creativa ». (Rassegna di logica, in LdP, p. 141-143). L'identità distintiva è l'operazione logica che esprime la relazione dell'ente con se stesso, cioè lo identifica con sè, distinguendolo dal resto con cui è in relazione; di modo che l'ente logico è determinato coll'individuazione e colla relazione. « L'identità pone l'esistenza dell'ente individuandolo » ed « esprime il differenziarsi in un campo ». (La crisi della logica, in LdP, p. 60-61; 64-65). Coll'identità distintiva « si individua un termine differenziandolo dal suo universo, con affermare l'identità con sè. Posta l'identità distintiva, ogni operazione potenzia il termine del discorso (aspetto analitico, deduttivo) legandolo al suo universo ». « L'adozione di questo principio significa che l'ente logico è una relazione che si determina dalle sue relazioni con gli altri enti del discorso e varia al variare di questi. Così ogni ente logico, com'è dato vedere, ha un grado di relazione in funzione del numero degli enti del suo sistema » (Sul fondamento logico della matematica, in LdP, p. 97 e 104-105).

da operazione logica non meno essenziale e produttiva, la quale ci dà la conoscenza dello sviluppo relativo dell'ente. Infatti « risulta dall'anzidetto che se l'ente logico è una relazione che si determina dalle sue relazioni con gli altri enti del discorso e varia al variare di questi, affinchè sia possibile distinguerlo nel suo campo logico, e seguirlo nelle sue variazioni relative, è necessario e sufficiente compiere due operazioni:

1° l'una per esprimere la sua relazione con sè, cioè per identificarlo con sè distinguendolo dal resto (identità distintiva);

2° l'altra per esprimere la sua relazione ad altro »[19].

Questa seconda operazione primitiva della logicità è il potenziamento logico, di cui dovremo ora parlare dopo aver introdotto il concetto di potenza in logica.

3. — INTRODUZIONE DELLA POTENZA IN LOGICA.

Come abbiamo visto al capitolo secondo, fin dal 1909 il Pastore chiudeva la sua memoria *Sulla natura extralogica delle leggi di tautologia e di assorbimento nella logica matematica* con una ardita proposta mirante a sviluppare il calcolo logico in ordine alla possibilità di nuove operazioni. Egli infatti avendo rigettato le leggi nominate, si trovava in mano una coppia di equazioni: $aa = a, a + a = a$, esprimenti proprietà analoghe a quelle della moltiplicazione e della somma matematica. Era quindi aperta la via all'introduzione delle potenze e dei multipli nel calcolo logico, che offriva, secondo l'autore, nuovi e più vasti campi di ricerche nell'analisi logica. Perciò al posto della legge di assorbimento proponeva le seguente equazione fondamentale [20]:

$$a(a + b) = a^2 + ab.$$

La proposta di Pastore fu ripresa, approfondita e generalizzata dal Mosso, il quale proponeva anche per primo un'interpretazione logica del simbolo di potenza e del coefficiente [21].

---

[19] La crisi della logica, in LdP, p. 60.
[20] Sulla natura extralogica delle leggi..., in LdP, p. 46.
[21] Mosso, Principi di LdP, p. 203-294. Cf. anche La crisi, cit., p. 62.

Si abbiano m enti logici qualsiasi $a,b,c,...\ m$. Consideriamo un ente a fra gli m. In quanto a fa parte del gruppo o sistema degli m enti, è in relazione con essi; anzi, tenuta presente la tesi della risoluzione dell'ente in relazione, l'ente a è costituito dalle sue relazioni agli altri enti del sistema. Restano quindi fissate m determinazioni logiche elementari fra a e gli m enti, cioè

$$a \text{ e non} - a$$
$$a \text{ e non } b$$
$$a \text{ e non } c$$
$$\ldots\ldots$$
$$a \text{ e non } m.$$

« Poniamo, per definizione, che a^m indica il prodotto logico di queste m determinazioni di a. Con la terminologia logistica si può anche dire che a^m indica il prodotto logico di a e delle negazioni degli altri $m-1$ enti ». Così ad esempio [22]:

$$a - b = a^2,$$

ovvero con l'ideografia del Russel, Couturat:

$$ab' = a^2$$
$$ab'c' = a^3.$$

Ognuna di tali espressioni è un aRb od $aRbc$. In genere diremo che ogni a è sempre un a^x, indicando con questo simbolo le infinite classi o proposizioni logiche diverse a secondo degli elementi coi quali a è in relazione. Il simbolo di potenza dunque designa la non appartenza di a agli altri $m-1$ elementi e sotto l'aspetto della comprensione la non convenienza ad a degli attributi degli $m-1$ enti [23].

---

[22] Perchè tale espressione non crei confusione insinuando l'idea di una sottrazione logica occorre tenere presente la definizione del Peano: $a - b = a \times (-b)$; questo simbolo perciò esprime il prodotto logico di a con la negazione di b (Peano, F. 4, p. 18). Tuttavia ad evitare tale equivoco e per maggiore semplicità di grafia preferiamo il simbolo usato dal Russel, Couturat, ecc., per i quali la negazione di b si scrive b'.

[23] Diamo per curiosità il significato logico di *Socrate* al cubo: « Po-

Al contrario il coefficiente logico servirà ad esprimere l'idea di appartenza e convenienza degli attributi di determinate classi, per cui il simbolo na significa che l'ente a appartiene a n enti.

Le definizioni di potenza e di coefficiente ci danno il modo di esprimere in simboli le due relazioni fondamentali che possono sussistere tra due termini: l'appartenenza e l'esclusione. Il simbolo ab significa che a appartiene a b, o anche indica la parte comune di a e b; il simbolo a^2 ($=ab'$) significa che a non appartiene a b o anche indica ciò che è proprio di a e non di b. Con questi due simboli possiamo perciò esprimere tutte le relazioni che esistono far un termine a e tutti gli altri termini dell'insieme, potremo cioè avere lo sviluppo relativo del termine a. Ripetendo l'operazione per singoli termini dell'insieme e sommando i risultati particolari, otterremo l'espressione di tutte le relazioni del sistema; a raggiungere questa espressione nel modo più generale, mirano gli sviluppi logico-matematici che il Mosso introduce sotto il nome di teorema delle potenze e teorema del potenziamento. Cominciamo dal primo.

Teorema delle potenze: Lo sviluppo totale di un discorso di n termini, secondo le relazioni di appartenenza e di distinzione di ciascun termine da ogni altro, è costituito da $n2^{n-1}+1$ termini, che - oltre al termine indicante la classe vuota ossia la negazione totale del discorso -, si possono compendiare nella somma di n polinomi rappresentanti lo sviluppo dei singoli termini relativo ai rimanenti n-1. In simboli potremo scrivere:

$$a+b+c+\ldots+n = \Sigma_a + \Sigma_b + \Sigma_c + \ldots + \Sigma_n,$$

ponendo

$$\Sigma_x = \sum_{r=0}^{n-1} x^{n-r} S \binom{n\text{-}1}{r},$$

dove $S \binom{n\text{-}1}{r}$ indica la somma delle combinazioni degli n-1 termini presi a r a r [24].

---

nendo *Socrates* vogliamo precisamente dire che noi ci troviamo di fronte a un sistema di tre enti dei quali uno è Socrate, e consideriamo di questo sistema solo quella parte che è Socrate, e non è nessuno degli altri due, benchè sia in relazione con essi» (La crisi della logica, in LdP, p. 61, nota).

[24] Mosso, op. cit., p. 294-298.

Per esempio, ponendo $n = 3$ e indicando i termini con le lettere a, b, c, avremo:

$$\Sigma_a = \sum_{r=0}^{2} a^{3-r} \, S \binom{2}{r} = a^3 + a^2 b + a\,c + abc.$$

Il Mosso confronta quindi lo sviluppo da lui ottenuto con una formula classica della logica matematica, che ci dà lo sviluppo del tutto o universo (V) rispetto ad alcuni termini e alle loro negazioni. Per esempio rispetto a 2 termini lo sviluppo logico-matematico è:

$$V = ab + ab' + a'b + a'b',$$

cioè il tutto è costituito dagli elementi comuni di a e di b + gli elementi propri di a e non di b + gli elementi propri di b e non di a + gli elementi che non appartengono nè ad a nè a b. Il numero dei termini di sviluppo secondo questa formula è di 2^n, giacchè i vari termini si possono considerare come tutte le possibili disposizioni con ripetizione di affermazione e di negazione a n a n.

Nello sviluppo del Mosso dunque i termini aumentano da 2^n a $n2^{n-1} + 1$. I nuovi termini, come si può facilmente osservare sono dovuti alla seguente distinzione che il teorema delle potenze introduce nella logica matematica: la classe degli individui o delle classi, ai quali convengono gli attributi di r termini e non convengono gli attributi degli $n-r$ termini rimanenti è distinta a seconda che è classe di uno o dell'altro degli r termini. In logica matematica invece tali termini vengono confusi per la legge di tautologia. Così ad esempio, a che è b e non c ($a^2 b$) è distinto nella formula di Mosso da b che è a e non c ($b^2 a$); a che è b e c (abc) è distinto sia da b che è a e c, sia da c che è a e b (bac, cab); questi termini invece nella logica matematica non sono distinti. Tale differenziazione che l'introduzione delle potenze opera nello sviluppo logistico, si è resa possibile col cambiamento della base generale della logica. Lo sviluppo logico matematico infatti ha per base la costanza dell'ente in sè e riduce i termini alla costante estensione, per cui considera come taulogici i termini di eguale estensione: $abc' = bac'$. Nella logica generale invece viene eliminata la costante sistematica e in suo luogo introdotta la variazione relativa: alla costante estensione viene sostituito un riferimento variabile, per cui ciò che rimane costante è solo il rapporto estensione/appartenenza. Questa forma particolare di sviluppo è detta « universo logico di Lambert » [25].

4. — Teorema del potenziamento e universo logico.

L'allargamento operato col teorema delle potenze non è ancora sufficiente; per ottenere il teorema logico più generale che ci dia la completa espressione della relatività dell'ente, bisogna fare ancora un passo nella eliminazione di ogni costante sistematica. Avremo così un nuovo sviluppo più ampio per il quale non si richiede l'uso di alcuna altra notazione simbolica, principio o idea oltre quelli introdotti, ma solo l'eliminazione delle costanti sistematiche. Il nuovo sviluppo sarà una generalizzazione del teorema delle potenze, che porta però in sè l'espressione dell'assoluta relatività dell'ente sistematico [26]. Lo sviluppo desirerato ci sarà fornito dal seguente:

Teorema del potenziamento: Lo sviluppo logico più generale di un discorso di n termini è dato dalla somma logica di n^n addendi costituiti da tutte le disposizioni complete o con ripetizione degli n elementi ad n ad n, ai quali bisogna ancora aggiungere il gruppo-termine risultante dalla negazione di tutti gli n termini, in modo da ottenere uno sviluppo totale di $n^n + 1$ termini. Non è escluso quindi che uno o più termini in qualche complesso sia ripetuto più volte, dovremo avere anzi tutte le ripetizioni possibili dei singoli termini, di modo che gli n termini del sistema siano paragonati secondo tutte le relazioni possibili e si possano scambiare comunque i nomi degli n elementi [27].

---

[25] Mosso, Principi di LdP, p. 299-301.
[26] Rassegna di logica, in LdP, p. 142; Mosso, op. cit., p. 300-301.
[27] Mosso, op. cit., p. 303-305; Appendice alla L.S, p. 329-330. Anche *La crisi*, cit., p. 63-64. Abbiamo seguito la dimostrazione più semplice che il Mosso accenna nel secondo lavoro. Nei *Principi* invece il Mosso partiva da un'altra formula logico-matematica, detta pure del Lambert,

Nello sviluppo quindi compariranno complessioni del tipo: *aaabccd* ..., che semplificando si potrà scrivere: a^3bc^2d ... In esse per ogni termine ripetuto mancano altrettanti degli *n-1* termini rimanenti; quindi ogni ripetizione potrà essere sostituita con la negazione di uno dei termini mancanti, il che coincide col significato precedentemente attribuito alla potenza logica.

Confrontando lo sviluppo ottenuto con le espressioni algebriche, potremo facilmente rilevare che, a parte il termine della negazione totale del discorso, esso coincide con lo sviluppo della potenza *n*esima di un polinomio di *n* termini:

$$(a + b + ... + n)^n = (a + b + ... + n)(a + b + ... + n) ... n \text{ volte}.$$

Chiameremo « sviluppo per potenziamento completo » lo sviluppo totale di un discorso di *n* termini alla potenza di grado *n*.

Questo risultato però ci fa vedere che un insieme qualunque di enti o discorso può essere sviluppato in forme (universo) diverse, secondo il diverso grado a cui è elevato. Per esempio se noi eseguiamo questo particolare sviluppo:

$$(a+b+c)^2 = (a+b+c)(a+b+c) = a^2 + b^2 + c^2 + ab + ac + ba + bc + ca + cb,$$

avremo lo sviluppo totale di un discorso di 3 termini in un universo di 2° grado; in generale sarà $(a+b+c+...+n)^m$. Ciascuno di questi sviluppi totali si può anche considerare come la somma degli sviluppi parziali dei singoli termini; per esempio:

$$(a+b+c)^2 = a(a+b+c) + b(a+b+c) + c(a+b+c).$$

Concludendo pertanto diremo che in ogni realtà fisica dobbiamo distinguere quattro elementi irreducibili, benchè fra loro

---

che esprime la proprietà distributiva rispetto alla moltiplicazione e somma logica: $a(b+c) = ab + ac$. Il Mosso fa anche osservare come partendo sia da questa formula, che da quella precedente, pure del Lambert, si giunga, come ad un caso particolare alla formula proposta dal Pastore ben 15 anni prima nella citata memoria *Sulla natura* ecc.: $a(a+b) = a^2 + ab$. Mosso, Principi, p. 299 e 303, nota.

correlativi: termini, discorso, universo e grado. I termini sono gli enti presi nella loro singolarità e contingenza; il loro insieme sotto l'aspetto puramente analitico e deduttivo è il discorso D; il D quindi esprime la materia logica e reale così del conoscere come dell'essere. L'Universo U è la condizione formale di esistenza dei termini e del discorso (spazio logico), cioè esso è sinteticamente la necessaria sufficienza del discorso e della possibilità del suo sviluppo analitico in termini. Si abbia ad esempio un sistema scientifico particolare che costituirà un D ossia un complesso di proposizioni concatenate in modo deduttivo a partire da alcune proposizioni primitive indipendenti; l'insieme delle proposizioni primitive o ipotesi, che sono necessarie per lo sviluppo del sistema, considerate sinteticamente come unità, sono l'U del sistema proposto. Se quei principi non costituissero un'unità sintetica U, sarebbe impossibile lo sviluppo deduttivo del sistema; essi però non sono una necessità deduttiva, essendo per ipotesi indipendenti sotto l'aspetto deduttivo; sono quindi evidentemente una necessità sintetica e intuitiva. Ecco quindi come l'introduzione della potenza in logica ha reso evidente la necessità di scindere ogni complesso logico in D e U [28].

Finalmente il grado del sistema indica il numero di relazioni che si considerano come costitutive di ciascun ente o elemento e quindi esprime l'intensità della relatività della forma o universo. Lo sviluppo che si ottiene ci dà un insieme di termini omogenei, in quanto che, come nello sviluppo matematico delle potenze, ogni monomio ha il grado stesso dell'universo [29].

Il fatto che abbiamo accennato, che cioè un discorso di n termini può essere sviluppato in infiniti universi di grado diverso, merita particolare attenzione per il significato logico che

---

[28] Cf. Mosso, Principi di LdP, p. 306; e i vari saggi di LdP, p. 18-19; 26-28; 69; 107-109. Già da quanto si è detto appare che il D corrisponde all'operazione logica della deduzione, mentre l'U dovrà corrispondere ad un'altra operazione logica che il Pastore chiama «intuizione». Queste due operazioni corrispondenti al D e U sono dal Pastore designate anch'esse colle medesime lettere. Di queste due operazioni logiche fondamentali tratteremo diffusamente nel capitolo seguente.

[29] Mosso, op. cit., p. 306, nota.

gli corrisponde. Fra tutti gli sviluppi uno è il privilegiato, quello cioè in cui il grado dell'universo è uguale al numero degli enti del discorso. Tale sviluppo che corrisponde al teorema del potenziamento sopra enunciato costituisce il potenziamento completo di grado n; chiameremo per brevità termine potenziato, discorso potenziato, universo (semplicemente) rispettivamente il termine di un discorso di n termini in un universo di grado n e il loro sviluppo. «Assumiamo lo sviluppo potenziato quale forma logica reale del discorso. In ogni discorso del tipo $(a + b + c + ... + +n)^m$ non omogeneo col suo universo, le forme dello sviluppo sono il prodotto di una particolare astrazione». Le operazioni cioè che si possono fare in un universo logico variando il suo grado in rapporto al discorso sono astrazioni del tipo di quelle con cui consideriamo una retta o un piano in uno spazio geometrico tridimensionale; quando invece operiamo secondo l'universo potenziato, allora è come se consideriamo un volume nel medesimo spazio. Questi diversi procedimenti di astrazione sono legittimi per la nostra necessità di costantizzare alcune quantità in ogni processo complesso, che non possa essere risolto nella sua universalità. Noi siamo costretti cioè a procedere talora per astrazione, ponendo a fuoco alcuni termini e alcune relazioni e lasciando nella penombra gli altri. «Un mondo logico così trasformato può essere di più comoda e seducente contemplazione, ma cessa di essere puramente logico». Con questo modo di operare infatti si attenua il potenziamento, svanisce il carattere di assoluta relatività, vengono introdotti modelli diversi con proprie costanti sistematiche; operazioni tutte che non sono giustificate nel sistema, ma sono di natura extrasistematica ed extralogica, essendo esse le condizioni di formazione degli enti primitivi del sistema [30].

Solo la logica generale, esprimendo col potenziamento l'assoluta relatività dell'ente, ha per base «l'espressione immediata della logicità intesa come potere di individuazione» [31].

---

[30] Ibid., p. 306-307.
[31] Rassegna di logica, in LdP, p. 142.

5. — Il principio del potenziamento logico.

Col teorema del potenziamento abbiamo trovato la forma simbolica di sviluppo totale d'un discorso di n termini. Questo è sufficiente quando si consideri il discorso di n termini come un sistema chiuso e determinato; ma per una logica generale occorre studiare come un discorso potenziato si tramuti in un altro per la variazione del numero degli enti, ad esempio per l'aggiunta di un nuovo termine.

Ora tenuta presente l'omogeneità del potenziamento richiesta per uno sviluppo reale e non puramente astratto, se ad un discorso di n termini si aggiunge un termine $(n+1)^{mo}$, si ha il passaggio da discorso a discorso e quindi corrispondentemente da universo a universo. Per effettuare tale passaggio vi erano due possibilità: o mantenere nel nuovo U di $n+1$ termini il primitivo U di n termini come un'unità in modo che il nuovo U risultasse un universo di due termini, oppure ammettere che l'U di n termini entra nell'U di $n+1$ come molteplicità. Il Mosso ha scelto questo secondo modo, perchè solo in questo si conserva l'espressione della base logica generale, vale a dire che « un termine varia in sè in relazione di tutti i termini del suo discorso e potenzia tutti i termini, il discorso e l'universo ». Possiamo esprimere la legge del passaggio da universo a universo col seguente principio generale del potenziamento logico: « Il discorso di n termini più uno è identico, non eguale ($\doteq$) al discorso di $n+1$ termini ». In simboli avremo [32]:

$$(a+b+c+\ldots+n)^n + p \doteq (a+b+c\ldots+n+p)^{n+1}.$$

Tutto questo svolgimento logico-matematico dei teoremi delle potenze e del potenziamento, proposti dal Mosso in *Principi di LdP* e ripresi e fatti propri dal Pastore in *Rassegna di logica* e nella relazione al VI Congresso Nazionale di Filosofia del 1926:

---

[32] Mosso, Principi di LdP, p. 309-310; La crisi della logica, in LdP, p. 64; Schiarimenti sulla deduzione scientifica, in LdP, p. 172.

La crisi della logica, non trova che fugacissimi accenni nei numerosi saggi successivi e realmente esso non ha un grande valore in se stesso e neppure in relazione alla LdP. Esso però è la necessaria premessa del principio del potenziamento logico, che negli scritti posteriori ritorna continuamente, insieme agli altri due principi della risoluzione dell'ente in relazione e della variazione relativa o identità distintiva. Ecco una definizione circostanziata di questo principio: « Per potenziamento logico in generale s'intenda il potere di relatività o di sviluppo relativo degli enti logici, precisamente il fatto analitico che varia la potenza dell'ente logico col variare del numero degli enti coi quali esso è in relazione, cioè delle relazioni che esso esprime, e che ad uno sviluppo analitico di potenze corrisponde uno sviluppo di enti logici ». Od anche: « In compendio: pel senso generale del potenziamento, si può intendere il fatto sintetico, ma analiticamente considerabile, che varia la potenza di un ente al variare del numero degli enti costitutivi del sistema (coi quali è in necessaria relazione) e che ad uno sviluppo analitico di potenze corrisponde uno sviluppo di enti » [33].

Il potenziamento così definito ci permette di rispondere finalmente in maniera esauriente al grave problema della logica generale: « com'è possibile ragionare abbandonando il principio sistematico dell'identità-invarianza, cioè introducendo il principio della variazione? » [34]. Giacchè è impossibile l'essere e il ragionare senza un permanere identico nella variazione relativa e continua. L'identità è veramente la *conditio sine qua non* del ragionare anche per la logica del potenziamento; non avrebbe senso parlare di variazione di termini, discorso, universo, nel passaggio da un sistema di n termini ad uno di $n+1$, se non si supponesse il permanere identico di a nei due universi per cui a^{n+1} è identico, non eguale ad a^n.

Ebbene il potenziamento è appunto ciò che permane negli enti traverso le loro variazioni relative, ciò che rimane di tipico nella

---

[33] Sul fondamento logico della matematica, in LdP, p. 97-98; Introduzione alla teoria delle equazioni logiche, ibid., p. 69.

[34] Critica dell'irrazionalismo del Meyerson, in LdP, p. 152.

variazione degli enti, l'invariante nella variazione. La permanenza dell'identità nella nuova logica quindi non significa l'eguaglianza e perciò neanche la permanenza di un sostrato indifferente alla relazione, ma indica solo la permanenza relativa nella legge di variazione. Se permanesse l'eguaglianza di un termine da un universo di n termini ad un universo di $n+1$, sarebbe distrutto il potenziamento, giacchè nulla sarebbe modificato nel passaggio da U ad U'. La base generale della logica invece vuole che ogni ente vari al variare del numero degli enti del discorso. Dunque perchè sia possibile ragionare è necessario e sufficiente che un termine permanga identico e non eguale nel passaggio da U ad U'[35].

Prima di concludere aggiungiamo ancora uno schiarimento sopra il rapporto fra identità e potenziamento, per non correre il pericolo di rovesciarlo, come fa senza accorgersene l'Abbagnano nei suoi apprezzamenti critici sulla logica del potenziamento[36]. Identità e potenziamento sono infatti intimamente connessi ed essenzialmente correlativi e nella nostra esposizione non vorremmo aver corso il pericolo di separarli troppo. L'Abbagnano dunque, nel luogo citato, afferma che «l'identità esprime, nella logica del Mosso, il potenziamento dell'ente per opera delle relazioni in cui entra con gli altri enti». Ma il Pastore fa notare che egli «non s'avvede di rovesciare il rapporto fra identità e potenziamento»[37]. Invero l'identità, secondo il Mosso, non esprime il potenziamento dell'ente, ma il suo individuarsi relativo, cioè il suo differenziarsi in un campo; il potenziamento invece esprime l'identità con lo sviluppo dell'ente relativo. Cioè identità e potenziamento sono i due modi primitivi di operare della logicità, mediante i quali la logica generale assolve il suo compito, quello cioè di porre anzi creare come logici gli enti primitivi di ogni sistema. Ora posta la tesi fondamentale della risoluzione dell'ente in relazione, creare l'ente logico significa individuarlo distinguendolo dal suo mondo, ma non separandolo da esso, anzi ponendolo precisamente in relazione

---

[35] La crisi della logica, in LdP, p. 64; Sul fondamento logico della matematica, ib., p. 98; Schiarimenti sulla deduzione scientifica, ib., p. 169.

[36] ABBAGNANO N., La filosofia di E. Meyerson e la logica dell'identità, Napoli, Perrella, 1929, p. 36.

[37] Schiarimenti, cit., p. 167.

con esso. Coll'identità distintiva si esprime solamente la relazione identica dell'ente con se stesso, in quanto l'ente individuo è in sè indistinto; ma questa operazione esige l'altra correlativa, il potenziamento, che sviluppa i termini individuandoli rispetto al loro mondo di relazione, distinguendolo cioè dagli altri, legando ogni termine al suo universo e potenziandolo col grado stesso di questo [38].

In altri termini «l'identità porta l'ente nel campo della conoscenza come esistente in quanto differenziato (creandolo logico). Ma questo può essere conosciuto solo collo sviluppo, e il potenziamento è il punto d'appoggio, il riferimento costante, in quanto è il permanente nella variazione dei processi del pensiero» [39].

Non bisogna scindere e isolare due proposizioni nelle quali, come il Pastore ripetutamente afferma, si specifica il senso generico della variazione relativa: «1° che ogni ente varia in sè per effetto del solo variare degli enti coi quali è in relazione; 2° che ogni ente potenzia gli altri enti coi quali è in relazione ed esso stesso compare col grado del suo insieme potenziato». Il simbolo di potenza, in quanto espressione del principio generale del potenziamento logico, significa ambedue questi aspetti della relatività dell'ente, che per un rispetto è potenziato, per l'altro potenzia gli altri enti del discorso, vale a dire ogni termine, «è insieme il prodotto e il produttore della relatività, il fatto e l'atto della logicità, intesa come potere di creazione (individuazione) e di sviluppo (potenziamento)» [40].

---

[38] Sul fondamento logico della matematica, in LdP, p. 97; Rassegna di logica, in LdP, p. 143-144. Ricordiamo la definizione di S. Tommaso: «*Individuum est quod est in se indistictum, ab aliis vero distinctum*» I, q. 29, a. 4.

[39] La crisi della logica, in LdP, p. 65.

[40] Introduzione alla teoria delle equazioni logiche, in LdP, p. 69-70; Dalla filosofia dell'intuizione alla fiosofia del potenziamento, in LdP, p. 179-181.

CAPITOLO QUINTO

LE OPERAZIONI LOGICHE FONDAMENTALI

1. — LA DEDUZIONE.

Il Mosso al termine del suo lavoro sui *Principi di LdP* riassume in questi termini « i risultati generali ottenuti: a) mutamento della base generale della logica nella quale si considera l'ente variabile relativamente, invece che costante; b) cambiamento del significato logico del principio d'identità; c) eliminazione delle leggi di tautologia in generale, ed introduzione dell'esponente; d) possibilità di considerare come operazione logica la generazione delle idee primitive, pur non assoggettandole alle relazioni particolari sistematiche (tecniche) »[1].

Le idee svolte nel capitolo precedente riguardano direttamente i primi tre risultati, che hanno permesso di impostare e di chiarire in tutti i particolari i tre principi fondamentali della nuova logica: la risoluzione dell'ente in relazione, la variazione relativa e il potenziamento reciproco dell'ente. Questi principi formano la base della nuova teoria, in quanto per essi si esprime l'intima natura e il fondo ultimo dell'ente logico, che non deve essere considerato alla maniera assolutistica degli antichi, ma risolto completamente nella relatività subobiettiva[2]. In questa posizione però erano già incluse delle nuove idee anche sul valore delle operazioni mentali che presiedono alla formazione di tali enti logici, e che permettono di risolvere il problema generale della ragione logica,

---

[1] Mosso, Principi di LdP, p. 310-311.
[2] Cf. Logica nuova e metafisica nuova: Risposta al R. P. Bizzarri, in *Divus Thomas*, 1940, p. 347 e 353.

affermando la creazione degli enti primitivi delle scienze e specialmente della logica stessa come un'operazione di natura logica, distinta dalla deduzione, che parte da quei principi per lo sviluppo del sistema.

A questa nuova operazione logica fondamentale accenna il Mosso nel passo citato, come al quarto dei risultati ottenuti nel suo lavoro. Secondo questo modo di vedere, la soluzione logica del problema della logica generale dipende tutta dalla distinzione posta tra logica e sistema; quella è la vera operazione creatrice, questo il puro sviluppo tecnico dei prodotti della logicità. Una logica generale quindi di tipo puramente sistematico, cioè deduttivo, risulta impossibile e si impone il riconoscimento della netta distinzine tra l'aspetto formale e l'aspetto analitico delle operazioni logiche fondamentali [3]. Sulla natura di questa nuova operazione logica sintetico-costruttiva, alla quale viene fin d'ora attribuito il nome di « universo », il Mosso non ci fornisce ancora spiegazioni, all'infuori dell'osservazione che non si riduce alla deduzione e neppure all'intuizione psicologico-sensoriale, necessariamente di tipo geometrico-euclideo [4].

Anche il Pastore nei primi saggi successivi alla pubblicazione dei *Principi* del Mosso, non approfondisce ancora questo punto: sia nei due saggi *Rassegna di logica* del 1923 e *La crisi della logica* del 1926, che nei due lavori sulla dottrina di Emilio Meyerson del 1926 e 1929, non abbiamo nulla sulla intuizione logica dell'universo. Parimenti nell'articolo sul Bergson *Dalla filosofia dell'intuizione alla filosofia del potenziamento* del 1926, pur parlandosi molto di intuizione nel senso bergsoniano, non appare ancora chiaramente la nuova idea dell'intuizione logica come operazione intellettiva sintetico-costruttiva, opposta alla deduzione; ma solo si insiste sulla base generale della nuova teoria dell'ente come relazione. Con questo, si noti bene, non intendo affermare che il Pastore al tempo di questi articoli non avesse ancora riconosciuta la necessità di una nuova maniera di conoscere le cose, che rigettando il postulato classico dell'identità operi col principio logico

---

[3] Mosso, op. cit., p. 303, nota; 307; 312.
[4] Ibid., p. 302, nota.

del potenziamento; fin da questi primi scritti infatti il Pastore afferma esplicitamente la logicità come potere di creazione (individuazione) e di sviluppo (potenziamento). Tuttavia sulla natura di questa attività logica non abbiamo ancora alcuna dilucidazione, mentre tutta l'attenzione dell'autore è diretta a porre in luce la tesi della variazione relativa dell'ente in sè e del principio del potenziamento « come base d'un'interpretazione filosofica dell'universo »[5].

C'è anzi di più. Nelle pubblicazioni citate il Pastore si diffonde piuttosto nel precisare la natura e l'importanza dell'altra operazione logica, quella più generalmente riconosciuta nelle logiche sistematiche da Aristotele a Peano, l'operazione analitica deduttiva. Così, per esempio, il saggio *Rassegna di logica*, importantissimo nella serie delle pubblicazioni del Pastore per la presentazione che in essa si fa della nuova LdP, si inizia con una difesa dei diritti dell'analisi logica contro le stroncature antianalitiche dei dialettici concretisti da una parte e contro l'antilogismo irrazionalistico dall'altra. Contro i dialettici concretisti che deridono l'analisi come cosa morta, perchè puzza di astrazione e di formalismo, il Pastore afferma il ruolo insostituibile dell'analisi nella vita del pensiero. « L'analisi logica è un elemento di vita e di rivelazione, non di disturbo alla sintesi. L'astrazione stessa è un processo concreto che ridesta lo spirito costruttore e per la sua ereticità rinnova e rinforza l'esercizio libero dello spirito ». Quanto poi all'irrazionalismo che rigetta l'analisi proclamando di vivere e anche di filosofare fuori della logica, il Pastore nota vivacemente che « qui è l'ignoranza che pesa la logica sulla sua bilancia e la bruttezza che applaude alla sua sorella ». Se la protesta contro il dogmatismo scientifico del secolo scorso poteva essere una reazione in parte giustificata, « l'antilogismo è una situazione del tutto falsa », giacchè è costretta a rinunciare perfino all'essere uomo: « quando l'uomo agisce senza ragionare è quasi sempre una bestia »[6]. E nel paragrafo seguente prosegue rallegrandosi per l'inatteso ri-

---

[5] Dalla filosofia dell'intuizione alla filosofia del potenziamento, in LdP, p. 180-181.

[6] Rassegna di logica, in LdP, p. 129-134.

conoscimento dei diritti della logica dell'asratto che egli ritrova nel secondo volume del *Sistema di logica come teoria del conoscere* di Giovanni Gentile.

Per restringere in breve il pensiero del Pastore nei riguardi dell'operazione logica deduttiva, possiamo riferirci ad una delle pubblicazioni più recenti, cioè la comunicazione su *La logicità del pensiero occidentale*, pubblicata come conclusione della raccolta *Logica sperimentale*. L'esaltazione che in questa comunicazione il Pastore fa della deduzione può considerarsi come un degno epilogo della grande attenzione che l'autore ha sempre dedicato a questa operazione logica, specialmente nel primo periodo della sua produzione filosofica. La logica deduttiva, afferma il Pastore, è « la caratteristica del pensiero occidentale ». Essa consiste nella derivazione necessaria d'una conseguenza dalle premesse ed è fondata sul principio di non contradizione, a cui si riduce in ultima analisi la validità di ogni discorso, come a criterio ultimo del vero dimostrabile. Nella deduzione il pensiero si rivela come una catena solida, una sequenza che resiste; esso divide, ordina, enumera, astrae fino alla separazione di tutti i fatti che le riesca possibile separare; e in questo modo progredisce componendo formule, equazioni e sistemi d'equazioni fino alla costruzione completa dei sistemi scientifici. La preoccupazione della logica deduttiva poi è sempre la stessa: eliminare la contradizione e le inconseguenze, che tentano sempre risorgere in una serie di difficoltà e di crisi, di tentativi e di contrasti. Lo svolgimento storico del pensiero deduttivo si presenta quindi con le sue vicende dominate da due motivi: uno positivo, che è la costruzione dei sistemi col criterio della non contradizione; l'altro esclusivo, che consiste nell'eliminazione della contradizione ogni qualvolta è sorta. Questa operazione complessa che si può esprimere con uno di questi termini: discorso, analisi, definizione, dimostrazione, sistema, ecc., il Pastore ha voluto « enunciarla col segno simbolico D, il quale, appunto perchè non dice niente di particolare, serve a indicare la vastità del concetto »[7].

---

[7] La logicità del pensiero occidentale, in L.S, p. 314-316.

2. — L'INTUIZIONE LOGICA.

Tutte le logiche antecedenti, secondo il Pastore, si sono ostinate a riconoscere il carattere di necessità logica alla sola operazione deduttiva. Anche di sè egli confessa apertamente che nei lavori antecedenti era ancora avvolto nel pregiudizio che la logicità fosse esclusivamente deduttiva [8]. Anche nella teoria del metodo sperimentale, da lui ampiamente svolta nei primi scritti fino all'esauriente trattazione del *Problema della causalità,* teoria in cui viene riconosciuto all'esperimento un doppio momento, il primo ipotetico-costruttivo, che corrisponde di fatto a quello che poi il Pastore chiamerà l'U, e l'altro deduttivo (D), non si parla mai di una necessità logica inerente al primo momento, ma si afferma esplicitamente che la sola vera necessità logica deriva alla legge causale dal secondo momento. Ora invece il Pastore riconosce che il D non è sufficiente per la costruzione logica delle scienze. Esso infatti ci dà solo lo sviluppo analitico del sistema e presuppone, ma non pone i principi che fondano il sistema stesso. Affinchè la costruzione delle scienze sia pienamente logica, è necessario che anche la creazione degli enti primitivi sia frutto di un'operazione logica. « Quindi bisogna affiancare alla deduzione del discorso (D) l'intuizione logica dell'universo (U) » [9].

Dopo i tre principi che formano la base generale della LdP, l'affermazione di questa dualità operativa D.U è senza dubbio la tesi più importante della nuova logica. La teoria, già accennata, come si è detto, dal Mosso, si è venuta lentamente svolgendo e rafforzando nei vari saggi pubblicati a partire dal 1932. Il primo chiaro accenno a questa seconda operazione logica, detta Universo, perchè corrispondente all'Universo (o forma) del Discorso (o sistema), l'abbiamo nel saggio di analisi logica *Verso un nuovo relativismo* (VnR): è solo per mezzo dell'intuizione che noi possiamo afferrare la forma del discorso, cioè l'elemento formale che ne determina il potenziamento, come pure i successivi cambiamenti di

---

[8] LdP, p. 48, nota.
[9] Ibid., Introduzione, p. 6.

forma che permettono lo sviluppo e il progredire delle scienze [10]. Tuttavia il Pastore non svolge qui le ragioni che giustificano queste sue nuove vedute.

Una trattazione più ampia la troviamo in un saggio successivo dal caratteristico titolo *Sul D. U. Ricerche logiche con applicazione al teorema fondamentale della fisica teorica;* nel quale l'autore si propone di dimostrare che « solo la LdP colla teoria del D.U è in grado di render conto dell'operazione primitiva comune che presiedendo alla scelta degli enti, serve di punto di partenza (Logica generale come logicità) alle costruzioni intuitive diverse (U) dalle quali si deducono (logica particolare come sviluppo tecnico) sistemi discorsivi pure diversi (D) validi a spiegare una comune realtà sperimentale (punto di arrivo) ». Questa operazione mentale viene di fatto compiuta nel progresso delle scienze senza che neppure ci si renda conto del suo carattere essenzialmente logico, rispondente cioè ad un'esigenza necessaria. Occorre quindi rendere esplicita questa nuova necessità logica, non deduttiva, cioè la necessità dei principi, ossia delle idee e proposizioni primitive di un sistema, le quali non hanno fra loro un legame necessario rispetto alla deduzione e tuttavia sono necessarie a costruire una unità (sintetica), a dare forma al sistema. E' vero che la scelta di un sistema di nozioni primitive non è necessariamente unica, ma convenzionale e indeterminata; tuttavia non è neppure arbitraria, dovendo soddisfare a certe condizioni, cioè essere coerente, sufficiente, irriducibile e insieme permettere la massima economia possibile. Il suo carattere di necessità non è meno evidente della necessità della deduzione: se la deduzione è necessaria per lo svolgimento analitico, l'intuizione dell'universo è necessaria per la costruzione sintetica. Pertanto dobbiamo concludere che « l'intuizione di questa forma, poichè risponde ad un'esigenza necessaria, è un'intuizione logica » [11].

Sul carattere di logicità che compete all'intuizione il Pastore ritorna più di proposito in un lungo articolo pubblicato nel 1934, col titolo *Sull'intuizione logica secondo la LdP.* La prima

---

[10] VnR, in LdP, p. 17, 19, 21-22.
[11] Sul D.U, in LdP, p. 108-109.

parte è dedicata a giustificare la distinzione dell'intuizione logica dall'intuizione alogica (empirica, psicologica ecc.) [12]. Mettendo la sua teoria a confronto con la teoria dell'intuizione di Kant e con il logicismo di Cohen, il Pastore afferma di essere in parte con Kant, perchè crede di dover ritenere l'intuizione a base della logica, in parte con Cohen, perchè le assegna il carattere di logicità. E prima di tutto il Pastore afferma che la sua teoria dell'intuizione trova un doppio riscontro nella teoria kantiana, cioè la costruzione dei concetti per la matematica e lo schematismo per la fisica. Infatti l'intuizione secondo la LdP è ordinata alla determinazione dell'ipotesi come sintesi e forma logica del sitema, esercita cioè la funzione sintetico-costruttiva degli enti primitivi. Ma tale funzione sintetico-costruttiva in Kant si riconosce appunto nella costruzione dei concetti e nello schematismo. Il merito di Kant quindi per il Pastore consiste nell'aver saputo distinguere questa operazione intuitiva, media fra i concetti e l'analisi deduttiva da un lato e il dato empirico, l'intuizione e le imagini sensibili dall'altro [13].

Ma se dobbiamo affermare con Kant l'intuizione come operazione spontanea a priori, costruttiva degli enti primitivi della scienza, non possiamo convenire con lui nel rifiutare il carattere di logicità all'intuizione stessa. Per Kant l'intuizione è un'operazione dell'immaginazione produttiva a priori, ed è quindi ristretta nel campo dell'estetica fuori della logica, che comprende la sola analitica. Così quanto alla matematica Kant non comprese che la giusta idea di distinguere la costruzione sintetica dalla deduzione analitica non era una ragione sufficiente per separare la logica dalla matematica. La pretesa esagerata dei razionalisti e analisti che dominavano allora l'opinione comune, lo spinse all'eccesso opposto, facendogli affermare che la costruzione degli enti matematici e geometrici si opera per un'intuizione alogica, e che tale

---

[12] Anche altrove il Pastore afferma la distinzione dell'intuizione logica dall'intuizione psicologica empirica dei sensisti, dall'intuizione o idea chiara e distinta di Cartesio, dalla induzione aristotelica ecc. Cf. Novità sulla logica di Cartesio, in LdP, p. 206; La logicità del pensiero occidentale, in L.S, p. 324-325, ecc.

[13] Sull'intuizione logica, in LdP, p. 186-188.

intuizione alogica sia sufficiente per fondare la matematica. Quanto alla fisica parimente Kant non ha capito che la condizione che permette di applicare ai fenomeni i concetti puri dell'intelletto e quindi di sviluppare deduttivamente il discorso, quel mezzo che deve essere, secondo lui, omogeneo ai concetti dell'intelletto e ai fenomeni della sensibilità, cioè lo schema e in particolare lo schema speciale del tempo, è una condizione nello stesso tempo e sotto lo stesso riguardo logica e intuitiva. Kant, in breve, « non vide che lo schema, appunto perchè è l'intuizione della regola secondo cui un oggetto può essere prodotto e un discorso può essere dedotto, è l'intuizione logica dell'elemento formale sia della produzione sia della deduzione ». Concludendo dunque, Kant non riconosce nè quanto alla matematica nè quanto alla fisica un'intuizione intellettuale o logica [14].

A questo punto il Pastore si domanda quale sia l'origine di tale mancanza di Kant, e risponde doversi ricercare nel residuo di dogmatismo e psicologismo della sua Critica. Kant non ha saputo liberarsi dalla necessità dell'intuizione psicologica, schiava di forme fisse ed invariabili; e quindi anche il suo apriorismo, come attività spontanea, creativa, dello spirito, è ridotto ad un'attività incessantemente identica, invariabile e persistente, senza che si possa sapere con quale diritto Kant presuma d'aver afferrato le forme uniche del potere sintetico, produttore della realtà, e d'averne fissato i limiti per sempre. Bisogna quindi concludere che la soluzione del problema logico « deve criticamente ricevere da Kant il principio dell'intuizione, ma libera dalla superstizione sia a priori, sia più o meno psicologica di Kant, cioè del suo dommatismo; e da Cohen il principio della concettualità, ma arricchito dell'elemento formale dell'intuizione logica da lui obliato » [15].

Questo confronto coll'intuizione kantiana ci permette di chiarire maggiormente la tesi dell'intuizione logica proposta nei principi della LdP. L'intuizione, che il Pastore chiama U, è l'intuizione della forma del processo deduttivo, quindi l'intuizione sintetica

---

[14] Ibid., p. 194-197.
[15] Ibid., p. 193. Sul Cohen il Pastore non si diffonde, ma promette di trattarne quanto prima in un apposito studio, che però non è mai apparso.

dell'unità del discorso che dona alla molteplicità incoerente degli enti la coerenza e sufficienza del sistema deduttivo. Da questa concezione ne segue che da una parte non si può confondere coll'analisi deduttiva, della quale è il presupposto e la condizione formale di esistenza; dall'altra che neppure è sottoposta alle condizioni della sensibilità, non è intuizione empirica o psicologica, ma deve essere un'intuizione intellettiva o logica. Se non fosse così, si risolverebbe nell'intervento di un'operazione arbitraria, che distruggerebbe la base stessa del susseguente processo deduttivo, dato che l'intuizione è quella che conferisce al processo deduttivo la sua formale attività. Di più, come vedremo meglio in seguito, la forma che corrisponde a questa intuizione è spesso qualcosa completamente fuori del mondo sensibile, come nell'intuizione del matematico che lavora in uno spazio a n dimensioni e nelle teorie fisiche del corpuscolo-onda del De Broglie e della relatività generale di Einstein; e quindi l'operazione intuitiva deve essere puramente intellettiva e logica [16].

Adunque « parafrasando profanamente un celebre passo del *De imitatione Christi* (*Duabus alis homo sublevatur a terrenis, simplicitate scilicet et puritate*) possiamo dire: *Duabus alis logica sublevatur, deductione scilicet et constructione* » [17]. La dualità operativa D.U è il musagete implicito di tutte le forme fondamentali del pensiero. Prima la mente con geniale libertà logicamente intuisce (U), poi traduce l'intuizione formale in una formula, cioè conduce al D le cui conseguenze deduttive sono necessarie. Tutto il lavoro logico sta in questo continuo passaggio dalla forma sintetica alla formula analitica; e solo questo incessante potenziamento della dualità operativa D.U ci dà la condizionalità referenziale compatibile col pensiero della universale relatività [18].

---

[16] Ibid., p. 198-200.
[17] Il problema del trascendente nella scienza, in L.S, p. 69, nota.
[18] Interpretazione logica dello scalare di campo ψ, in L.S, p. 107-109.

3. — LOGICITÀ E CONTRADITTORIETÀ DELL'INTUIZIONE.

Nuovi elementi per completare la dottrina dell'intuizione sono recati dal Pastore in due comunicazioni del 1937 e 1939, ora contenute nel volume di *Logica sperimentale*. Prima di tutto si ribadisce la posizione già precedentemente assunta, cioè la distinzione dalla deduzione e insieme la logicità dell'intuizione. Basta per questo considerare la posizione che l'intuizione ha nell'organamento della scienza. Suo compito è quello di permettere la soluzione del problema generale della logicità, dando la possibilità di affermare la logicità degli enti primitivi (idee e proposizioni), in contrapposizioni ai sostenitori della logica puramente deduttiva, per i quali le nozioni primitive si riducono a elementi psicologici, logicamente indimostrabili, oltre i quali non si può andare. Per il Pastore al contrario, l'esigenza a cui devono sottostare i sistemi primitivi, essere cioè in grado di permettere la deduzione delle formule di sviluppo, dona la piena logicità ai principi stessi, eliminando l'arbitrio così nel punto di partenza come nello sviluppo e regolando il criterio logico della scelta. La deduzione stessa è possibile solo quando è conseguente ad un'intuizione determinata: qual prova migliore della logicità dell'intuizione? [19].

Non bisogna però confondere la logicità della deduzione con la logicità dell'intuizione, poichè sottostanno a condizioni e godono di proprietà diverse, anzi opposte. A ben comprendere queste diversità, ci giova seguire lo sviluppo storico dei sistemi scientifici, come viene interpretato dal Pastore nel secondo studio citato. Il progresso scientifico avviene in quanto di fronte ad un sistema scientifico pienamente sviluppato insorge una difficoltà non risolvibile nel sistema stesso, una difficoltà cioè che introduce una contradizione ineliminabile, mentre il sistema deduttivo non sopporta la contradizione. Lo sforzo dello scienziato si rivolge allora a superare tale contradizione e si perviene così ad un nuovo sistema deduttivo dal quale la contradizione è eliminata colla modi-

---

[19] Il problema del trascendente nella scienza, in L.S, p. 51-54; La logicità del pensiero occidentale, ib., p. 321.

ficazione o aggiunta o eliminazione di qualche proposizione primitiva. Ora tale vittoria, continua il Pastore, non si riduce che ad un sotterfugio. Giacchè la contradizione è, sì, eliminata nello sviluppo deduttivo delle conseguenze, che formano il momento analitico della scienza; ma la contradizione eliminata dal discorso resta confinata nell'indimostrabilità del sistema primitivo. La contradizione quindi potrà essere mascherata, potrà essere trasferita, ma rimane sempre.

Di fronte a tale situazione tre sono gli atteggiamenti espliciti nella storia della critica occidentale. Il primo è di coloro che chiudono gli occhi ai fatti e, fermi nel credere la propria superiorità, attribuiscono la difficoltà all'ignoranza degli oppositori: atteggiamento ridicolo. Il secondo è di coloro che consci della difficoltà tentano di ridurre i principi primi al criterio di non contradizione, cercando di dedurre tutto da un solo principio: atteggiamento assurdo. Il terzo è di coloro che sfiduciati di eliminare la contradizione accettano senz'altro le soluzioni alogiche e rinunciano così all'universalità della logica e al primato della ragione: atteggiamento funesto. Di fatto però senza saperlo, senza volerlo, senza volerlo sapere, il pensiero occidentale ha seguito sempre una altra via, che è merito della LdP aver per la prima chiarito: ha fatto cioè uso dell'intuizione logica, la quale pur ammettendo il contradittorio, non cessa di essere logica.

Per spiegare il suo pensiero, l'autore porta l'esempio della teoria della relatività: il giudizio « alcune velocità, come quella della luce, delle onde elettromagnetiche e della gravitazione, rappresentano un massimo assoluto », è contradittorio nel sistema della meccanica classica, per la quale il rapporto tra spazio e tempo non ha un estremo superiore, data l'indefinita grandezza dello spazio geometrico. Tale giudizio è quindi discorsivamente contradittorio. Pure l'antinomia è superata se si ammette che tale giudizio non fa parte del discorso, ma è un principio primitivo, indimostrabile, e quindi non soggetto alle regole della deduzione. Concludendo, i giudizi contradittori esistono (e negarlo sarebbe ridicolo), sono indeducibili, indimostrabili e irreducibili (il contrario porterebbe alle assurdità del panlogismo) e tuttavia sono logici, perchè sono le condizioni necessarie e sufficienti per permettere la deduzione e eliminare la contradizione dal sistema; quindi non sono arbitrari, ma frutto di un'operazione logica diversa dalla deduzione, cioè l'intuizione: non ammettere ciò sarebbe darsi vinti all'irrazionalismo [20].

Fermiamoci ancora un poco a considerare in che cosa consiste la contradittorietà dei sistemi primitivi. Il contradittorio, ci dice il Pastore, è il « controtermine negativo » di un termine dato: *a* e *non a*. Ora i due membri, positivo e negativo, dividono in due parti il loro totale, cioè il campo del pensabile, l'universo del discorso. Così *non uomo* non significa punto *il nulla*, ma « ogni altro essere animale fuorchè l'uomo », ritenendo come universo del discorso il concetto di « essere animale ». Insomma il *non* è l'*altro*, non il niente e pertanto la negazione di un concetto non è altro che il concetto complementare [21]. Da questa dichiarazione ci sembra di poter interpretare rettamente il pensiero del Pastore, dicendo che ammettere il contradittorio nei sistemi primitivi significa ammettere la simultanea verità di due aspetti opposti e complementari in una medesima realtà, od anche ammettere che un dato sistema ha due aspetti irriducibili ed opposti, quindi indeducibili l'uno dall'altro, ingiustificabili l'uno mediante l'altro. Il Pastore è perciò contrario ad ogni monismo esclusivistico, che con la scusa di evitare ogni incoerenza logica nel sistema volesse negare l'irreducibile alterità dei dati primordiali o la pluralità dei principi primi.

Una conferma della necessità di ammettere il contradittorio nei sistemi primitivi, ci è data, secondo il Pastore, dalla fisica moderna. Essa ci insegna che per poter risolvere logicamente i problemi antinomici, che l'esperienza ci impone, è necessario ammettere la validità alternativa delle due teorie opposte, che non possono essere vere pel sistema deduttivo (che non sopporta la contradizione), ma che sono sempre vere contemporaneamente per la costruzione intuitiva. Ed accenna agli esempi delle teorie corpu-

---

[20] La logicità del pensiero occidentale, in L.S, p. 317-320. Occorre anche ricordare quanto si è detto nel capitolo secondo riguardo i classici principi di identità e di non contradizione.

[21] Il problema del trascendente nella scienza, in L.S, p. 60, nota.

scolari e ondulatorie, della causalità e probabilità, determinismo e indeterminismo, ecc. che sono risolti nella teoria della complementarità nel senso di Bohr [22].

Se questo è vero, conclude il Pastore, allora si impone una distinzione fondamentale fra due diversi contradittori: « c'è un contradittorio analitico, improduttivo, esclusivo; ed è quello i cui due termini non possono coesistere. E' il contradittorio del D, che è manifestamente distruttivo. E c'è un contradittorio sintetico, produttivo, inclusivo; è quello i cui due termini sono complementari. E' il contradittorio dell'U, che è manifestamente costruttivo » [23]. Il primo deve essere evitato ed è merito della logica classica da Aristotele a Peano l'aver riconosciuta la necessità di questa eliminazione per il processo deduttivo. L'altro invece costituisce il mezzo più efficace per il progresso della scienza e deve essere ammesso. Sotto questo aspetto due idee per quanto contradittorie si possano, anzi si debbono logicamente ammettere in certi casi. Naturalmente affinchè posta la contradizione alla base sia possibile lo sviluppo della scienza, è necessario trovare per il nuovo D un nuovo U. Qui interviene nuovamente il processo alternativo del pensiero fra l'intuizione logica e la deduzione. Ad ogni D corrisponde un U e si ha così il passaggio da sistema a sistema. A rendere possibile questo passaggio interviene l'equazione logica il cui impianto è un'altra idea veramente originale del Pastore, come esporremo nell'articolo seguente.

4. — EQUAZIONI LOGICHE.

Posti i principi della LdP: la relatività dell'ente, la variazione relativa e il potenziamento, sappiamo che ogni sistema è « un continuo di enti relativi e di relazioni varie che reciprocamente si oppongono e si compongono, potenziandosi in complicazioni crescenti » [24] e determinano una forma o universo del di-

---

[22] Ibid., p. 61.
[23] Ibid., p. 57.
[24] La logica della ricerca scientifica, in L.S, p. 9.

scorso proporzionato al numero degli enti del discorso. Nell'articolo precedente abbiamo visto che al D e all'U corrispondono due operazioni logiche: l'U o intuizione logica e il D o deduzione. Coll'affermare la logicità di entrambe le operazioni si risolve il problema fondamentale della logica come logicità, poichè la costituzione degli enti logici di un sistema primitivo cessa di essere extralogica, essendo operata da un'operazione logica presistematica, ipersistematica.

Tuttavia il compito della logica generale non è ancora finito; giacchè il D e l'U, a cui arriviamo logicamente mediante l'intuizione e la deduzione, non possono avere un carattere statico, ma devono essere in grado di seguire la realtà nel suo variare relativo al variare del numero degli enti del discorso. All'apparire di un nuovo ente q, diverso dagli n enti e proposizioni del sistema primitivo D, e irriducibile ad essi, si pone il problema: «sotto quali condizioni si può affermare che esiste un sistema D' costituito dagli n enti e proposizioni di D e in più dall'ente o proposizione q? » [25].

« La nostra tesi teoretica, risponde il Pastore, è questa: che logicamente si può passare da un D ad un altro D, solo quando si può passare correlativamente dall'intuizione logica del primo U all'intuizione logica di un nuovo U. In questa trasformazione consiste il passo avanti produttivo della scienza » [26]. Sotto questo punto di vista ogni processo logico che conduce ad uno sviluppo formale della scienza si risolve « nel passaggio da un D.U determinato da un certo numero di enti ad un altro D.U determinato da un numero diverso. Propriamente il nuovo D.U è la creazione di un nuovo concetto in cui l'opposizione del precedente dissidio si compone » [27]. Questo nuovo concetto è il nuovo elemento formale U, frutto della nuova intuizione logica.

La logica di Aristotele e tutte le altre logiche sistematiche susseguitesi fino a noi non hanno potuto risolvere e neppure affrontare questo problema, giacchè in esse non vi è neppure l'in-

---

[25] Introduzione alla teoria delle equazioni logiche, in LdP, p. 72.
[26] La LdP nelle sue relazioni con la scienza e la filosofia, in LdP, p. 26.
[27] La logica della ricerca scientifica, in L.S, p. 10.

tuizione logica esplicita dell'elemento formale U e quindi era impossibile accorgersi che il passaggio da un sistema ad un altro importa un cambiamento di forma. Tale mancanza è dovuta al fatto che nelle logiche sistematiche, come si è visto al capitolo secondo, regna il principio aristotelico di identità, implicante l'eguaglianza e la permanenza dell'ente, per cui restano negate le idee di variazione relativa, di trasformazione e quindi le leggi del potenziamento. Invece per i principi dichiarati dalla LdP, con la comparsa di un nuovo elemento di un discorso, cioè col passaggio da un discorso di n enti ad un discorso di $n + 1$ enti, cambia la forma U. Per seguire questo cambiamento è necessaria una nuova operazione logica fondamentale, che non sia nè il solo D nè il solo U, ma il concorso necessario di entrambe. Ricordando che il principio del potenziamento logico esprime appunto le condizioni che legano gli enti del discorso nel passaggio da un universo di n termini a quello di $n + 1$, possiamo dire che, come la deduzione è l'operazione logica corrispondente al D e l'intuizione quella corrispondente all'U, così questa nuova operazione logica fondamentale corrisponde al principio del potenziamento logico.

L'indirizzo matematico seguito sempre, almeno in parte, dal Pastore gli ha suggerito l'ipotesi che la soluzione di questo problema richieda l'impostazione di un'equazione logica in cui dalle relazioni conosciute fra i D e gli U sia possibile venire alla determinazione del nuovo U ricercato. Per cui il problema stesso riceve dal Pastore questa nuova formulazione: « Quale sarà l'impianto dell'equazione logica fondamentale? »[28].

L'impianto di un'equazione logica fu effettuato per la prima volta dal Pastore nel saggio *Verso un nuovo relativismo* pubblicato nel 1932, ma il termine stesso *equazione logica* non compare che nella relazione presentata all'VIII Congresso Nazionale di Filosofia, tenuto in Roma l'anno seguente. Da essa possiamo cavare la seguente definizione: un'equazione logica generale, che governa la trasformazione di tutti i sistemi possibili, è l'espressione della proporzionalità tra i due D e D' e relativi U ed U', e in pari tem-

---

[28] Novità sulla logica di Descartes, in LdP, p. 216.

po l'affermazione dell'invarianza logica comune ai sistemi in trasformazione [29]. Infatti dovendo sussistere un legame logico fra i D e gli U, la più semplice delle ipotesi è che posto l'universo U del discorso D, al discorso D' deve corrispondere un universo U' come funzione analoga di U e quindi possiamo scrivere come equazione logica la proporzionalità: $\frac{D}{D'} = \frac{U}{U'}$. Questa proporzione si giustifica da sè, data l'omogeneità dei termini dei singoli rapporti. Da questa equazione acquista un senso logico il rapporto $\frac{D}{U}$ dato che dalla precedente equazione si deduce la nuova equazione logica: $\frac{D}{U} = \frac{D'}{U'}$. Questa ultima equazione ci dice che per il passaggio da sistema a sistema c'è una condizione logica generale di trasformabilità, che rimane invariata attraverso tutti gli sviluppi: ed è la proporzionalità logica tra le condizioni analitiche del discorso e le condizioni sintetiche dell'universo. Pertanto la formola

$$\frac{D}{U} = \frac{D'}{U'} = \text{cost.}$$

ci dà l'espressione logica generale della legge di trasformazione con la condizione d'invarianza dei due sistemi [30].

A questo punto il Pastore introduce un'osservazione decisiva, che, a suo parere, conferisce alla teoria delle equazioni logiche una portata di ordine pratico, fornendo il metodo della loro risoluzione: infatti l'espressione della condizione di trasformabilità dei sistemi, cioè la proporzionalità tra i D e gli U, permette di ricavare un'equazione che come impianto è logica (giacchè non è una relazione di puro D, bensì una correlazione tra D e U), ma come espressione analitica è un'equazione matematica, che fa parte del nuovo sistema. Basterà infatti esprimere i D e gli U in termini sistematici, perchè l'equazione logica si trasformi immediatamente nella proposizione discorsiva che esprime la trasforma-

---

[29] La LdP, in LdP, p. 27

[30] VnR, ib., p. 20; Novità sulla logica di Descartes, ib., p. 218; La logica della ricerca scientifica, in L.S, p. 11.

zione dei due sistemi [31]. Rimandando alla terza sezione le applicazioni concrete al campo sistematico delle scienze, accenniamo ora, come semplice esemplificazione, all'impianto della prima equazione logica proposta dal Pastore nel saggio VnR. Dalle applicazioni della LdP alla matematica il Pastore aveva ricavato che nella geometria euclidea lo spazio rappresentato dall'elemento ds^2 è il D e il tempo è la forma U(t). Ora nella teoria della relatività lo spazio si trasforma secondo la relazione: $d\sigma^2 = ds^2 - c^2 dt^2$, che sarà il nuovo D'. L'impianto dell'equazione logica deve permettere di ricavare il nuovo U(τ) come funzione analoga alla U(t). Ora l'equazione logica: $\frac{U(\tau)}{U(t)} = \frac{D'}{D}$, espressa in termini sistematici, ponendo in particolare $U(t) = t^2$ e $U(\tau) = \tau^2$, si trasforma in un'equazione matematica $\frac{\tau^2}{t^2} = \frac{d\sigma^2}{-c^2 dt^2}$, che con semplici passaggi algebrici diventa la formula di trasformazione di Lorentz:

$$t = \frac{1}{\sqrt{1-\frac{v^2}{c^2}}} \tau.$$

Di qui appare che la trasformazione di Lorentz come espressione della proporzionalità fra i due sistemi (la meccanica classica e quella relativistica), non è una relazione puramente sistematica, ma è la traduzione fisica d'una equazione logica intersistematica [32].

Analogamente si possono impiantare nuove equazioni logiche, supponendo anche relazioni più complesse della semplice proporzionalità e, sostituendo anche in esse i termini logici con i termini sistematici, l'equazione logica che è sempre D e U si trasforma in equazione di trasformazione sistematica. Resta così stabilito il metodo generale di risoluzione dell'equazione logica, che applicata alla fisica teorica ha permesso al Pastore di raccogliere importanti risultati nel campo teorico e pratico.

---

[31] Introduzione alla teoria delle equazioni logiche, in LdP, p. 76-77.
[32] VnR, in LdP, p. 20-21; Introduzione, ib., p. 76. Nella sezione terza ritorneremo su questa equazione logica per esaminarla più accuratamente.

Esposto così nelle sue idee fondamentali il sistema gnoeseontologico del Pastore e la sua logica formale generale, possiamo venire al problema più particolare, cioè la teoria della scienza che l'autore ha sviluppato nel seno di questo sistema. Esporrò nel capitolo seguente la natura e il metodo della scienza in generale, rimandando alla terza parte le applicazioni alle singole scienze in particolare.

CAPITOLO SESTO

NATURA E METODO DELLA SCIENZA IN GENERALE

1. — LA NATURA DELLA SCIENZA IN GENERALE.

L'attenzione che Annibale Pastore dedicò fin dall'inizio della attività filosofica al problema delle scienze e che alimentò in maniera quasi esclusiva il primo periodo della sua produzione, non si è affatto deviata altrove nel periodo della maggiore maturità filosofica. L'analisi della ricerca scientifica in senso stretto è stata sempre ritenuta da lui come uno dei compiti più importanti e più urgenti della filosofia teoretica nel momento attuale. Tutte le sue teorie gnoseologiche e metafisiche non sono fine a se stesse, ma sono sempre intese in ordine all'epistemologia; anzi nei numerosi saggi della LdP sarebbe vano cercare una dottrina di carattere gnoseologico o metafisico sviluppata in modo esauriente, separata dalle ricerche propriamente epistemologiche. Anche i principi generali che formano la base della teoria sono esposti, il più delle volte, a chiarimento di ricerche epistemologiche; e solo con un minuto lavoro analitico abbiamo potuto isolare i vari elementi sparsi qua e là, per poterli poi riunire in una esposizione completa il più possibile.

Esaurita questa esposizione gnoseontologica dobbiamo tornare ora all'epistemologia per applicare alla teoria della scienza le originali dottrine della LdP. E' vero infatti che l'epistemologia deve in un certo grado precedere la gnoseontologia, come il Pastore fa nel secondo volume del *PdC*; la scienza infatti è il secondo grado della conoscenza, superiore al grado infimo della conoscenza empirica e a sua volta inferiore al grado supremo, la conoscenza filosofica; quindi per poter giungere all'analisi della conoscenza in genere, la gnoseontologia, è necessario passare attraverso l'empiriologia e l'epistemologia. Tuttavia solo dopo aver compiuta l'analisi della conoscenza in genere è possibile rendersi conto in modo esplicito dell'intimo significato del processo scientifico. Si ha quindi un'interazione benefica di scienza e filosofia, che non compromette affatto la distinzione e relativa indipendenza di queste due forme del pensiero. Il Pastore infatti è nettamente contrario alla tendenza del positivismo di identicare la filosofia con la scienza o almeno col complesso di quelle; e in questo senso respinge, come abbiamo già detto, «la famosa fisima della filosofiia scientifica, tipo Comte e Spencer»[1]. La scienza infatti è ristretta nella particolarità delle analisi e nell'astrattezza delle sintesi parziali, mentre «spetta alla filosofia il conato dell'universalità e della concretezza della sintesi». Anzi nei saggi della LdP abbandona quella pretesa identificazione fra logica, matematica e fisica, su cui aveva tanto insistito nei primi lavori; e rifiuta ogni indebita subordinazione, o riduzione, o altri equivoci ibridismi, «generatori così di una cattiva filosofia, come d'una cattiva scienza»[2].

La filosofia dunque nei riguardi della scienza deve essere un'interpretazione logica dell'interpretazione scientifica: «Invero posto che la filosofia teoretica, fra gli altri suoi intenti proseguendo la grande critica sulla possibilità della scienza inaugurata da Kant, debba penetrare il processo d'organizzazione della ricerca scientifica, conviene riconoscere che suo ufficio ai tempi nostri è pur quello di seguire l'evoluzione vitale delle teorie della fisica teorica, non per ricalcarne le orme scientifiche, che sarebbe un'iterazione inadeguata, ma per afferrare criticamente il senso logico informatore e per vedere come i progressi compiuti nella continua ricerca e nella graduale conquista della verità influiscano traverso le teorie scientifiche sopra le sintesi filosofiche»[3].

---

[1] Nuovi orizzonti, in *Logos*, 1922, p. 34.
[2] La LdP, in LdP, p. 24 e 32.
[3] Il fondamento logico dei principi di complementarità di Bohr e di indeterminazione di Heisenberg, in L.S, p. 77.

Resta così chiarito il rapporto della scienza con la filosofia e più in particolare coll'epistemologia, quale studio della forma attiva del sapere scientifico e delle condizioni della sua ricerca, della sua prova e del suo legittimo uso. Questo indirizzo evidentemente suppone, come l'autore stesso afferma chiaramente e ripetutamente, il carattere teoretico e razionale della scienza, in risoluta opposizione alla tesi irrazionalista che tanto favore incontra al presente [4]. La ragione principale della tesi irrazionalista è l'impotenza in cui, secondo molti, la scienza si trova, di seguire la realtà mobile della vita e del divenire in genere. Questa scossa profonda delle certezze scientifiche e questo bisogno di radicale rinnovazione della teoria della scienza è un effetto delle stesse scoperte scientifiche di questi ultimi decenni e in particolare dei meravigliosi progressi della fisica atomica. Di fronte ai nuovi bisogni della fisica « già sono invecchiati gli stessi indirizzi di parecchi epistemologi eminenti, come Poincaré, Hilbert e Meyerson, che fecero epoca fino a ieri, senza escludere i più forti rappresentanti della logistica » [5].

Ora per il Pastore ogni difficoltà può essere definitivamente superata colla LdP, che rigettando la logica sterile e rigida, ligia al principio aristotelico dell'identità-invarianza, dà al pensiero la possibilità di scorrere libera verso l'infinita varazione del reale, mediante il teorema del potenziamento, la dualità logica operativa D.U e l'impianto dell'equazione logica generale. Bisogna però ricordare che la nuova logica non distrugge l'antica, ma anzi la include come caso particolare, dando insieme un nuovo senso ai vari momenti del processo conoscitivo che già l'antica logica contemplava. Di qui ne segue che anche l'analisi del processo scientifico, dal Pastore compiuta nelle prime opere, non deve essere abbandonata, ma solo interpretata e integrata con i nuovi principi della LdP.

Prima però di esporre l'analisi del metodo scientifico, che per il Pastore è al centro del problema della scienza, dobbiamo mettere in chiaro la natura e lo scopo della scienza.

---

[4] La LdP, cit., p. 23; La crisi della logica, in LdP, p. 50; La logica della ricerca scientifica, in L.S, p. 5.

[5] La logica della ricerca scientifica, in L.S, p. 4.

Per la natura della scienza, anche nelle più recenti pubblicazioni, il Pastore ci rimanda alla sua precedente opera *Il problema della causalità*, dove troviamo le definizioni seguenti: « Ogni scienza in genere è un sistema di cognizioni vere, avente una doppia unità di contenuto e di forma. Per sistema in genere si intende una molteplicità di dati (*data*) mediante certe relazioni (*vincula*) ridotti ad unità ». La nota caratteristica quindi della scienza in senso stretto è la connessione della molteplicità dei dati, oggetto della conoscenza empirica, mediante relazioni e rapporti; l'unità così stabilita dona alla scienza quella necessità e universalità sue proprie, per cui la verità scientifica si può definire « la necessità e l'universalità delle nostre conoscenze ». L'universalità e la necessità della conoscenza sono poi sinonimo di razionalità e logicità, sicchè ogni scienza è razionale [6]. Si possono però distinguere le scienze razionali pure dalle scienze propriamente sperimentali; quelle riguardano le sole verità di ragione e procedono per deduzione, queste contemplano le verità di ragione e di fatto e fanno uso dell'esperimento. Le une e le altre però convengono nel fine che è di stabilire dei rapporti fra i dati, cioè enunciare delle leggi.

Riguardo allo scopo della scienza pertanto il Pastore fa sua la teoria dell'Hertz, secondo il quale scopo precipuo della scienza è non già la determinazione o spiegazione della natura intima di certi enti, ma la dimostrazione di certi rapporti di variazione, ossia la determinazione esatta delle leggi causali della natura sì da essere in grado di dedurre dallo stato attuale delle cose il loro stato per un istante qualunque. A questa teoria alla quale, come abbiamo visto, aderì fin dai suoi primi scritti filosofici, il Pastore è rimasto sempre fedele; così nella communicazione fatta al XIII Congresso Nazionale di Filosofia nel 1938 affermava: « La realtà è scientificamente conosciuta colla determinazione delle leggi, che nella loro espressione analitica diconsi equazioni » [7].

Questa affermazione ci richiama un'idea, su cui, come abbiam visto, il Pastore ritornò a lungo e frequentemente nelle sue

---

[6] PdC, II, p. 31-32.

[7] Interpretazione logica dello scalare di campo ψ, in L.S, p. 106.

prime opere: cioè l'idea dell'infinita verità: « Infiniti sistemi diversi dal punto di vista fisico possono essere modelli di uno stesso sistema d'equazioni ». Questi sistemi di fenomeni diversi, aventi le medesime equazioni, formano un gruppo di analogia perfetta. La scienza considera solo la ragione comune dei sistemi diversi, che il Pastore chiama « relatività logica legale o senz'altro legalità », mentre il contenuto particolare dei sistemi rimane indifferente[8]. Si ha quindi anche nel campo della scienza una applicazione di quel relativismo assoluto già affermato nel campo più vasto della filosofia; gli enti e le cause ipostatizzate devono essere rigettate o meglio risolte in complessi di relazioni causali. Non esistono cause di qua e effetti di là, cause che non siano causa di un effetto ed effetti che non siano effetto di una causa. La vera realtà è subobiettiva, in questo caso rapporto puro di causa e di effetto, pura causazione. Questa osservazione ci conduce ad approfondire il concetto scientifico del rapporto causale, che è l'oggetto formale della scienza.

2. — CONCETTO SCIENTIFICO DEL RAPPORTO CAUSALE.

Il concetto di causa, secondo il Pastore, è dovuto al prodotto di quattro note: due generiche e primarie, la successione e la necessità; due qualificative e derivate, la complessità dei due termini e l'uniformità o equivalenza di rapporto. La prima nota generica afferma l'ordine cronologico di produzione, per cui, « causa ed effetto sono due momenti nell'ordine naturale dei fenomeni che si svolgono uno dopo l'altro nel tempo ». La seconda nota generica afferma l'ordine logico di deduzione, per cui « causa ed effetto sono fra loro connessi in una relazione d'ordine formale assolutamente innegabile, vale a dire talmente essenziale che la sua negazione importerebbe la negazione radicale della stessa

---

[8] La crisi della logica, in LdP, p. 51-52. Il Pastore porta l'esempio della vasta classe dei fenomeni esponenziali che ha l'equazione differenziale di primo grado nella forma: $\frac{dy}{dx} + ky = 0$.

ragione, nonchè della realtà ». In senso generico quindi possiamo definire la causalità, come « necessità relativa d'una successione, ossia una successione necessaria » [9].

A specificare in modo esatto questo concetto occorre aggiungere le due note qualificative, in modo da ottenere questa definizione: « La causalità è la successione necessaria di due sistemi equivalenti ». Delle due note qualificative, la prima indica che i due termini del rapporto causale sono sempre sistemi di condizioni complesse, mentre nè la causa nè l'effetto sono mai un fatto unico; la seconda invece indica che « ogni rapporto causale è un rapporto d'uniformità o di equivalenza tra i valori relativi di due sistemi di quantità variabili » [10].

L'ultima condizione del rapporto causale si può chiamare « principio aitiologico dell'equivalenza »; esso però non significa che la causa sia in tutto e per tutto eguale all'effetto, giacchè causa ed effetto sono successivi e i successivi in quanto tali sono diseguali. L'identità non può essere che relativa e includente insieme una relativa diversità. Questo principio pertanto afferma che non solo ad ogni causa corrisponde un effetto e viceversa ad ogni effetto una causa, ma anche che tra l'effetto prodotto e la causa impiegata, e viceversa, esiste un rapporto costante, per cui in generale si può dire che « in tutte le trasformazioni causali la somma delle energie rimane costante » [11]. I due termini o momenti delle trasformazioni causali possono essere differenti, anzi in un certo senso lo debbono essere per il principio della successione cronologica, la quale importa che a momenti successivi corrispondano valori sempre crescenti della variabile temporale. Ma tutte le volte che si ripete la stessa trasformazione causale, tra questi due termini differenti devono intercedere rapporti eguali, cioè costanti, necessari ed universali. Sono questi rapporti, eguali pur nella differenza dei termini, che alla scienza importa stabilire; per cui risulta evidente che il processo scientifico non è un processo di identificazione, come vorrebbe il Meyerson, ma è piut-

---

[9] PdC, v. II, p. 45-46.
[10] Ibid., p. 46.
[11] Ibid., p. 50.

tosto un processo di verificazione dell'eguale differenza in omaggio ai due principi dell'equivalenza e dell'irreversibilità [12].

La termodinamica ci offre un esempio chiaro di questa dottrina della causalità. Come è noto, secondo questa scienza ogni rapporto causale, ossia ogni trasformazione di energia, è regolato da un doppio principio: il principio dell'equivalenza di Meyer-Joule, per cui in una trasformazione ciclica il rapporto tra il lavoro eseguito e il calore sviluppato è una costante, detta equivalente meccanico del calore; e il principio dell'irreversibilità di Carnot-Clausius, per il quale il passaggio spontaneo di calore fluisce in un sol senso, dalla temperatura più alta a quella più bassa, e quindi l'entropia dell'universo cresce sempre. Questo aumento dell'entropia, riscontrabile in ogni fenomeno di causalità, trova la sua corrispondenza nella successione irreversibile del tempo; è anzi la condizione stessa del tempo. « Invero anche nel tempo si riscontra un'entropia o tendenza alla stabilità. L'entropia del tempo è il passato che è veramente irreversibile » [13].

Per dare alla nozione di causalità un aspetto più conforme alle esigenze scientifiche, che richiedono la misurabilità di tutti i fenomeni osservati, introduciamo il concetto di funzione matematica come elemento della definizione di legge causale. Il Pastore si vale in questo punto delle indicazioni del Masci, secondo il quale « la più semplice espressione della legge è la formula della più semplice funzione matematica, $y = f(a,x)$ » [14]. La fun-

---

[12] Critica dell'irrazionalismo del Meyerson, in LdP, p. 153-158.

[13] PdC, II, p. 51-52.

[14] Ibid., p. 47. Il Pastore critica come insufficiente la definizione di funzione matematica riferita dal Masci (dipendenza delle variazioni di una quantità dalle variazioni di un'altra) e la completa aggiungendo la condizione che ad ogni valore di una variabile corrisponda uno ed un solo valore dell'altra variabile. (Ibid., p. 48, nota). Questa condizione però è troppo restrittiva valendo solo per le funzioni così dette monodrome. Vi è invece il vasto campo delle funzioni polidrome, fra cui, oltre tante altre, come gli integrali indefiniti, parecchie di quelle citate poche pagine appresso dallo stesso Pastore: arcoseno, arcotangente, ecc. e la funzione logaritmica presa nel campo complesso. Una definizione più adeguata è quel-

zione matematica però non esprime completamente la relazione causale; giacchè quella come pura verità di ragione prescinde dalla realtà di fatto e quindi anche dal tempo; la causalità invece include necessariamente la dualità di ragione e di fatto.

Il Pastore insiste, e giustamente, su questo doppio carattere della causalità. La necessità è la più combattuta dagli emperisti e contingentisti, che fanno capo a Hume. Essi si fermano alla conoscenza empirica dei fatti e dei rapporti naturali; ed è quindi inevitabile che la causalità appaia loro come semplice successione, attribuendo la necessità ad un puro prodotto abitudinario della nostra attività mentale. Tuttavia « la scienza fisica ha sorpassato la posizione empirica di D. Hume », riconoscendo la nota della necessità dei rapporti causali « non solo nel senso soggettivo, valido cioè per tutte le intelligenze, ma anche nel senso oggettivo, valido cioè per le relazioni mutue delle cose in quanto esprime la legge della realtà ». La verità scientifica quindi con la sua necessità e universalità di ragione e di fatto, « esprime in ultima analisi l'indissolubile solidarietà delle menti umane coll'universo »[15].

D'altra parte la successione temporale fa sì che la causalità non si riduca a mera logicità, nè la scienza sperimentale alla matematica pura. Il Meyerson pretende che « la scienza tendendo sempre più a identificare le cose nel tempo conduce necessariamente all'eliminazione del tempo »; il Pastore invece osserva che la scienza tende solo ad eliminare l'eterogeneità del tempo empirico o dei fatti, ossia la particolarità di ciascun momento temporale, ma non respinge in nessun modo, anzi conserva ed esige le proprietà essenziali del tempo, cioè la relatività, la transitività e l'irreversibilità. Si ottiene così il concetto del tempo scientifico e delle leggi, che si può considerare come il campo temporale nella

---

la del Severi: « Si dice che la variabile y è funzione della variabile indipendente x, definita per un certo insieme I di valori della variabile indipendente, quando ad ogni valore di x in I corrispondono, con legge assegnata, uno o più valori di y » (SEVERI F., Lezioni di analisi, I, p. 129).

[15] PdC, II, p. 53-55.

sua universalità e conseguentemente il campo della validità universale e necessaria delle leggi causali [16].

Osserviamo da ultimo che quando si definisce la causalità « come il rapporto necessario fra i valori relativi di due sistemi reali succedentisi irreversibilmente nel tempo, o in altri termini, come la necessità razionale della successione reale di due sistemi variabili equivalenti », si include anche l'idea della reale produzione dell'effetto dalla causa, giacchè non può darsi una successione naturale senza una produzione reale. Questo carattere però, che in altre dottrine è la nota più specifica della causalità, viene appena dal Pastore indicato come implicito nell'idea di successione reale [17].

Concludendo dobbiamo constatare che la conoscenza del rapporto causale, che forma lo scopo della scienza, non si può ottenere nè colla ragione, nè col solo senso, ma solo coll'ordinata collaborazione della ragione e del senso, intenti l'uno a stabilire la verità di fatto, l'altra la verità di ragione. Appunto tale collaborazione viene determinata nella teoria del metodo scientifico, come metodo sperimentale.

3. — IL METODO SPERIMENTALE NELLA FISICA CLASSICA.

Affrontiamo ora il problema centrale della filosofia della scienza, il problema del metodo, ossia dei mezzi adoperati dallo spirito umano per procedere alla ricerca e alla dimostrazione delle leggi causali. Il Pastore, come abbiamo visto al capitolo primo, si è dedicato a questa questione fin dal primo saggio *Sopra l'esperienza mediata* del 1901 e vi ha apportato sempre nuovi contributi, specialmente nel volume *Del nuovo spirito della scienza e della filosofia* e nell'opera fondamentale *Il problema della causalità*. Nei saggi successivi sulla LdP, specialmente nei due saggi

---

[16] Ibid., p. 62-64. A questo concetto del tempo il Pastore aveva dato il nome di « presente scientifico » nell'opera *Del nuovo spirito della scienza e della filosofia*, p. 67-99.

[17] PdC, II, p. 57 e 60-61.

di logica sperimentale: *La logica della ricerca scientifica* e *Fondamento logico dei principi di complementarità di Bohr e di indeterminazione di Heisenberg*, ha dato alla precedente teoria un'interpretazione nuova, fondata sui principi della LdP, ed ha mostrato in che modo il metodo sperimentale si conserva nella nuova fisica. Siccome però la nuova interpretazione non distrugge, ma solo completa la vecchia, crediamo che l'esposizione riuscirà più chiara ed ordinata, se separiamo l'esposizione della teoria quale era stata svolta fino alla pubblicazione del *PdC*, dall'analisi dei nuovi sviluppi.

Il Pastore comincia la sua ricerca coll'affermare l'identità metodologica della deduzione e dell'esperimento. La scienza in senso stretto infatti, come abbiamo visto nell'articolo primo, si divide in scienza razionale pura, come la matematica, e scienza sperimentale, come la fisica; quella ha per oggetto la verità di ragione, questa la verità di ragione e di fatto. Ne segue quindi naturalmente che anche il metodo di ricerca e di prova deve essere diverso nelle due scienze. La prima fa uso della deduzione, con la quale la mente partendo da alcune definizioni o principi ed operando con un piccolo numero di segni semplicissimi, deriva le conseguenze e le applicazioni più svariate che formano il corpo della scienza. La fisica invece per stabilire le certezze di fatto di cui ha bisogno per le sue costruzioni, deve ricorrere all'esperienza. Tuttavia nonostante questa e altre diversità materiali, il Pastore, afferma l'identità formale dei due processi, sicchè l'esperimento è deduttivo e la deduzione sperimentale [18].

A questo proposito cominciamo subito coll'osservare che non bisogna confondere l'esperimento con l'esperienza; tale confusione ci farebbe cadere nelle posizioni dell'empirismo, che non è in grado di costruire la scienza e si riduce logicamente allo scetticismo di Hume. L'esperienza, data la sua particolarità e contingenza, non ci può dare che una pura collezione di fatti empirici e, quand'anche riesca a darci l'uniformità dei fatti in quanto può mostrarci che certi fatti si riproducono in modo costante, non

---

[18] Questa tesi dal Pastore è svolta ampiamente nell'opera cit. *Del nuovo spirito*, Parte I, Cap. 1°, art. 1°, p. 28-66.

potrà mai garantirci la necessità ed universalità della legge, oggetto della scienza. L'esperimento invece, quale è stato introdotto nella ricerca scientifica da Galileo e quale da allora è stato sempre applicato con tanti meravigliosi risultati, aggiunge all'*esperienza sensata* la *dimostrazione necessaria* e, fra queste due operazioni estreme, che Galileo proclama apertamente e che sono universalmente riconosciute, una terza operazione media, meno esplicita nelle opere di Galileo, ma che secondo il Pastore costituisce la profonda originalità del metodo galileiano. Tale operazione media consiste nell'uso dell'ipotesi teorica (modello logico) e dell'artificio pratico (modello fisico) che permette di stabilire una continuità fra l'osservare e il dedurre [19]. L'esperimento quindi si può così descrivere in maniera elementare: lo scienziato in un primo tempo osserva il fatto, determinando idealmente le condizioni in cui il fenomeno si verifica; lo suscita egli stesso nelle condizioni da lui prescritte affine di stabilire il massimo numero di certezze di fatti; quindi fa un'ipotesi, una teoria, una congettura che si presenta come una possibile spiegazione dei fatti osservati; dall'ipotesi ideata trae le conseguenze logiche sia a mezzo di ragionamento sia con la costruzione di macchine o strumenti artificiali, che siano come materializzazione di quell'ipotesi; finalmente confronta le conseguenze logiche con la realtà dell'esperienza. Se l'esperienza pratica contradice alle conseguenze ottenute, si fa una nuova ipotesi ed una nuova esperienza per verificarla, finchè si trovi un'ipotesi che la pratica verifichi interamente [20].

Per penetrare nella natura intima di questi due metodi, matematico e fisico, il Pastore istituisce un parallelo [21]:

---

[19] Cf. PdC, I, p. 124-132.
[20] Del nuovo spirito, p. 134.
[21] Ibid., p. 36-38.

Parallelo fra le operazioni del metodo deduttivo e le operazioni del metodo sperimentale

1° Impiegare termini o enti ben noti o per evidenza immediata o per definizione.
Definizione.

2° Imaginare una speciale formula proponendo un calcolo particolare, componendo equazioni, introducendo certi postulati nelle formule generali della matematica.

Equazione.

3° Cercare in quale misura i postulati introdotti modifichino le formule generali, lavorando sulle equazioni specializzate, cioè deducendo tutte le conseguenze.
Deduzione.

4° Paragonare le conseguenze analitiche coi risultati delle formule generali.

Comparazione delle conseguenze.

1° Impiegare oggetti e fatti ben noti o per evidenza immediata o per costruzione.
Osservazione.

2° Imaginare una speciale ipotesi supponendo forze ed azioni particolari, costruendo apparecchi, macchine e modelli, introducendo certe modificazioni nelle formule generali della meccanica.

Ipotesi.

3° Cercare in quale modo funzionino le modificazioni proposte rispetto alle leggi generali, lavorando sui modelli imaginati, cioè ricavandone tutte le conseguenze.
Esperimento.

4° Paragonare le conseguenze pratiche coi risultati delle ricerche naturali.

Comparazione delle conseguenze.

Da questo prospetto appare evidente l'analogia dei due metodi: il 2° e il 4° momento sono tanto equivalenti che si potrebbero esprimere con le medesime parole; ma anche il 1° ed il 3° si corrispondono ed equivalgono perfettamente. Quanto al primo momento non si nega la differenza psicologica delle due operazioni; esse però convengono nella funzione metodologica. Infatti anche nella ricerca sperimentale, quando non è fatta a casaccio, ma come si deve, occorre partire da oggetti e fatti precisi, quantitativamente misurati e nelle condizini più semplici e favorevoli; essi vengono considerati isolatamente, come un elemento staccato, estratto da tutti gli altri e quindi sono in ultima analisi delle astrazioni, che vengono poi composte assieme nella costruzione arbitraria del modello. Godono quindi anche della assoluta certezza, che non differisce da quella matematica, mentre d'altra parte l'operazione della definizione propria del metodo matematico include in sè la funzione preliminare dell'osservazione psicologica, alla quale si devono i primi concetti non definiti [22].

Più importante per il Pastore è stabilire l'equivalenza del terzo momento, per cui si afferma che il calcolo matematico e l'esperimento fisico non sono che due forme diverse di una medesima operazione mentale: la deduzione. Quanto al calcolo matematico la cosa è più universalmente riconosciuta; il Pastore difende il caratere deduttivo del ragionamento matematico anche contro la teoria del Poincaré sul ragionamento a ricorrenza. Qui volendo mostrare l'identità metodologica della matematica e della fisica dobbiamo insistere piuttosto sull'altro aspetto: il carattere deduttivo dell'esperimento e il carattere sperimentale della deduzione matematica. Che cos'è la deduzione? La sua forma classica è il sillogismo, per il quale il Pastore accetta la definizione aristotelica: « il sillogismo è un discorso in cui poste alcune cose un qualche cosa diverso da esse segue necessariamente, per ciò che esse sono » [23]. Ora continua il Pastore, questo procedimento logico e necessario può avere luogo non solo nella ragione, per mezzo della deduzione logica e matematica, ma anche nella realtà: e in questo consiste l'esperimento. Per convincersene basta paragonare con la classica definizione su riferita l'idea che Galileo si era formata del processo della natura: « I fenomeni della natura si presentano e sono fra loro necessariamente connessi in modo che, posti alcuni, altri seguono, e rimossi non seguono » [24]. L'espe-

---

[22] Ibid., p. 39-41.
[23] Arist., I Prior., c. I, citato dal Pastore, ibid., p. 58.
[24] Galileo, Discorso dei massimi sistemi, citato dal Pastore, ibid., p. 59.

rimento non è altro che la logica della natura in atto: le ipotesi, i modelli, le macchine, sono premesse che lo sperimentatore liberamente pone; ma questi enti fisici (masse e movimenti), una volta posti, agiscono necessariamente secondo le leggi proprie della natura e producono quindi deduttivamente sempre le stesse conseguenze. La macchina nelle mani dell'uomo è « uno strumento artificiale per far parlare le cose colla loro logicità. E' la stessa natura che ragiona realmente nell'ordine della successione »[25]. Questa deduzione implicita nel metodo sperimentale è quella che permette alla scienza di elevarsi al disopra della semplice esperienza, contingente e particolare, e raggiungere la necessità ed universalità sue proprie. Finchè si rimane nel campo empirico ha ragione Hume; ma il campo empirico non può essere superato se non mediante la logicità della deduzione [26].

Possiamo pertanto concludere alla radicale identità dei procedimenti della matematica e della fisica, riducendosi entrambi ad un insieme di ragionamenti deduttivi e ipoteticamente necessari, basati sull'impiego delle ipotesi-modello come strumento di dimostrazione e di ricerca. La teoria dei modelli quindi, per la quale furono fin dall'inizio tutte le simpatie del nostro autore, rimane sempre nella sua teoria il punto centrale del metodo deduttivo-sperimentale. La mente di fronte alla molteplicità dei dati, persuasa dell'intima logicità della natura, considera i fatti naturali come fra loro uniti in sistema fisso e determinato e quindi cerca di ricostruire idealmente tale sistema; si forma cioè nella mente un sistema logico artificiale, l'ipotesi teorica. Il modello meccanico è il termine medio che mette a confronto la teoria con i fatti; esso in quanto è artificiale, viene costruito appunto in corrispondenza della teoria o ipotesi logica preformata; in quanto poi è composto di enti fisici, opera direttamente nel mondo reale, fra i fatti della natura. Così l'ideazione teorica dell'ipotesi e la

---

[25] PdC, II, p. 74.
[26] Ibid., I, p. 126-127. Nel successivo periodo della LdP il Pastore riconosce anche la logicità dell'intuizione, che nel metodo sperimentale si esercita nella costituzione delle ipotesi-modello; però la sua critica nei riguardi dell'intuizione come processo dell'esperienza dal particolare all'universale rimane sempre la stessa.

realizzazione pratica del modello, fuse insieme, costituiscono il secondo momento del metodo sperimentale, il momento più fecondo e veramente costruttivo [27].

Detto questo in generale, converrebbe far vedere più in particolare come il metodo descritto corrisponda con quello di fatto usato dagli scenziati da Galileo ai nostri giorni. Quanto alla scienza fisica non vi può essere alcuna difficoltà; il Pastore si limita ad accennare all'esempio della gravitazione universale in cui all'osservazione dei fatti seguì prima appunto l'ideazione teorica dell'ipotesi formulata da Newton, quindi la realizzazione pratica del modello atto alla verificazione, attuato per primo da Cavendish col mezzo della sua bilancia di torsione [28]. Più discusso invece può essere il carattere sperimentale della matematica; ma del metodo della matematica ne parleremo di proposito nel capitolo seguente. Non rimane quindi che rispondere ad alcune proteste che molti fisici e teorici della scienza hanno mosso contro l'uso delle ipotesi-modello come strumento di lavoro nella scienza in generale.

Una prima ragione di tale protesta può formularsi così: « Come può darsi che l'impiego d'una finzione serva all'acquisto della verità e sia capace di darci il possesso d'una legge universale e necessaria? » A tale domanda il Pastore risponde con un dilemma: per negare la natura dell'esperimento come sistema ipotetico-deduttivo bisogna « o negare quadratamente il valore delle scienze fisiche, o provare che la determinazione scientifica delle leggi causali non si fa per via dell'esperimento ma per altra via e indicare quale ». Nel primo caso ci si riduce alla posizione degli scettici; però colla semplice negazione di tale valore non si distrugge il fatto storico della formazione delle scienze e del loro valore universale e necessario: « Hume non distrugge Galileo ». Nel secondo caso « bisognerebbe dire che Galileo non trovò mezzo più acconcio per riuscire all'intento che quello di aggirarsi in un perpetuo errore sulla natura di quelle sensate espe-

---

[27] Ibid., II, p. 72-74.
[28] Ibid., p. 74-75. Cf. CASTELFRANCHI, Fisica sperimentale e applicata, Milano, Hoepli, 1944, v. I, p. 219.

rienze, di quelle macchine, di quelle dimostrazioni necessarie alle quali fa incessante ed esclusivo ricorso nelle sue immortali ricerche ». Del resto è impossibile indicare altra via; giacchè questa sarebbe o l'esperienza (e allora si cade nell'empirismo che sbocca necessariamente nello scetticismo), o la ragione (e allora si cadrebbe nel razionalismo e apriorismo, del pari incapaci di darci una conoscenza valida dei rapporti causali realmente esistenti nella natura). Certo però non bisogna disconoscere che le ipotesi-modello non sono in fondo che una finzione della nostra immaginazione e che di tali modelli se ne possono ideare infinitamente diversi. Questo fatto però, se da un lato ci deve mettere in guardia contro eventuali sconfinamenti dal campo della scienza a quello della metafisica, quasi che « la natura intima dei dati simbolici dei modelli abbia qualche cosa di comune con la natura intima dei dati reali della natura »; dall'altro lato non ci impedisce di raggiungere il vero scopo della scienza, cioè le equazioni esprimenti il rapporto dei valori relativi delle variabili dipendenti, ossia le leggi della natura [29].

Allora si potrebbe sussumere con molti scienziati anche eminenti, come il Lorentz e il Poincaré: « Dal riconoscere che le equazioni sono ciò che v'è di essenziale nei modelli, al respingere del tutto i modelli, assumendo le equazioni una volta trovate come punto di partenza, non vi è che un passo. Facciamolo ». Tale non è stata, risponde il Pastore, l'opinione di Hertz, il quale « pensava all'utilità euristica grandissima dei modelli e restò fedele al metodo di prendere come punto di partenza i modelli fatti ad imagine della natura per arrivare alle leggi ». La fertilità di questi modelli è grandissima, giacchè in essi si mette a profitto « la fantasia della natura », che è « enormemente più ricca e più inventrice della fantasia dell'uomo » e ci permette di scoprire fra fenomeni fisici rapporti profondi che non si sospettavano punto [30]. « Quante volte il sapiente uso dei modelli ha fatto spuntare nel campo della scienza una messe prodigiosa di sco-

---

[29] PdC., II, p. 82-86.
[30] Del nuovo spirito, p. 52-57.

perte del più alto valore! Mille esempi potrebbero allegarsi con facilità percorrendo la storia delle scienze » [31].

Possiamo ora riassumere i risultati dell'analisi compiuta con le parole con cui il Pastore stesso li riassumeva in una nota del 1938: « Secondo la teoria della fisica classica che per noi si estende da Galileo ad Hertz, il metodo sperimentale ha per oggetto la conoscenza delle leggi della natura. In tale veduta conoscere le leggi della natura significa essere in grado di dedurre dallo stato attuale delle cose lo stato loro per un istante qualunque del tempo. I momenti del metodo sperimentale sono quattro: 1) l'osservazione; 2) il modello; 3) la deduzione; 4) la verificazione... E' di tutta evidenza che la virtù euristica del metodo sperimentale massimamente dipende dall'impiego del modello... in cui si concentra l'operazione più originale e tipica della ricerca sperimentale » [32]. Sono questi risultati che devono essere messi ora in corrispondenza con i risultati dell'analisi logica delle operazioni fondamentali del pensiero, compiuta dalla LdP. I risultati della LdP ci indicheranno insieme quali integrazioni e modifiche è necessario arrecare al metodo sperimentale classico per rispondere alle esigenze della nuova scienza e spiegare teoricamente il metodo che i fisici moderni hanno praticamente seguito.

4. — IL D.U E IL METODO DELLA NUOVA FISICA.

Ricordiamo brevemente che per risolvere il problema generale della LdP, cioè la fondazione logica della scienza e della logica medesima, è necessario ammettere una dualità operativa, il D.U cioè il discorso o deduzione e l'intuizione logica o universo. Prima interviene l'intuizione logica, che è l'operazione eminentemente costruttiva, inventiva, la quale pone logicamente i principi o enti primitivi della scienza, definizioni, assiomi, postulati, cioè le condizioni sintetiche necessarie e sufficienti allo sviluppo

---

[31] PdC, II, p. 84.

[32] Il fondamento logico dei principi di complementarità di Bohr e di indeterminazione di Heisenberg. in L. S., p. 78-79.

analitico del discorso: la forma o universo U degli elementi del discorso D. Solo in un secondo tempo è possibile lo sviluppo deduttivo che costituisce la seconda operazione logica. Abbiam visto anche che il riconoscimento esplicito dell'U proprio di ogni D ha permesso al Pastore di scoprire la possibilità di un nuova operazione logica, operante la trasformazione da un sistema D.U a un nuovo sistema D'.U' mediante l'impianto dell'equazione logica generale: $\frac{D}{U} = \frac{D'}{U'} = c$. Questo risultato ci dice sinteticamente che la LdP, con la risoluzione dell'ente in relazione e con l'affermazione dell'identità puramente distintiva, ammette la variabilità dell'ente al variare del numero degli enti del discorso e il suo potenziamento in relazione ad essi; e quindi deve riconoscere per ogni discorso di un determinato numero di enti una forma di sviluppo o universo proprio, variabile da discorso a discorso.

Applichiamo ora questi principi generali al caso della scienza in senso stretto e del metodo sperimentale. In primo luogo risulta evidente che sono i due momenti centrali del metodo sperimentale quelli in cui si attuano le due operazioni logiche fondamentali, mentre i due momenti estremi, l'osservazione e la verificazione, sono una semplice preparazione e conferma del processo propriamente mentale. Ora il metodo sperimentale manifestamente impiega intuizioni di carattere costruttivo sintetico pel secondo momento (l'ipotesi-modello) e nozioni concettuali analitiche pel terzo momento (la deduzione). Quindi coerentemente al simbolismo adottato dalla LdP chiameremo brevemente operazioni U quelle che corrispondono alla costruzione sintetica delle ipotesi modello, e operazioni D il gruppo di operazioni corrispondenti alla deduzione (calcolo per la matematica e esperimento per la fisica) [33].

Questa interpretazione ci permette di correggere ed integrare la teoria del metodo sperimentale precedentemente svolta, eliminando dal secondo momento quel carattere di arbitrarietà che comprometteva la logicità del metodo stesso. Quando lo scienziato, dopo le osservazioni dei fatti, costruisce nella sua mente

---

[33] Il fondamento logico dei principi ecc., in L.S., p. 79-80.

un'ipotesi o modello teorico con cui cerca di comporre in unità sintetica la molteplicità delle esperienze, già opera logicamente: egli intuisce una forma U del discorso dato, determinando le condizioni necessarie allo sviluppo deduttivo.

Rimandando alla parte seguente tutta la serie di applicazioni alla fisica e alla matematica intesa a mostrare il D. U nelle varie teorie scientifiche, ci limitiamo qui ad illustrare la cosa con un esempio tratto dalla dinamica classica. E' noto che questa è fondata su tre principi, indipendenti e irriducibili fra loro: il principio d'inerzia, il principio della forza o della quantità di moto e il principio di azione e reazione. Questi tre principi compongono un sistema (D) dal quale si deducono tutte le leggi della dinamica che possono poi venir verificate confrontandole colla realtà sperimentale. Se però ci domandiamo perchè siano necessari questi principi, la spiegazione non la troviamo nel sistema stesso; la loro necessità non è una necessità deduttiva, ma è evidentemente una necessità sintetica, dato che questi principi costituiscono l'unità o forma (U) che rende possibile il sistema deduttivo. « L'intuizione di questa forma, poichè corrisponde ad un'esigenza necessaria, è un'intuizione logica » [34].

La logicità di questa intuizione risulta per il Pastore dalle note di necessità, coerenza e sufficienza, da cui anch'essa, come la deduzione, è caratterizzata, e che, pur non distruggendo la genialità e libertà della costruzione, ne assicurano la razionalità [35]. Finchè si rimane nel campo della matematica ordinaria e della fisica classica, l'intuizione logica, senza ridursi ad una semplice intuizione empirica, può rientrare interamente nei quadri della nostra sensibilità ed ha una piena corrispondenza coll'intuizione empirica dello spazio tridimensionale e del tempo comune. Con questa corrispondenza si spiega il mancato riconoscimento della razionalità dell'intuizione nelle logiche precedenti. Ma col trapasso alle matematiche superiori e alla fisica nuova la logicità dell'intuizione è apparsa in piena evidenza, per la mancanza di qualsiasi intuizione sensibile corrispondente. « Il mate-

---

[34] Sul D.U, in LdP, p. 109.
[35] La LdP, in LdP, p. 26.

matico che lavora p. e. su proposizioni di uno spazio a *n* dimensioni ha un'intuizione di questo spazio che non può essere psicologica o sensibile, perchè queste intuizioni sono condizionate dal mondo tridimensionale » [36]. Parimenti nella fisica quantistica la percezione immediata non è più applicabile e « bisogna sostituire all'intuizione sensibile un'altra intuizione che permetta di determinare non ciò che appare, ma ciò che deve apparire » [37]. In tutti e due i casi si tratta necessariamente di un'intuizione logica non coincidente colle intuizioni sensibili.

Siamo quindi già entrati a considerare gli elementi richiesti per la nuova scienza. Ora questa ha imposto allo spirito umano un problema veramente nuovo e insospettato, il problema delle trasformazioni da un sistema ad un altro. Infatti il mondo delle leggi che per tanti secoli era rimasto il limite a cui la ricerca scientifica si arrestava, ormai non è più tale. Quello che la fisica moderna ricerca è il metodo di trasformare le equazioni in modo che esse non varino trasportandoci da un sistema di riferimento ad un altro; cerca cioè quali sono i gruppi di trasformazione che lasciano invariate determinate equazioni passando da un sistema in quiete ad un altro in movimento: l'invarianza nella variazione. In pratica « le scienze hanno realizzato il passaggio da un D. U ad un altro D. U più complesso con salti intuitivi, senza rendersi conto che il passaggio era essenzialmente logico. Si direbbe che un'invisibile sottocorrente logica le trascina, con bruschi progressi, indipendentemente dalla logica aristotelica » [38]. La prova più tipica di questo fatto è il progredire rivoluzionario dello stesso principio relativistico, dalla relatività classica di Galileo, alla relatività speciale e poi generale di Einstein. E che cosa sono i mondi di De Broglie, di Schrödinger, di Heisenberg e di Fermi se non « costruzioni di leggi di trasformazioni espresse da equazioni fisiche sulla base di principi di carattere generale »? [39]

---

[36] Sulla intuizione logica secondo la LdP, in LdP. p. 198.
[37] Il fondamento logico dei principi ecc., in L.S, p. 81.
[38] Sul D.U, in LdP, p. 115; VnR, in LdP, p. 17.
[39] Introduzione alle equazioni logiche, in LdP, p. 89.

La giustificazione logica del metodo della nuova fisica e la ragione che spingeva la scienza a porsi il problema delle trasformazioni dei sistemi si è finalmente avuta con la LdP. Essa ha mostrato che « tutte le equazioni fisico-matematiche di trasformazione sono casi particolari di equazioni logiche esprimenti le relazioni di invarianza tra le forme fondamentali del pensiero » [40]. In tutte le teorie scientifiche moderne si scopre un'unità logica fondamentale che si riduce alla costante proporzionalità dei D. U, la quale perciò esprime l'equazione logica delle trasformazioni fisiche. L'equazione logica generale che stabilisce tale invarianza nelle trasformazioni ci appare quindi come la « legge delle leggi », cioè « l'invariante logico delle leggi » [41].

Appare adesso in piena evidenza il compito caratteristico della LdP: « La teoria della LdP è la teoria generale delle condizioni logiche delle formazioni e trasformazioni dei sistemi. Le condizioni logiche più generali di cui le trasformazioni fisiche sono realizzazioni, costituiscono quel sistema di equazioni logiche e principi logici, che è il mondo del potenzamento logico, che noi chiameremo senz'altro il mondo di Mosso » [42].

Questa interpretazione della nuova fisica può apparire per ora un po' arbitraria e ipotetica, mancando le prove analitiche di dettaglio. Noi qui non abbiamo fatto che stabilire il confronto fra i principi della LdP e l'indirizzo generale della nuova scienza; nella seguente parte ne vedremo le applicazioni particolari. Sono appunto le conferme che il Pastore crede di ricevere da queste applicazioni, quelle che maggiormente hanno convalidato la convinzione dell'autore sulla verità e importanza degli stessi principi generali della sua teoria e in particolare della teoria delle equazioni logiche. Solo dopo un minuto esame di queste applicazioni sarà possibile portare un giudizio sereno ed obiettivo sulla teoria stessa generale.

---

[40] La LdP, in LdP, p. 27; Interpretazione logica dello scalare, L.S, p. 106.
[41] La LdP, cit., p. 29.
[42] Introduzione alla teoria delle equazioni logiche, in LdP, p. 89.

PARTE TERZA

LA LOGICA APPLICATA

CAPITOLO SETTIMO

LA LOGICA DELLA RICERCA MATEMATICA

1 — RELAZIONI FRA LA LOGICA E LA MATEMATICA.

In uno dei suoi articoli panoramici intorno alla LdP, Annibale Pastore ci annunzia che il lavoro a cui attende è doppio, uno di teoria pura, l'altro di applicazione [1]. Abbiamo visto finora i risultati del lavoro di logica pura, che si riassumono specialmente nella teoria delle equazioni logiche, fondata sui tre principi fondamentali: identità-distintiva, variazione relativa e potenziamento logico. Dobbiamo ora passare in rassegna i risultati del secondo lavoro, consistenti in una serie di applicazioni ai problemi fondamentali della matematica, della fisica teorica, della biologia, della psicologia sperimentale e perfino all'industria. Il frutto che il Pastore si ripromette da queste applicazioni è doppio, e cioè non solo una interpretazione logica dei principi e processi fondamentali delle scienze, ma anche una conferma pratica dei principi generali della LdP.

E' ovvio che questa indagine dei fondamenti dell'indagine scientifica esige nel ricercatore una doppia preparazione scientifica e filosofica. La necessità di una vasta preparazione scientifica fu sentita dal Pastore fin dall'inizio ed egli vi dedicò, come si è detto, ben undici anni dal 1892 al 1903, fra le due lauree di

---

[1] La LdP, nelle sue relazioni con la scienza e la filosofia, in LdP, p. 25.

lettere e di filosofia, occupandosi negli studi di matematica, di fisica, di biologia e di psicologia sperimentale sotto la direzione di Giuseppe Peano, di Antonio Garbasso, di Angelo Mosso e di Federico Kiesow [2]; ed anche in seguito, senza pretendere ad una vera competenza, ha tenuto però continuamente aggiornata la sua cultura scientifica alle più recenti teorie matematiche e fisiche. Quanto poi alla preparazione filosofica, il Pastore affronta il nuovo campo con tutto il complesso della sua LdP, la quale deve considerarsi come ordinata tutta a questa interpretazione filosofica delle scienze: è naturale quindi che nelle pagine seguenti sentiremo il nostro autore parlare sempre di D e di U, di equazioni logiche e di tutte quelle nozioni, operazioni e principi che formano il corpo della logica pura, precedentemente esposto. In altre parole, conforme alla natura delle operazioni fondamentali del pensare secondo la LdP, l'indagine epistemologica che stiamo per esporre consisterà nel cercare il D e l'U proprio di ciascuna scienza, nel determinare cioè la sua costante particolare sistematica e le due condizioni fondamentali per la costruzione del sistema stesso: l'irriducibilità e la coesistenza delle idee primitive [3].

Con questo già si vede che la LdP « rivendica e salva l'autonomia d'ogni ricerca sia scientifica sia filosofica » [4]. Ogni scienza infatti ha il suo proprio campo sistematico ed in esso conserva la propria autonomia di metodo e d'intenti; la logica non cerca di sostituirsi a nessuna scienza particolare, nè vuole subordinarle o ridurle a sè. D'altra parte però la scienza chiusa nel suo campo sistematico non può assurgere alle sintesi universali che spettano alla filosofia. Scienza e filosofia pertanto possono e debbono attivamente collaborare e reciprocamente svilupparsi, mentre la logica organizza e feconda il processo scientifico e la scienza fornisce a quella il soccorso rigoroso dei suoi risultati analitici e sperimentali e l'elaborazione delle sue sintesi particolari [5].

Più in particolare occorre precisare le relazioni fra logica

---

[2] Il mio pensiero filosofico, p. 334.
[3] Sul fondamento logico della matematica, in LdP, p. 99.
[4] La LdP, cit., p. 32.
[5] Introduzione alla teoria delle equazioni logiche, in LdP, p. 67-68; La logica della ricerca scientifica, in L.S, p. 5.

e matematica: si ricorderà che il Pastore nei primi anni della sua attività filosofica attese con ardore ad una progressiva identificazione di logica e matematica, dal punto di vista formale, secondo l'indirizzo propugnato dal Russel e dal Couturat. Ma questa tesi dell'identità fra logica e matematica non venne accettata dal Mosso nei suoi *Principi di LdP* [6] e anche dal Pastore in seguito venne abbandonata o almeno molto ridotta di portata e d'importanza [7]. Delle due tesi opposte, quella del Poincaré, che sostiene l'irriducibilità della matematica alla logica, e quella del Russel e del Couturat, che sostiene l'identità, il Pastore asserisce che sono entrambi criticabili, giacchè oltre a varie deficienze proprie di ciascuna sentenza, manca in esse il riconoscimento dell'intuizione come operazione logica, differente dalla deduzione e non meno fondamentale di questa nella formazione della matematica come di ogni altra scienza [8]. Tuttavia il Pastore rimase sempre più simpatizzante per la tesi dell'identificazione, giacchè in ultima analisi, ogni scienza, a meno della sua costante sistematica, si riduce alla logica. Quindi ciò che è vero del campo logico è vero anche del campo matematico, ma non viceversa. La logica che, ricordiamolo bene, non deve essere confusa con la logica deduttiva, come fanno il Russell e il Couturat, ci dà le leggi generali ed è fuori di ogni sistema, essendo il pensiero della pura relatività; la matematica invece restringe questo campo con la propria costante sistematica [9].

2. — IL D.U NELLA MATEMATICA.

Veniamo ora a precisare il D e l'U proprio della matematica, cioè a determinare la sua costante sistematica.

Secondo la LdP in ogni sistema è «ovviamente implicita l'idea di numero, in quanto in ogni sistema (a ragione inteso

---

[6] Mosso, Principi di LdP, p. 293.
[7] Il mio pensiero filosofico, p. 336.
[8] Sul fondamento logico della matematica, in LdP, p. 103.
[9] La logica della ricerca scientifica, in L.S, p. 14, nota 2.

9 — F. SELVAGGI

come molteplicità con certe leggi ridotta a unità) si ha sempre nei casi concreti un certo numero di idee primitive che determina un continuo ». Anzi « la LdP è appunto fondata sul principio che il numero delle idee primitive determini tutte le proprietà dei sistemi e quindi sia l'espressione più semplice della sua forma o universo » [10]. Nel caso più generale dobbiamo quindi ammettere che la numerabilità logica sia la base stessa della logica, in quanto essa determina la forma o universo e conseguentemente lo sviluppo del discorso corrispondente.

Il concetto di numero logico ha ricevuto un maggiore sviluppo negli scritti più recenti del Pastore. Esso deriva essenzialmente dal fatto che secondo la LdP « esistono enti primitivi e rapporti che dipendono esclusivamente dal numero degli enti del Discorso, indipendentemente dal loro contenuto » [11]. Lo sviluppo di questi rapporti si ottiene mediante l'algoritmo del potenziamento logico che conduce alle formule del Mosso, da noi riferite al capitolo quarto. « Manifestamente queste formule, osserva il Pastore, che esprimono lo sviluppo di un ente logico a o x in una formula universale n, non sono numeri matematici, perchè il loro sviluppo è indipendente dal contenuto specifico d'ogni classe di numeri relativi; tuttavia sono numeri, perchè il loro sviluppo dipende solo dal numero degli enti; ... godono delle proprietà fondamentali di un sistema numerico, senza essere un numero matematico. Diciamo quindi in senso esatto che tali formule... sono numeri logici » [12].

Ora la numerabilità logica coincide secondo il Pastore con la continuità logica. Egli infatti definisce come continuità logica il fatto che « tra due enti successivi immediati della classe C definita dalla condizione K non vi è posto per alcun ente che soddisfi alla condizione K » [13]. Dobbiamo perciò conchiudere che « ogni numero di idee primitive determina un continuo » deter-

---

[10] Sul fondamento logico della matematica, in LdP, p. 99-100.

[11] Sullo sviluppo delle operazioni logiche, in *Atti della RAST*, v. 75, p. 4.

[12] Numeri logici e numeri matematici, in *Atti della RAST*, v. 78, p. 123.

[13] La logica della ricerca scientifica, in L.S. p. 13.

minandone insieme tutte le proprietà; il numero è la forma U della continuità, e la continuità è come lo sviluppo D del numero. Viceversa, data la coincidenza di numero e di continuità, potremo anche affermare che la continuità è la forma U che dà unità al numero, e il numero è l'analisi D della continuità [14]. Osserviamo però che la definizione di continuità data dal Pastore non ci pare accettabile. La nozione di continuità, così importante nelle scienze matematiche, è stata sottoposta attraverso i secoli ad accurata analisi e non può essere arbitrariamente alterata. Ora la definizione di continuità logica dataci dal Pastore non solo è apertamente tautologica [15], ma non risponde affatto alla comune nozione di continuità. Per attenerci alla terminologia del Pastore si potrebbe porre piuttosto una definizione di questo tenore: una classe C definita dalla condizione K dicesi continua quando fra due enti della classe comunque scelti esiste sempre un ente intermedio che soddisfa alla condizione che definisce la classe. Questa definizione concorderebbe sostanzialmente con quella più circostanziata data, per es., dall'Enriques: « Una serie Σ di elementi si dirà continua se 1) è dato in essa un ordine degli elementi che non ammette nè primo nè ultimo, e tale che fra due elementi vi è sempre qualche elemento intermedio; 2) l'ordine della serie Σ soddisfa al postulato di Dedekind, cioè ogni partizione della serie in classi contigue è operata mediante un elemento di separazione che è primo elemento di una delle parti o ultimo dell'altra » [16]. Da questa definizione si vede subito che il concetto di numero non coincide affatto con quello di continuità, sicchè si possono dare delle serie di numeri, per es. la serie dei numeri naturali e anche dei numeri razionali, che non costituiscono una

---

[14] Sul fondamento, cit., p. 100-101.

[15] Dire che « la classe C è continua se tra due enti immediati successivi non esiste alcun ente che appartenga alla classe » è puramente tautologico, giacchè che cosa altro si può intendere per due enti immediati successivi, se non quelli fra i quali non esiste alcun ente che appartenga alla medesima classe?

[16] ENRIQUES, I numeri reali, in *Questioni riguardanti le matematiche elementari*, Bologna, Zanichelli, 1928, Parte I, vol. I, p. 383.

serie continua; mentre invece costituisce un continuo numerico l'insieme ordinato di tutti i numeri reali, razionali e irrazionali [17].

Ma, venendo dalla logica generale alla matematica, vediamo che il Pastore afferma che l'idea di continuità diventa senz'altro la costante sistematica della matematica, ove si assuma come condizione di riferimento K un segmento ab; così da ottenere la definizione della continuità matematica come « la corrispondenza biunivoca tra i punti del segmento ab e gli elementi di un insieme, cioè in generale tra un continuo geometrico e un continuo aritmetico » [18]. Tale impostazione è giustificata secondo il Pastore dall'ipotesi universalmente riconosciuta che il campo della matematica sia limitato dall'idea dei continui di spazio e tempo. Il continuo dello spazio e quello del tempo presi a sè sono continui in senso logico; « il continuo matematico è sempre composto dei due ». Tutta la costruzione e lo sviluppo della matematica avviene coll'impiego di questa costante sistematica, cioè della continuità dello spazio e tempo, mercè le operazioni fondamentali del pensare [19].

Prima però di determinare più esattamente il rapporto scambievole di spazio e tempo, dobbiamo eliminare due difficoltà preliminari. Si potrebbe infatti obiettare in primo luogo che in matematica esistono anche processi discontinui e quindi la continuità non può essere la sua costante sistematica. Ma il Pastore risolve facilmente la difficoltà ricorrendo alla sua definizione di continuità relativa ad una condizione K; per la quale se ad esempio si considera la serie dei numeri interi, non si può dire che fra due numeri interi immediatamente successivi esista discontinuità di numeri interi [20]. L'altro punto che potrebbe sembrare arbitrario è l'inclusione della nozione del tempo in matematica. Per il Pastore invece tale inclusione è di immediata evidenza: infatti la linea, secondo la definizione che egli prende dall'Enriques, non è altro che « una serie puntuale ordinata secondo l'or-

---

[17] Ibid., p. 361.
[18] La logica della ricerca scientifica, in L.S, p. 14.
[19] Ibid., p. 12-13.
[20] Sul fondamento logico della matematica, in LdP, p. 100.

dine temporale». Senza il movimento che porta A in B e B in A, è impossibile la costruzione e la descrizione degli enti e delle relazioni geometriche; ma il movimento a sua volta non è che una funzione del tempo; quindi anche nelle più elementari nozioni geometriche è inclusa l'idea del tempo [21].

Ciò posto, secondo la LdP si deve affermare che «la matematica è il discorso di uno spazio in una forma di tempo» [22].

Assumiamo il segmento ab che, come abbiam detto, è il riferimento che determina la costante sistematica della matematica; esso si può considerare come un insieme costituito dai due punti A e B e dalle due relazioni AB e BA, che formano il discorso dell'insieme dato, cioè lo spazio assunto come D. Per i principi della LdP deve quindi esistere una funzione U come condizione formale dell'esistenza dell'insieme:

$$(A + B)^2 = A^2 + B^2 + AB + BA.$$

Ora la funzione che permette la costruzione dello spazio D non può essere altra che il movimento che porta A in B e B in A. Dunque il tempo non solo è immanente alla matematica, ma costituisce la funzione U, la quale quindi in matematica resta determinata come $U(t)$ [23].

Con ciò resta anche senz'altro chiarito il rapporto logico tra geometria e aritmetica; questa coppia infatti corrisponde al doppio continuo della matematica: il continuo dello spazio è il continuo geometrico e il continuo del tempo è il continuo aritmetico. Ma si è provato che il rapporto tra spazio e tempo è il rapporto D.U (Discorso-Universo). Quindi il rapporto tra geometria e aritmetica è anche il rapporto D.U (Deduzione-Intuizione). La

---

[21] La logica della ricerca scientifica, in L.S, p. 13 e 15; cf. VnR, in LdP, p. 20 e Sul D.U, ib., p. 119. Per non interrompere troppo l'esposizione del pensiero dell'autore, rimandiamo alla fine del capitolo la discussione di questo punto fondamentale nella interpretazione logica della matematica, come nelle successive applicazioni alla fisica classica, relativistica e quantistica.

[22] La logica della ricerca, cit., p. 13.

[23] VnR, in LdP, p. 19-20.

struttura della matematica perciò verifica esattamente le due operazioni di qualunque processo logico: all'operazione D, discorsiva, analitica, corrisponde il fattore geometrico e all'operazione U, intuitiva, sintetica, il fattore aritmetico. Si pensa ordinariamente che nella matematica la geometria stia da una parte e l'aritmetica dall'altra. Invece come ogni continuo matematico è inscindibilmente spaziale e temporale, cioè D e U, così geometria e aritmetica sono necessariamente congiunte in unità come i due fattori di un prodotto. La matematica le utilizza sempre entrambi logicamente, per modo che, quando si fa dell'aritmetica, si fa dell'aritmetica geometrica, e, quando si fa della geometria, si fa della geometria aritmetica [24].

3. — LE MATEMATICHE SUPERIORI.

L'unità logica D.U, che si trasforma nella coppia elementare Geometria-Aritmetica, si conserva ancora, secondo il Pastore, nelle matematiche superiori. Le applicazioni che il Pastore fa in questo campo sono molto brevi e non hanno particolare importanza nè dal punto di vista scientifico nè da quello della LdP. Sotto quest'ultimo punto di vista ha un certo valore ciò che l'autore dice del calcolo infinitesimale e della geometria analitica, come esporremo brevemente.

Il calcolo infinitesimale, ci ricorda il Pastore, è l'analisi di un continuo fondata sul concetto di derivata. Questo concetto si definisce come il limite a cui tende il rapporto fra l'incremento della funzione $f(x)$ e quello della variabile indipendente x secondo la formula:

$$\lim \frac{f(x_0 + h) - f(x_0)}{h} = f'(x_0).$$

In questa definizione sono implicite due ipotesi, che esiste il limite e che questo rapporto sia finito [25]. Ora la condizione che il limite

---

[24] La logica della ricerca, cit., p. 16-17.

[25] Questa seconda condizione per sè non è inclusa nella definizione di derivata; tuttavia nell'analisi matematica la si vuole supporre, sempre che

sia finito è, secondo il Pastore, puramente matematica; invece la condizione dell'esistenza del limite è matematica e logica insieme: cioè la prima condizione presuppone determinata la costante sistematica come termine di riferimento, mentre la seconda si verifica per tutto il campo della logica generale. Matematicamente quindi il rapporto esiste come quantità finita variabile da punto a punto; logicamente invece si esprime solo l'invarianza del rapporto nella variazione dei suoi valori.

Questo ci dà la possibilità di interpretare il significato logico della derivata, osservando che l'incremento della variabile corrisponde alla variazione dell'ente (elemento del discorso) e l'incremento della funzione alla variazione della relazione che lega gli enti (universo o forma). La derivata quindi, con l'invarianza del rapporto incrementale nel passaggio al limite, esprime l'invarianza del rapporto logico delle due forme del pensare D e U [26].

Venendo poi alla geometria analitica, il Pastore vede in essa un chiaro esempio di trasformazione da sistema a sistema effettuata con ardita operazione da Descartes, senza però che egli si rendesse ragione della sua portata logica. Infatti « la creazione della geometria analitica secondo il metodo di Descartes esprime il passaggio dal sistema geometrico al sistema algebrico, propriamente la trasformazione correlativa di un sistema nell'altro ». Ora le trasformazioni di questo genere, secondo la LdP, avvengono mediante l'impianto dell'equazione logica: $\frac{D}{U} = \frac{D'}{U'} = $ cost., esprimente la legge di trasformazione, come condizione d'invarianza di due sistemi. Quindi « una trasformazione di questo genere ha dovuto effettuare Descartes per realizzare la geometria analitica » [27].

Il Pastore si contenta di aver indicato così la via dell'interpretazione logica della geometria analitica, come pure si limita, altrove ad affermare, senza svolgere l'argomento, che la possibilità delle geometrie non-euclidee è un altro esempio di tale tra-

---

non si dica espressamente il contrario. Cf. SEVERI, Lezioni di Analisi, v. I, p. 192.

[26] Sul fondamento logico della matematica, in LdP, p. 101-102.

[27] Novità sulla logica di Descartes, in LdP, p. 218-219.

sformazione, mediante il passaggio di un sistema di n elementi ad uno di $n + 1$, secondo il principio relativistico del potenziamento logico [28].

L'autore quindi conclude che i principi della LdP trovano nella matematica e nelle sue varie branche un riscontro perfetto e quindi ricevono da questo primo campo di applicazioni una valida conferma.

4. — OSSERVAZIONI CRITICHE.

In questa interpretazione logica della matematica vi è un punto fondamentale, che serve di base anche per le successive applicazioni alla fisica: cioè l'introduzione della nozione di tempo nella matematica come funzione U. Nel mondo spaziale tridimensionale, afferma il Pastore, il tempo è la forma (unità) dello spazio; la matematica è il discorso di uno spazio in una forma di tempo.

Non si può negare che una tale affermazione è contraria a tutta la tradizionale interpretazione della matematica: dalla fondazione di questa scienza presso gli antichi greci, fino a Cartesio, Kant, Comte e i matematici moderni, la matematica è stata sempre considerata come la scienza della quantità astratta e quindi in quanto tale prescindente dalle mutazioni e dal tempo. La categoria della quantità è la forma unitaria sotto cui si intuiscono gli enti primitivi, elementi, assiomi, postulati dell'aritmetica e della geometria, in quanto la quantità fonda la divisibilità, la moltiplicabilità e tutte le relazioni di somiglianza e di congruenza di figure, eguaglianza di grandezze, ecc. che si richiedono per la costruzione e lo sviluppo di queste scienze. Tutta l'aritmetica e la geometria possono essere compiute da un punto di vista puramente statico, che si limita a considerare le posizioni dei punti, delle curve, delle superfici nello spazio tridimensionale d'Euclide. « En effet, dice il Comte, si toutes les parties de l'univers étaient conçues comme immobiles, il n'y aurait évidemment à observer

---

[38] La logica della ricerca scientifica, in L.S, p. 18.

que des phénomènes géométriques, puisque tout se réduirait à des relations de forme, de grandeur et de situation;... on peut donc établir que, vu sous le rapport statique, l'univers ne présente que des phénomènes géométriques »[29].

E' vero che la critica delle nozioni matematiche introduce a volte anche un punto di vista dinamico nelle nostre considerazioni spaziali. Ma questo dinamismo e movimento riguarda solo la genesi dei concetti geometrici, non i concetti geometrici in se stessi e le relazioni conseguenti. « Le linee, dice l'Enriques, possono considerarsi generate col movimento di un punto e le superficie col movimento d'una linea; ma ad ogni modo, linee e superficie, in quanto si pensano realizzate, rispondono a gruppi di sensazioni diverse da quelle fornite dalla variazione dell'ente generatore. Di qui un duplice modo di presentarsi delle linee e delle superficie: cioè un aspetto genetico e un aspetto attuale di esse »[30]. La considerazione genetica ha luogo principalmente nello studio psico-fisiologico delle sensazioni estese, come fa ad esempio l'Enriques nei vari capitoli sulla genesi psicologica dei concetti e dei postulati geometrici e sulla rappresentabilità delle differenti geometrie. Ma la matematica e la geometria in se stesse, dai dati delle sensazioni spaziali più differenti, si elevano ad una rappresentazione dello spazio puro, per un processo d'astrazione che prescinde dalle variazioni possibili delle figure in relazione al movimento.

Il Pastore per convalidare la sua interpretazione fa appello a varie frasi dell'Enriques nei suoi *Problemi della scienza;* ma, come abbiamo avvertito, l'Enriques stesso chiaramente distingue il punto di vista genetico, dinamico, dal punto di vista formale, attuale, statico, che è il punto di vista della geometria. Lo stesso si dica del principio della congruenza delle figure, implicito nelle premesse d'ogni geometria. I numerosi studi dei matematici moderni intorno a questo problema hanno portato anche per questo principio a due interpretazioni fondamentali, a secondo che vien data la prevalenza all'elemento genetico o a quello for-

---

[29] COMTE, Cours de Philosophie positive, Paris, Schleicher, 1907, I, p. 77.
[30] ENRIQUES, I problemi della scienza, Bologna, Zanichelli, 1906, p. 307.

male. Mentre l'indirizzo sostenuto dall'Helmotz deriva il concetto di congruenza dall'analisi del movimento, un altro indirizzo molto più diffuso (ricordiamo il Pasch, il Veronese, l'Hilbert) considera la congruenza geometrica come un concetto indipendente da quello del movimento; infatti si può parlare della congruenza di una figura con se stessa e in genere di corrispondenza dei singoli elementi di due figure senza che il movimento sia richiesto, se non al più come mezzo per verificare praticamente la congruenza di particolari figure date [31].

Una conferma dell'arbitrarietà dell'introduzione del continuo temporale nella matematica si può trovare nelle considerazioni con cui il Pastore opera il passaggio dalla matematica alla fisica. Secondo il Pastore infatti questo passaggio avviene per la trasformazione di un discorso di due enti, spazio e tempo, in un discorso di tre, spazio, tempo e massa o forza. Ora in questa interpretazione viene misconosciuta la scienza intermedia tra la matematica e la fisica propriamente detta, cioè la cinematica. La scienza che offre alla fisica il continuo di spazio e tempo non è la matematica, bensì la cinematica, che prescindendo ancora dalla massa e dalle varie forze, che vengono poi introdotte nella dinamica e nella fisica sia sperimentale che matematica, considera propriamente lo spazio nella forma del tempo: la velocità e l'accelerazione, che sono gli enti propri della cinematica, sono appunto le derivate prima e seconda dello spazio rapporto al tempo. « La meccanica razionale, dice il Levi-Civita nel primo capitolo della cinematica del punto, è la scienza dei fenomeni di moto. Ogni fenomeno di moto si svolge nello spazio e nel tempo; onde la meccanica presuppone, quale sua premessa necessaria, la geometria; e alle idee di questa aggiunge, come suo primo concetto fondamentale, la nozione di tempo » [32]. E l'Enquires dice: « L'aggiunta del tempo allo spazio conduce senz'altro a quell'ordine di nozioni che costituiscono la cinematica, ossia la geometria

---

[31] GUARDUCCI A., Della congruenza e del Movimento, in *Questioni riguardanti le matematiche elementari*, Bologna, Zanichelli, 1928, Parte I, vol. I, p. 109-142.

[32] LEVI-CIVITA e AMALDI, Compendio di Meccanica razionale, Bologna, Zanichelli, 1928 v. I, p. 51.

estesa dei movimenti »[33]. Si deve dunque dire che quanto la cinematica è distinta dalla matematica e in particolare dalla geometria, altrettanto la nozione di movimento e di tempo è estranea a queste ultime scienze.

Ma ancor meno ci persuade il significato logico che in questa interpretazione viene attribuito al tempo: il tempo è l'U del discorso matematico. Richiamiamo la definizione del Mosso: « L'universo di un discorso di n termini è la condizione generale di esistenza dei termini e del discorso; è cioè sinteticamente la necessaria sufficienza del discorso e della possibilità del suo sviluppo analitico in termini »[34]. Confrontando con essa l'esempio concreto dovremo dire che il tempo è la condizione sintetica sufficiente all'esistenza dello spazio e delle relazioni spaziali che formano l'oggetto del discorso matematico. Il Pastore, rispondendo ad una nostra domanda, precisava il senso dell'U in questo modo: « Quando in LdP si dice che l'intuizione logica U pone il tempo o l'etere come l'universo del discorso, a rigore parlando, non si vuol parlare che della unità formale del discorso fisico o matematico, cioè la condizione generale della pensabilità o l'insieme dei principi come unità formale e nulla più. In altre parole non si tratta di una realtà ontologica o metafisica (l'etere o il tempo ecc.), non di una esistenza sia dei termini del discorso o d'altro (*id quod cognoscitur*), ma della condizione generale d'esistenza dei termini o di qualsiasi altro, che è da pensarsi come condizione formale, come unità esclusivamente formale (*id quo cognoscitur*, meglio il *come, quomodo*), che non ha bisogno di esistere realmente come ente o come esistente non formale di natura extra-logica ».

Bisogna dunque tener fermo che il tempo per la matematica, come pure l'etere per la fisica, non hanno che una funzione logica, la quale rende possibile la pensabilità formale del sistema logico della matematica stessa o della fisica. Ed è questo proprio ciò che noi meno riusciamo a comprendere: come cioè un ente fisico, reale, quale è il tempo e ancor più l'etere di Fizeau o di Maxwell o di Lorentz o di Einstein, possa considerarsi come un ente pura-

---

[33] ENRIQUES, I problemi della scienza, p. 352.
[34] MOSSO, Principi di LdP, p. 306.

mente logico, e in nessum modo extra-logico, extra-formale. L'intuizione logica, se vogliamo rimanere veramente nella logica pura, nell'epistemologia, non può essere altro che l'operazione logica con cui si pongono gli enti primitivi della scienza formalmente considerata. Ma gli enti primitivi logici della scienza, non sono che le definizioni e i principi da cui la scienza stessa prende le mosse per le sue deduzioni; qui dunque si deve dirigere l'indagine epistemologica.

Nel Pastore stesso troviamo, benchè molto di sfuggita, delle considerazioni che si avvicinano veramente alla soluzione di questo problema sia per la fisica che per la matematica. Infatti nell'articolo *Sul D.U* dopo aver spiegato che per U si intende l'insieme delle idee e proposizioni primitive d'un sistema che non hanno un legame necessario fra loro sotto il rispetto della deduzione, ma che tuttavia sono necessarie per costituire un'unità sintetica dalla quale poi si deducono tutti gli sviluppi del sistema, aggiunge l'esempio tratto dalla meccanica classica, la quale è fondata sui tre principi d'inerzia, della forza e d'azione e reazione, che sono sufficienti per un D e necessari per un U. Questi tre principi non si pongono mediante la deduzione, essendo indipendenti e primitivi sotto l'aspetto analitico, ma sono oggetto di un'operazione logica diversa, l'intuizione logica, in quanto sono necessari a costituire il punto di partenza della deduzione stessa »[35]. Ora qualche cosa di analogo si deve dire anche della matematica: così per esempio nella geometria euclidea possiamo affermare che l'U logico è costituito dai famosi cinque postulati di Euclide, non deducibili da altre proposizioni e irriducibili fra loro, eppure necessari e sufficienti per la costruzione del sistema deduttivo. L'affermazione di questi principi, poichè risponde ad un'esigenza necessaria sotto l'aspetto della costruzione, è un'intuizione logica.

Finalmente in due recentissimi articoli [36] abbiamo una si-

---

[35] Sul D.U, in LdP, p. 109.

[36] Sullo sviluppo delle operazioni mentali dipendenti dal solo numero degli enti, in *Atti della RAST*, v. 75, p. 3-11; e Numeri logici e numeri matematici, ibid., v. 78, p. 120-139.

mile considerazione anche nei riguardi dell'aritmetica, Il Pastore prende lo spunto da uno studio dello Skolem. Questi « ha provato infatti - con una teorema di notevolissima importanza - che non si riuscirà mai a caratterizzare la serie dei numeri con un gruppo finito di assiomi »[37].Per il Pastore questo fatto significa che vi è, alla base dell'aritmetica qualche cosa che trascende il sistema e che non può esser posto sistematicamente, ma richiede l'intervento di un'operazione propriamente logica, che determina logicamente ciò che del numero sfugge alla compressione assiomatica. Questa operazione è l'intuizione logica U dell'aritmetica che è « la determinazione sintetica delle proprietà del numero, irreducibile alle operazioni analitiche, non dimostrabili, non matematiche »[38].

Questa interpretazione dell'U della matematica e della fisica ci appare molto più consona alle esigenze della teoria generale della LdP come logica pura e tale che veramente concorra alla chiarificazione dell'assetto logico della matematica e della fisica. Il Pastore però svolge quasi esclusivamente l'altra applicazione per cui l'U è il tempo o l'etere, come vedremo anche nel capitolo seguente.

---

[37] Waissman, Introduzione al pensiero matematico, tr. it., Torino, Einaudi, 1941, p. 147.
[38] Sullo sviluppo delle operazioni, cit., p. 5.

CAPITOLO OTTAVO

LA LOGICA DELLA RICERCA FISICA

1. — IL D.U NELLA FISICA.

Il passaggio dalla matematica alla fisica, si opera, come abbiamo detto, secondo il principio generale del potenziamento logico affermante che in ogni passaggio da sistema a sistema si effettua un processo logico da n a $n+1$ enti, dipendendo tutte le proprietà e tutte le variazioni dei singoli enti, come pure dell'insieme, dal solo numero degli enti del discorso. Nel nostro caso particolare, dal continuo matematico, che poteva considerarsi come il discorso di due enti: spazio e tempo, si passa al continuo fisico coll'aggiunta del concetto di massa ovvero di forza, di modo che l'oggetto della fisica è un mondo di spazio, tempo e massa, che diremo per brevità S.T.M. Per usare i termini propri della LdP diremo anche che le tre nozioni fondamentali e irreducibili fisicamente, spazio, tempo e massa, costituiscono il discorso logico D della fisica [1].

Determinato così il D del nuovo sistema, se ne deve ricercare l'U, cioè la forma sintetica della sua unità; si tratta cioè di determinare una nozione sintetica alla quale si possano attribuire tutte le proprietà che partitamente sono attribuite al discorso di S.T.M. e che quindi ne costituisca quasi il sostegno, la condizione sufficiente di esistenza. Sulla natura di questa unità, continua il Pastore, si può pure discutere; ma la sua funzione è indispensabile, perchè è la forma logica del discorso, cioè la condizione intuitiva,

---

[1] La logica della ricerca scientifica, in L.S, p. 19-20.

sintetica, della condizione discorsiva, analitica, l'U del D. L'U della fisica si presenta quindi come un'ipotesi ausiliaria, non deducibile dagli elementi del sistema e pur necessaria per interpretarlo. Ora lo sviluppo storico della fisica ci presenta diverse ipotesi sucessivamente introdotte per il sistema fisico riferito allo spazio e al tempo di Galileo-Newton; ma esse si riducono essenzialmente allo sviluppo dell'idea dell'etere; per cui si può dire senz'altro che l'U della fisica deve essere interpretato come etere. Così ad esempio, « nella meccanica di Newton lo spazio assoluto ha virtualmente le proprietà dell'etere; e realmente ne adempie la funzione fisica. Fizeau concepisce l'etere come quasi rigido ed immobile, una specie di spazio materializzato imponderabile dotato delle proprietà elastiche dei corpi rigidi ponderabili. Maxwell mantiene all'etere le proprietà meccaniche attribuitegli da Fizeau ma collegate in modo più complesso. Hertz concepisce l'etere come un mezzo imponderabile dotato sia di proprietà meccaniche sia di proprietà elettriche ... Lorentz spoglia l'etere delle proprietà meccaniche e lo pensa come campo immobile, (e rappresenta così) il punto di trapasso tra le vecchie concezioni dell'etere riflettenti le idee assolute di spazio e tempo e le nuove concezioni della meccanica relativistica e quantistica ... La meccanica relativistica porta un ulteriore mutamento nella concezione dell'etere [2]. Nel caso della relatività generale l'etere diventa l'espressione concettiva unitaria delle proprietà fisiche dello spazio-tempo ». Il Pastore conclude questa rassegna con la frase di Einstein: « Lo sforzo inteso a stabilire l'unità concettiva della natura delle forze fisiche condusse così all'ipotesi dell'etere » [3].

Dunque lo sviluppo storico della fisica dimostra che non è possibile risolvere il problema del sistema fisico con soli procedimenti D, vale a dire con i soli enti che entrano nello sviluppo deduttivo delle leggi fisico-matematiche; ma è necessario intro-

---

[2] Il Pastore nota che « nel caso della relatività ristretta si usa dire che l'etere non esiste. Ciò significa invece che l'ipotesi dello spazio vuoto sostituisce l'ipotesi dell'etere, ammettendo che lo spazio vuoto possegga proprietà fisiche. (Quindi) l'etere viene negato solo come distinto dal continuo spazio-temporale ». Sul D.U, in LdP, p. 121.

[3] Ibid., p. 120-122.

durre un'ipotesi ausiliaria, ossia la funzione logica U che fonda la pensabilità stessa del sistema fisico e le condizioni generali di esistenza degli enti primitivi che sono sistematicamente indipendenti [4].

Dopo questa interpretazione logica generale della fisica, il Pastore passa ad esaminare le principali teorie della fisica moderna, cercando sempre di darne una spiegazione dal punto di vista della LdP, cioè determinando in ognuna il D e l'U. Si presenta quindi ad ogni passaggio sempre il medesimo problema, cioè la trasformazione di un D.U in un altro D.U, che, come è stato detto, trova la sua soluzione secondo la LdP nell'impianto dell'equazione logica fondamentale $\frac{D}{U} = \frac{D'}{U'} = $ cost. E' questa equazione logica che applicata alla fisica, cioè trasformata in un'equazione fisico-matematica, deve dare al Pastore la possibilità di dedurre a priori la legge di trasformazione della fisica classica di Galileo-Newton, nelle nuove fisiche relativistica, ondulatoria, indeterministica, di Einstein, De Broglie, Heisenberg, etc.

2. — IL MONDO DELLA RELATIVITÀ.

Il problema della relatività, dice il Pastore, si presenta nella fisica propriamente come il problema del corpo di riferimento; è noto infatti che noi determiniamo il movimento di un corpo in generale riferendo il corpo mobile ad un altro corpo ritenuto immobile, che si dice corpo o punto o sistema di riferimento. Gli antichi, persuasi dell'immobilità assoluta della terra, posta al centro dell'universo sferico, avevano presto risolto il problema ponendo come termine ultimo di riferimento la terra stessa. Gradualmente però, specie con i progressi compiuti dalla scienza moderna da Galileo a Einstein, l'umanità si è venuta avvicinando sempre più alla completa risoluzione dell'ente in relazione, che ha trovato il suo compimento nella relatività universale della LdP [5].

---

[4] Questa interpretazione logica di un'ipotesi fisica quale l'etere, mi sembra una teoria veramente inaccettabile, come dirò nell'ultimo capitolo.

[5] *Nuovi orizzonti di filosofia teoretica*, in *Logos*, 1922, p. 19.

In questo progredire rivoluzionario del principio relativistico il Pastore distingue quattro fasi: 1) la relatività classica di Galileo, 2) la relatività speciale di Einstein, 3) la relatività generale di Einstein, 4) la relatività universale della LdP.

Galileo infatti, secondo il Pastore, deve essere considerato come il primo relativista. Egli per fissare la determinazione del movimento abbandona il vecchio pregiudizio dell'ente assoluto, come sostrato invariabile e indipendente, ed assume invece il sistema di riferimento spazio-temporale, ossia le quattro coordinate x, y, z e t, associando così per la prima volta lo spazio e il tempo in relazione di interdipendenza. Su questo sistema di riferimento si impianta la cosidetta trasformazione di Galileo e tutta la sua meccanica. Nella espressione puramente matematica la relatività di Galileo afferma che le equazioni della meccanica classica restano invarianti quando ad esse si applichi una trasformazione galileiana; quando cioè al posto del sistema di coordinate iniziali si applichi un secondo sistema di coordinate in moto rettilineo uniforme relativamente al primo sistema. Dal punto di vista fisico alla base della relatività classica è il principio di inerzia di Kepler, per il quale un corpo rimane nel suo stato di quiete o di moto uniforme se non intervengono forze esterne: perciò fenomeni meccanici interni al sistema stesso non possono rivelare se il sistema è in quiete assoluta o in moto uniforme. Questo equivale appunto all'abbandono di un punto assoluto di riferimento fisso, che viene sostituito con un sistema puramente relativo all'osservatore. Ma dal punto di vista logico, secondo il Pastore, Galileo non ha saputo pervenire alla relatività universale nè riconoscere il principio logico della variazione relativa degli enti, per cui ciascun ente varia al variare degli enti del discorso. Galileo infatti ha mantenuto nelle relazioni fondamentali i valori costanti, è rimasto attaccato all'intuizione geometrica invariabile d'Euclide e ritiene sempre il tempo invariabile ed identico per qualunque osservatore [6].

La relatività classica di Galileo è stata superata dalla relatività speciale e generale di Einstein. Il problema fisico che Ein-

---

[6] Sul D.U, in LdP, p. 113-116.

stein si proponeva, in seguito alle famose esperienze di Michelson, era il seguente: « E' possibile pensare una relazione fra luogo e tempo dei singoli avvenimenti rispetto ad entrambi i corpi di riferimento, tale che ogni raggio di luce possegga rispetto alla strada e rispetto al treno velocità di propagazione c? » [7]. Ovvero, se si considera l'aspetto matematico, è possibile determinare un sistema di trasformazione tale che le formule esprimenti non solo le leggi della meccanica, come era nella relatività galileiana, ma anche quelle dell'elettromagnetismo e della propagazione della luce, rimangano invariate rispetto ad un qualunque sistema galileiano? Il problema ammette una risposta affermativa a patto però di abbandonare come sistema di riferimento l'intuizione empirica dello spazio tridimensionale euclideo e il concetto di tempo assoluto invariabile; il che si ottiene applicando la formula di trasformazione di Lorentz:

$$x' = \frac{x - vt}{\sqrt{1 - \frac{v^2}{c^2}}} ; \quad y' = y; \quad z' = z; \quad t' = \frac{t - \frac{\beta}{c} x}{\sqrt{1 - \frac{v^2}{c^2}}}.$$

A questo punto il Pastore introduce una considerazione che è uno dei punti più originali della sua teoria e che egli considera come la principale conferma pratica della LdP. Questa importante applicazione della LdP alla fisica è stata proposta per la prima volta nel saggio VnR, e noi l'abbiamo già accennata, portandola come esempio concreto di equazione logica.

Il Pastore prende come punto di partenza il passaggio dallo spazio euclideo a tre dimensioni ($ds^2 = dx^2 + dy^2 + dz^2$) allo spazio-tempo pseudoeuclideo di Minkowski a quattro dimensioni il cui elemento è espresso da: $d\sigma^2 = dx^2 + dy^2 + dz^2 - c^2 dt^2$. Einstein, continua il Pastore, e tutta l'interpretazione logica usuale della relatività hanno creduto di aver assorbito il tempo nello spazio. Ma questa interpretazione al Pastore appare insufficiente. Infatti con la sostituzione del $d\sigma^2 = f(x,y,z,t)$ al $ds^2 = f(x,y,z)$, si è operato il passaggio da un sistema di tre enti ad un sistema

---

[7] Einstein, citato dal Pastore, Introduzione alla teoria delle equazioni logiche, in LdP, p. 74.

di quattro, operazione che nella LdP rientra nella formula generale del passaggio da un D_n a un D_{n+1}. Ricordando quindi che ogni combinazione di n elementi si deve scindere logicamente in D e U, si capisce che il t essendo diventato un elemento del nuovo D non può più adempiere la funzione U che, come abbiamo visto nel capitolo precedente, ha nei riguardi dello spazio tridimensionale. Occorre pertanto costruire un altro tempo che abbia rispetto a D_{n+1} la stessa funzione di t rispetto a D_n. Il tempo τ pertanto, osserva il Pastore, che viene introdotto nella teoria della relatività, « non è un artificio di calcolo o un'arbitraria interpretazione di una formula fisica relativistica, ma risponde a una necessità strettamente logica, essendo una condizione necessaria del pensare »[8].

Per ottenere il valore effettivo del nuovo $U(\tau)$, il Pastore ricorre alla sua equazione logica generale: $\frac{D}{U} = \frac{D'}{U'} =$ cost., che si può anche scrivere: $\frac{U'}{U} = \frac{D'}{D}$ e che stabilisce la relazione di proporzionalità tra i D e gli U. Basterà infatti esprimere i D e gli U in termini sistematici fisco-matematici, perchè l'equazione logica si trasformi immediatamente in una proposizione discorsiva nella quale è possibile operare le trasformazioni secondo le norme del calcolo matematico. Mettendo a confronto i vari punti in cui l'autore spiega l'impostazione di questa equazione risulta ben chiaro quali siano i termini sistematici che corrispondono ai D e agli U: il D è ds^2, cioè lo spazio tridimensionale euclideo; il D' è il $d\sigma^2$, cioè lo spazio di Minkowski; l'U è un U(t), che il Pastore specifica in t^2; finalmente l'U' è la funzione incognita da ricercare che sarà una $U(\tau)$ analoga alla U(t). La condizione che l'equazione deve esprimere è « la proporzionalità tra gli elementi D (ds^2, $d\sigma^2$) e gli elementi U (t^2, τ^2), cioè tra gli elementi di spazio costituenti le condizioni analitiche o deduttive del discorso e gli elementi di tempo costituenti le condizioni sintetiche e intuitive dell'universo »[9]. Pertanto l'equazio-

---

[8] Sul D.U., in LdP, p. 110.

[9] Sull'invariante logico nelle equazioni fondamentali della teoria della relatività ristretta, in L.S, p. 46. Data l'importanza di questo punto, riporto in nota altri due passi importanti nei quali il Pastore spiega l'im-

ne desiderata deve essere evidentemente la seguente: $\frac{U(\tau)}{U(t)} = \frac{d\sigma_z}{ds}$ ovvero: $\frac{ds^2}{t^2} = \frac{d\sigma^2}{\tau}$; dalla quale con successivi passaggi si ottiene la relazione: $t = \frac{1}{\sqrt{1 - \frac{c^2}{v^2}}} \tau$, ben diversa dalla nota formula di trasformazione del Lorentz.

Il Pastore invece nel citato saggio VnR, dopo le parole riferite nella nota precedente, soggiunge semplicemente: « Facendo la più semplice delle ipotesi potremo supporre che la U(t) sia un elemento della U (τ) come t è un elemento di dσ², sia cioè

$$\frac{U(\tau)}{U(t)} = \frac{d\sigma^2}{-c^2 dt^2}$$

cioè, con semplici trasformazioni:

$$U(t) = \frac{1}{\sqrt{1 - \frac{v^2}{c^2}}} U(\tau).$$

Per $U(t) = t^2$, $U(\tau) = \tau^2$ questa formula diventa *la trasformazione di Lorentz*

$$t = \frac{1}{\sqrt{1 - \frac{v^2}{c^2}}} \tau \text{ »}\ [10].$$

Se non ci fosse la sostituzione della nuova ipotesi invece della tante volte enunciata proporzionalità fra i D e gli U, per

---

postazione della sua equazione: « Dal punto di vista logico il dσ² differisce dal ds², per essere un discorso di quattro enti in luogo di tre; e posto che l'universo U di ds² è t, all'elemento dσ² deve corrispondere un Universo U(τ) come funzione analoga alla U(t) ». VnR, in LdP, p. 20. — « Nel sistema di Galileo c'è un D e un U. Il D è lo spazio d'Euclide, l'U è il tempo. Lo spazio d'Euclide è definito dall'elemento lineare ds². U è U(t). Passando dallo spazio e tempo di Galileo allo spazio-tempo di Minkowski si nota che il nuovo D' è caratterizzato da un nuovo elemento lineare (dσ²). Diciamo che correlativamente deve esistere l'U' di D'. Supposta valida la proporzionalità dei D.U, U'(τ) resta definito dalla proporzione e si può ricavare la sua espressione analitica e la sua relazione con U(t) ». La LdP nelle sue relazioni con la scienza e la filosofia, in LdP, p. 28.

[10] VnR, in LdP, p. 20-21.

cui il termine $-c^2dt^2$ prende il posto dell'elemento di spazio ds^2, il risultato ottenuto dal Pastore non mancherebbe di destare ammirazione per la bella coincidenza; sarebbe una forte conferma del formalismo posto in atto dal Pastore con la sua LdP e con la teoria delle equazioni logiche. Si potrebbe tuttavia ancora affermare che il significato logico di questa funzione τ rimane ancora oscuro; nè si comprende come il tempo proprio abbia nella teoria della relatività lo stesso compito logico che l'etere nella fisica classica o il tempo ordinario nella geometria.

Però l'accennata sostituzione a mio parere distrugge tutto l'incanto della costruzione. Il secondo membro infatti secondo la teoria generale dovrebbe esprimere il rapporto tra i due discorsi, ossia tra i due elementi lineari; invece nel modo come è impiantata dal Pastore il secondo membro esprime il rapporto tra l'elemento lineare di Minkowski e la coordinata temporale $-c^2dt^2$, cioè è l'espressione sintetica del rapporto D-U, come l'autore stesso riconosce in un recente suo scritto [11]. L'equazione quindi invece di esprimere la proporzionalità tra gli elementi D e gli elementi U, assume questa ibrida forma:

$$\frac{U(\tau)}{U(t)} = \frac{D(d\sigma^2)}{U(-c^2 dt^2)}$$

Questa osservazione che non è stata mai avanzata dai critici della LdP, tocca un punto vitale della nuova teoria, giacchè l'impianto dell'equazione logica, fondato sul principio del potenziamento logico, è uno degli elementi più importanti e caratteristici della LdP e questa particolare equazione è la principale applicazione concreta che il Pastore abbia fatto di questa teoria. La sua inconsistenza quindi compromette seriamente tutto l'edificio della LdP e in particolare la teoria delle equazioni logiche che privata di ogni seria applicazione risulta come una teoria puramente formalistica, priva di pratica attuazione.

Non avendo avvertito ciò, il Pastore prosegue nella sua teoria concludendo che « la trasformazione di Lorentz è l'espres-

---

[11] Sullo sviluppo delle operazioni logiche, in *Atti della RAST*, v. 75, p. 9, nota.

sione della proporzionalità tra le due meccaniche e in pari tempo l'equazione fondamentale per il passaggio dall'una all'altra. Per questo motivo la trasformazione di Lorentz non è una relazione puramente sistematica o discorsiva, ma è la traduzione fisica di una equazione logica intersistematica » [12].

Ma il progresso rivoluzionario del principio di relatività è andato oltre questo secondo stadio affermandosi nel terzo periodo come relatività generale. Anche il passaggio dalla relatività ristretta alla relatività generale si compie per il Pastore come un processo di potenziamento da n a $n + 1$ enti nel senso della LdP. Ci sembra di poter interpretare il pensiero del Pastore paragonando questo passaggio al passaggio dalla aritmetica e geometria tridimensionale alla fisica; in questo infatti alle nozioni puramente spaziali e temporali della matematica si aggiunge la nozione di massa, forza, gravitazione, e quindi è necessario considerare l'etere come una forma sintetica che rende possibile il D della fisica come S.T.M. Anche nella teoria della relatività ristretta si considerano relazioni puramente spaziali e temporali, benchè in complicazioni diverse da quelle della geometria tridimensionale [13]; la teoria della relatività generale riprende in considerazione i campi gravitazionali e quindi ritorna esplicitamente all'ipotesi dell'etere che la relatività ristretta aveva apparentemente negato [14]. In questa concezione dell'etere la teoria della relatività generale si mostra come un caso di potenziamento completo del discorso. Ricordiamo che secondo il teorema del potenziamento logico, si ha il potenziamento completo di un discorso di n termini quando il grado dell'universo coincide con il numero degli enti del discorso. In esso lo sviluppo del discorso coincide con lo sviluppo dell'universo e ogni termine dello sviluppo è di

---

[12] Introduzione alla teoria delle equazioni logiche, in LdP, p. 76.

[13] Ciò non è esatto, perchè anche la relatività ristretta è una teoria fisica e non una geometria; anche nella relatività ristretta, per es., si considera la massa, affermandone la sua variabilità in funzione della velocità. Perciò il D della relatività ristretta non è solo S T, ma S T M; e quindi l'equazione logica, esposta più sopra, zoppica anche per un altro verso.

[14] Sul D.U, in LdP, p. 116 e 122.

grado n [15]. Nella relatività generale si ha appunto questa perfetta coincidenza tra D e U, tanto che l'U sparisce come nozione distinta e sembra inesistente. In realtà l'U si identifica col D in quanto al continuo gravitazionale vengono attribuite da Einstein le stesse proprietà dell'etere. Non si ha più quindi una distinzione visibile tra il discorso e l'universo come appare nella fisica classica e nella relatività ristretta dove ai continui S.T.M. si aggiunge una forma sintetica come U. Nella relatività generale invece si ha « l'unità spazio-tempo-massa come D e nessun ente estrinseco come U, perchè il D coincide con l'U, cioè il discorso ha la forma del suo universo che è il caso definito da noi come potenziamento completo » [16].

Tuttavia anche la teoria della relatività generale non ha la coscienza del procedimento logico che è in essa implicito, e quindi anche essa, come le precedenti forme di relatività, si afferma non come teoria filosofica, ma solamente come teoria scientifica; anzi, non pervenendo neppure essa alla totale risoluzione dell'ente in relazione, piuttosto che teoria della relatività dovrebbe chiamarsi semplicemente teoria del corpo di riferimento. Infatti, come il Pastore osservava fin dalla prolusione del 1922, ciò che Einstein si propone di determinare è unicamente un sistema di riferimento che lasci invariate le equazioni della fisica. A questo scopo nella relatività generale si giunge ad abbandonare ogni sistema rigido ed assoluto per assumere come sistema di riferimento le coordinate gaussiane a quattro dimensioni, o come si suol dire, un mollusco di riferimento [17].

Compito della filosofia teoretica è invece quello di giungere a concepire la relatività come la condizione essenziale così dell'essere che del conoscere, affermando la subobiettività della realtà non meno che del pensiero, abbandonando definitivamente la metafisica dell'assoluto e sostituendola con la LdP. Lo spazio e il tempo non restano più due entità concettualmente distinte e complete anche se funzionalmente coordinate, come neppure restano

---

[15] Mosso, Principi di LdP, p. 305.
[16] La logica della ricerca scientifica, in L.S, p. 28-29.
[17] Nuovi orizzonti, in *Logos* 1922, p. 24.

inavvertite e confuse insieme; ma vengono identificate distintamente nel senso che spazio e tempo « costituiscono un'identica unità nella quale uno (cioè lo spazio) è la materia, l'altro (il tempo) è la forma; e l'uno è insussistente senza l'altro » [18]. Le trasformazioni fisiche più diverse vengono allora comprese come casi particolari di una teoria logica più generale, determinante le condizioni generali di formazione e trasformazione dei sistemi ed esprimente le relazioni di invarianza tra le forme fondamentali del pensiero. « A questo titolo si può dire che l'intuizione generale di Einstein non solo può essere ma è già di fatto superata dall'intuizione più generale di Mosso, che essendo intuizione logica è propriamente universale » [19]. E con questa intuizione si ottiene « quel sistema di equazioni logiche e principi logici che è il mondo del potenziamento logico, che noi chiameremo senz'altro il mondo di Mosso » [20].

3. — LA MECCANICA ONDULATORIA.

Il Pastore, incoraggiato dai risultati di queste sue ricerche applicate alla fisica, procede a nuove applicazioni in prova dell'efficacia metodica della *praxis* del potenziamento, passando dalla fisica relativistica alla nuova fisica quantistica. Un primo accenno si ha già nel saggio *Sul D. U,* dove afferma che il passaggio dalla fisica relativistica alla fisica di Dirac, Kaluza, Klein, si ottiene per l'introduzione di una quinta dimensione e, oltre le quattro del continuo spazio-temporale di Minkowski: x, y, z, t. Ora come allo spazio quadridimensionale D', così al nuovo D'' pentadimensionale dovrà corrispondere un nuovo modello U'', che fondi la condizione sintetica di coesistenza delle cinque variabili indipendenti: x, y, z, t, e; determini cioè la possibilità logica di un nuovo sistema, ottenuto col solito passaggio da n a $n + 1$ elementi costitutivi [21].

---

[18] Sul D.U, in LdP, p. 116.
[19] La logica della ricerca scientifica, in L.S, p. 29.
[20] Introduzione alla teoria delle equazioni logiche, in LdP, p. 89.
[21] Sul D.U, ib., p. 122.

Pertanto il problema logico, che secondo il Pastore viene imposto dalle nuove teorie fisiche, si può esprimere sempre con la stessa forma: trovare il nuovo U del nuovo D mediante l'impianto dell'equazione logica: $\frac{D}{U} = \frac{D'}{U'} =$ cost. Seguiamo gradatamente l'autore nelle sue applicazioni logiche, che lo porteranno fino alla determinazione della nuova funzione U nello scalare di campo ψ della meccanica ondulatoria.

Egli comincia col mostrare che le relazioni della meccanica ondulatoria e in particolare le equazioni di De Broglie e di Schrödinger, devono considerarsi logicamente come «una derivazione dell'equazione logica fondamentale della trasformazione di Lorentz, $\frac{U}{U} = \frac{d\sigma^2}{-c^2 dt^2}$»[22]. Questo rapporto infatti stabilisce come legge generale una proporzionalità per ogni grandezza fisica G e G_0, per la quale si può sempre porre: $G = \frac{1}{\sqrt{1-\beta^2}} G_0$ [23].

In una breve memoria presentata alcuni anni dopo alla R. Accademia delle Scienze dell'Istituto di Bologna, il Pastore fece varie applicazioni di questo principio mostrando come le varie relazioni fondamentali della meccanica ondulatoria possono essere dedotte dando valori particolari alle U (t) e U (τ). Prendiamo per esempio la formula della frequenza d'onda $\nu = \frac{\nu_0}{\sqrt{1-\beta^2}}$.

Il De Broglie introduce questa formula per giungere al suo scopo di associare un'onda al corpuscolo. Partendo infatti dall'ipotesi che l'onda nel sistema collegato al corpuscolo debba essere un'onda stazionaria, osserva che la sua equazione dipenderà dal tempo solo per il fattore $\cos 2\pi\nu_0 t_0$, dove ν_0 designa la frequenza propria del corpuscolo, riferita ad un sistema di riferimento collegato al corpuscolo. Se noi ora riferiamo tale onda ad un sistema di riferimento in modo relativo, con velocità rettilinea uniforme $v = \beta c$, detto fattore si trasformerà per la formula di Lorentz in $\cos 2\pi\nu_0 \frac{t - \frac{\beta}{c}x}{\sqrt{1-\beta^2}}$. Qui intervengono le due posizioni fondamentali di De Broglie, che gli permettono di

---

[22] Introduzione, cit., p. 82.
[23] Ibid., p. 78.

costruire l'equazione dell'onda associata, dotata di una determinata frequenza ν e di una velocità di fase V lungo l'asse delle x, in direzione concorde con la velocità v del corpuscolo, che possiamo definire con le formule:

$$\nu = \frac{\nu_0}{\sqrt{1-\beta^2}}, \qquad V = \frac{c}{\beta} = \frac{c^2}{v}.$$

Allora il fattore suddetto si potrà scrivere: $\cos 2\pi\nu \left(t - \frac{x}{V}\right)$.

Evidentemente in questo ragionamento l'elemento importante che viene introdotto non è tanto la proporzionalità fra il ν e il ν_0, che il De Broglie stesso tiene a far osservare che è « una conseguenza semplice e diretta del modo con cui la variabile tempo si trasforma nella teoria della relatività »; quanto il concetto stesso di frequenza ν e quello della velocità di fase dell'onda associata al corpuscolo [24].

Il Pastore dunque, nella citata memoria [25], vuole dedurre la proporzionalità tra ν e il ν_0 dalla sua formula $\frac{-c^2 dt^2}{d\sigma^2} = \frac{U\ )}{U(\tau)}$ dando alle funzioni generali U (t) e U (τ) valori particolari e cioè due periodi T_0^2 e T^2. Si avrà infatti con successivi passaggi, ricordando che $\nu = \frac{1}{T}$:

$$T_0^2 = \frac{-c^2 dt^2}{d\sigma^2} T^2$$

$$T_0^2 = \frac{1}{1-\beta^2} T^2$$

$$\frac{1}{T} = \frac{1}{\sqrt{1-\beta^2}} \frac{1}{T_0}$$

$$\nu = \frac{\nu_0}{\sqrt{1-\beta^2}}.$$

Da questa formula, moltiplicando ambo i membri per la costante di Plank h, il Pastore deduce anche la relazione fra l'energia W

---

[24] DE BROGLIE, Introduction à l'étude de la mécanique ondulatoire, Paris Hermann, 1930, p. 36-37.

[25] Sull'invariante logico delle equazioni fondamentali della teoria della relatività ristretta, in L.S, p. 44.

e W₀. Quindi riassumendo le equazioni di De Broglie nelle espressioni: $v = \beta c$, $V = \frac{c}{\beta}$, afferma che le equazioni fondamentali della meccanica ondulatoria e tutte le relazioni derivanti dalla connessione fra il punto e l'onda si riducono all'equazione:

$$\frac{v}{V} = \frac{v^2}{c^2} \text{ cioè } vV = c^2,$$

« che esprime la proporzionalità fondamentale logica tra i D e gli U di due sistemi. Ciò significa che questa relazione fisica ha il senso logico di relazione di trasformazione di sistemi. Poichè in essa sono presenti necessariamente due intuizioni logiche U è impossibile ridurre il problema ad una di queste intuizioni compresenti; in particolare è impossibile interpretare tale relazione nell'intuizione sensibile » [26].

In queste riduzioni però, a nostro avviso, il Pastore trascura di mettere in luce alcune delle intuizioni proprie del De Broglie e che sono del tutto fondamentali e necessarie per stabilire la teoria ondulatoria come nuovo sistema discorsivo D; è proprio infatti della funzione intuitiva U di stabilire le condizioni necessarie e sufficienti per un D, dando la descrizione completa degli elementi tra di loro indipendenti senza i quali è impossibile la deduzione. Ora nei riguardi delle frequenze, il Pastore con una semplice determinazione delle funzioni U, cioè delle differenze di tempo t e τ, crede di poter dedurre dalla formula di trasformazione di Lorentz l'espressione che lega le frequenze del corpuscolo e dell'onda associata. Ma questa deduzione non è esatta, perchè trascura appunto la novità che è introdotta dal De Broglie e che non è deducibile dagli elementi del sistema precedente, la teoria della relatività. La formula di trasformazione di Lorentz esprime semplicemente la trasformazione della misura del tempo di un determinato evento da un sistema di riferimento connesso con l'evento stesso ad un sistema mobile relativamente ad esso. Ma il De Broglie nella sua meccanica ondulatoria introduce una terza frequenza; cioè oltre la frequenza propria del corpuscolo v_0 e la medesima frequenza misurata da un osser-

---

[26] Introduzione alla teoria delle equazioni logiche, in LdP, p. 79.

vatore in moto relativo, la quale si può dedurre dalla formula di Lorentz: $\nu_1 = \nu_0 \sqrt{1-\beta^2}$, si ha la frequenza dell'onda associata $\nu = \dfrac{\nu_0}{\sqrt{1-\beta^2}} = \dfrac{\nu_1}{1-\beta^2}$ che è un elemento irreducibile sotto l'aspetto D a nessun altro elemento del discorso e che si ottiene solo mediante un'intuizione logica U, secondo la terminologia della LdP [27].

Anche quanto alla formula $W = h\nu$, il Pastore non rileva affatto l'innovazione introdotta dal De Broglie, per mezzo di questa espressione materialmente identica all'equazione di Plank, ma concettualmente molto diversa, in quanto che nella meccanica ondulatoria questa formula lega fra loro le grandezze meccaniche, massa, energia, quantità di moto, che caratterizzano il corpuscolo, e le grandezze ondulatorie, frequenza, velocità di fase, lunghezza dell'onda associata, ecc. Il De Broglie disponeva di due equazioni distinte ed indipendenti: l'equazione di Plank: $W = h\nu$, riguardante l'energia raggiante, e l'equazione della teoria della relatività: $W = \dfrac{mc^2}{\sqrt{1-\beta^2}}$, riguardante l'energia del corpuscolo in moto. Richiamandosi allora alla relazione da lui precedentemente stabilita tra ν e ν_0, egli si sente autorizzato a legare l'energia del corpuscolo alla frequenza di un'onda associata mediante la relazione $W = h\nu$, dove h designa una costante che sarà ovvio considerare eguale alla costante di Plank [28]. Questa equazione quindi esprime appunto l'intuizione del De Broglie per cui ogni corpuscolo dotato di energia W e di velocità v ha associata un'onda di frequenza $\nu = \dfrac{W}{h}$ e di velocità di fase $V = \dfrac{c^2}{v}$.

L'analisi del Pastore si estende poi alla teoria di Schrödinger, i cui elementi costitutivi fondamentali devono, secondo la LdP, venire unificati in una sola formula D mediante una nuova

---

[27] De Broglie, Introduction à l'étude de la mécanique ondulatoire, p. 38-39.

[28] Ibid., p. 42-44. Il Persico fa vedere che tale coincidenza è giustificata anche su solide basi sperimentali. Cf. Persico, Fondamenti della meccanica atomica, Bologna, Zanichelli, 1945, p. 83.

forma logica U. Ora la intuizione logica che fonda la possibilità del nuovo D non può essere rappresentata nè dallo spazio e tempo di Galileo, nè dal continuo spazio-tempo di Minkowski, ma richiede un nuovo spazio che è lo spazio delle configurazioni definito dall'elemento $ds^2 = 2T(q_k, q'_k) dt^2$ [29]; tale spazio costituisce dunque il D della meccanica ondulatoria.

Quindi il Pastore dimostra l'equivalenza fra l'equazione di Schrödinger e la sua equazione logica fondamentale: $\frac{D}{U} = \frac{D'}{U'} = c$. In questa equazione infatti il rapporto $\frac{D}{U}$ tradotto in termini fisici rappresenta una velocità, cioè uno spazio diviso un tempo, velocità che si afferma essere un'invariante logico generale ed è rappresentato dalla lettera c. Ne segue che l'equazione logica fondamentale si potrà trasformare nella formula $\frac{D}{U} \cdot \frac{D'}{U'} = c^2$, ossia $vV = c^2$. Ora a tale formula si riduce anche l'equazione di Schrödinger, come si può verificare eseguendo i passaggi accennati dal Pastore [30].

Il Pastore da ciò conclude « che la teoria delle equazioni logiche ha portato un'altra bella conferma dell'applicabilità della LdP allo studio della meccanica ondulatoria, dimostrando che l'equazione di Schrödinger, nella stessa forma logica di quella di Lorentz, è un'equazione di trasformazione di sistemi » [31].

Ma bisogna dire che anche questa seconda applicazione dell'equazione logica convince poco, rappresentando un vano sforzo che conduce a risultati puramente formalistici. Il Pastore afferma che l'equazione logica della LdP coincide con quella di Schrödinger e che il c posto nell'equazione logica come invariante logico delle trasformazioni da sistema a sistema coincide con l'invariante fisico c, ossia con la velocità della luce. Al luogo citato infatti afferma che l'equazione logica, sostituendo in essa ai termini logici i termini fisici, si trasforma nell'equazione fisica:

---

[29] Introduzione alla teoria delle equazioni logiche, in LdP, p. 80. Il Pastore pone l'espressione: $ds^2 = 2T(q_k, q'_k) dt$, dovuta forse ad un errore di stampa. Cf. BLOCH, L'ancienne et la nouvelle théorie des quanta, Paris, Hermann, 1930, p. 280.

[30] Introduzione, cit., p. 81, nota.

[31] Ibid., p. 82.

vV = c². Ora ciò non è esatto come è facile verificare. Infatti sostituendo i termini logici con i termini fisici non solo non compare in alcun modo la velocità di fase $V = \frac{c^2}{v}$, ma neppure si ottiene il c² a secondo membro, giacchè:

$$-\frac{c^2 dt^2}{dt^2} \cdot \frac{d\sigma^2}{d\tau^2} = -c^2 \cdot -c^2 = c^4, \text{ ovvero } \frac{\sqrt{-c^2 dt^2}}{dt} \cdot \frac{d\sigma}{d\tau} = ic.ic = -c^2.$$

Se poi si tiene conto dell'osservazione fatta all'articolo precedente e si pone: $\frac{D}{U} = \frac{ds^2}{dt^2} = v^2$ e $\frac{D`}{U`} = \frac{d\sigma^2}{d\tau^2} = -c^2$, scompare l'invariante logico c e si avrà: $\frac{ds^2}{dt^2} \cdot \frac{d\sigma^2}{d\tau^2} = -v^2 c^2$. Ed inoltre, mi domando, con quale fondamento il Pastore identifica l'invariante logico con una realtà fisica così concreta quale la velocità della luce?

Riprendendo l'esposizione della teoria del Pastore rimane da assegnare formalmente la nuova funzione logica U, cioè l'universo del discorso proprio della nuova meccanica: è quanto faremo dopo di aver esaminato insieme al nostro autore il principio di indeterminazione di Heisenberg e le innovazioni da esso apportate al metodo sperimentale della scienza fisica.

4. — IL PRINCIPIO DI INDETERMINAZIONE DI HEISENBERG.

La scoperta del *quanto d'azione* fatta dal Planck nel 1900, estesa nel 1905, da Einstein, nei riguardi della luce col concetto dei *quanti di luce* o *fotoni*, fu uno dei primi stimoli che spinsero i fisici ad associare la concezione corpuscolare con quella ondulatoria sia per la struttura della materia che per quella della luce. Aveva così origine, tra il 1924, data della memorabile tesi del De Broglie, e il 1926, la meccanica ondulatoria suggerita primitivamente dal De Broglie e subito sviluppata e posta in nuova luce da Erwin Schrödinger. Le loro previsioni sulla diffrazione di un fascio di corpuscoli attraverso un reticolo ricevevano nel 1927 una meravigliosa conferma sperimentale con le esperienze eseguite per la prima volta da Davisson e Germer [32]. Ma il quanto di Planck originava in quei medesimi anni un'altra meccanica quantistica che pur partendo da concezioni diversissime e seguendo vie formali diverse, giungeva a risultati identici. Questo metodo fu inaugurato da Werner Heisenberg con una nota pubblicata nel luglio 1925 e poi ampiamente sviluppato dallo stesso Heisenberg, da Born, Jordan, Dirac, ecc. Due sono gli elementi caratteristici della nuova teoria: la rinunzia a qualsiasi modello geometrico-meccanico dell'atomo e il principio di indeterminazione.

Heisenberg infatti si proponeva di collegare direttamente fra loro le varie grandezze osservabili, lunghezze d'onda, frequenze emesse, intensità, polarizzazione, ecc. senza far intervenire elementi non osservabili sperimentalmente, come lo sono molti degli elementi inerenti al modello atomico di Bohr-Sommerfeld: per esempio, la posizione dell'elettrone sull'orbita, il periodo di rivoluzione orbitale, la velocità, ecc. Le difficoltà incontrate per realizzare questo intento non erano superabili con i mezzi ordinarii dell'algebra; e quindi Heisenberg fu costretto a ricorrere ad un algoritmo matematico più elevato e complesso, il calcolo delle matrici, che prese così in qualche modo il posto del modello empirico delle precedenti teorie. Il progresso compiuto con questo metodo dall'Heisenberg sta, come afferma il Persico, « nell'aver potuto dedurre tutti i risultati, con unità di metodo, da un medesimo sistema organico di postulati, e quindi nell'aver sostituito ad una teoria fondata su basi parzialmente contraddittorie una teoria perfettamente coerente dal punto di vista logico » [33]. L'ultima ragione poi di questo stesso procedere è da ricercarsi nel cosidetto principio di indeterminazione. Secondo questo principio è non solo praticamente, ma anche concettualmente impossibile determinare con precisione la posizione e la velocità (o il momento di moto p) di un corpuscolo o di un fotone; dette Δx e Δp le due imprecisioni od errori, si dimostra che il loro prodotto è

---

[32] Persico, Fondamenti della Meccanica atomica, p. 71-81.

[33] Ibid., p. 69-70. Cf. Castelfranchi, Fisica moderna, Milano, Hoepli, 1941, p. 503 e 533.

al minimo dell'ordine di grandezza della costante di Plank, ossia $\Delta x.\Delta p \geq h$ [34].

Un ragionamento logico indusse gli autori della teoria dell'indeterminazione ad ulteriori conseguenze. La fisica, si disse, ha per oggetto i dati di osservazione e quindi deve operare necessariamente su enti che siano rivelabili e definibili mediante esperienze, se non praticamente, almeno concettualmente possibili. In altre parole « ogni concetto della fisica deve essere suscettibile di una *definizione operativa,* cioè poter essere definito mediante una serie di operazioni fisiche concettualmente possibili ... E le sole questioni fisiche che abbiano senso sono quelle nelle quali ci si domanda il risultato di una o più esperienze che almeno concettualmente si potrebbero eseguire » [35]. Ora per il principio di indeterminazione gli elementi del moto di un fotone o di un corpuscolo sono concettualmente inosservabili. Quindi essi sono anche almeno in parte fisicamente indeterminati [36].

Il senso del principio di indeterminazione di Heisenberg è stato messo in maggior luce dal Bohr mediante il principio di complementarità; per il quale i due concetti di posizione e velocità, sebbene separatamente abbiano significato fisico preciso, pure non possono venire attribuiti simultaneamente in modo preciso alla stessa particella. Se si determina con tutta l'approssimazione voluta la coordinata x di una particella, si altera il moto della medesima con un impulso p_x il cui valore preciso è concettualmente impossibile conoscere; e viceversa se si determina con l'approssimazione che si desidera l'impulso della particella, se ne altera la posizione di una quantità concettualmente indeterminata [37].

Questi due elementi della meccanica quantistica: il principio di indeterminazione e di complementarità e la rinunzia ad ogni modello fisico nell'interpretazione dei fenomeni naturali, sono stati attentamente studiati dal Pastore, specialmente in due me-

---

[34] Castelfranchi, op. cit., p. 527-529.
[35] Persico, op. cit., p. 85.
[36] Ibid., p. 138 e altrove.
[37] Ibid., p. 147-148.

morie redatte in collaborazione con Pietro Mosso e presentate alla R. Accademia delle Scienze di Torino negli anni 1938 e 1939.

Il Pastore in primo luogo non poteva non rilevare l'innovazione metodica della meccanica quantistica: se agli inizi del secolo i difensori della teoria dei modelli meccanici e gli analisti puri avevano potuto discutere ancora ad armi pari, ora la teoria di Heisenberg sembrava portare un elemento decisivo e proprio contro quella teoria dei modelli fisici che era stata sempre nelle grazie del nostro autore. La teoria di Heisenberg dichiarava concettualmente impossibile ogni modello fisico, geometrico, meccanico nel mondo atomico ed infraatomico sia sulla natura dell'energia luminosa, che per la costituzione della materia; la difficoltà psicologica di spogliarsi di queste intuizioni sensibili era considerata la cagione di tutte le contradizioni che la fisica quantistica classica di Planck, Bohr, Sommerfeld, era stata forzata ad ammettere. Il Pastore in parte accusa il colpo, riconoscendo che i quattro momenti del metodo sperimentale debbono venire parzialmente modificati, in parte ne prende conferma per il principio da lui tante volte propugnato della necessità di sostituire l'intuizione logica U all'intuizione puramente sensibile e psicologica, incapace di spiegare la razionalità dei principi della scienza.

Una prima modifica del metodo sperimentale è dovuta al principio di indeterminazione. Infatti il punto di partenza del metodo sperimentale, che ne costituisce il primo momento, è l'osservazione dei dati dell'esperienza. Ma questa osservazione, quando si riferisce al mondo atomico, include un fattore di indeterminazione almeno eguale ad h, costante di Planck; quindi anche tutti gli altri momenti conseguenti devono contenere questo fattore di indeterminazione: esso cioè compare nell'ipotesi teorica o modello, modifica la deduzione, trasformando la determinazione esatta di velocità e di posizione in una determinazione probabilistica; ed infine si riscontra in egual misura nella verificazione dei risultati [38].

Ma una modificazione più importante deve essere introdotta.

---

[38] Il fondamento logico dei principi di indeterminazione di Heisenberg e di complementarità di Bohr, in L.S, p. 82-83.

nel secondo momento, cioè nell'ipotesi-modello. Da una parte l'ipotesi-modello non può essere abbandonata, perchè senza il modello non è possibile l'esperimento; dall'altra parte non può più essere costruita su enti d'intuizione sensibili. Come risolvere il problema? si domanda il Pastore; e risponde subito: « La fisica atomica ha superato brillantemente la difficoltà sostituendo al modello meccanico, composto con enti reali di intuizione sensibile, un complesso critico di operazioni puramente possibili ». Questo complesso di operazioni che il Pastore chiama modello condizionale operativo o modello funzionale possibile, viene dunque a sostituire il modello meccanico della fisica classica da Galileo ad Hertz. Vale a dire invece di operare sugli enti sensibili che in quest'ordine di esperienze non si possono avere, ed invece di introdurre enti non conformi alle intuizioni sensibili e quindi non giustificabili sperimentalmente, il nuovo metodo si propone di vincolare direttamente gli elementi e le grandezze osservate « con funzioni complesse non conformi a intuizioni sensibili, ma corrispondenti alla eseguibilità delle operazioni reali, desunta dalla critica delle nozioni e delle condizioni che si introducono nel ragionamento » [39].

Il nuovo modello, pur scostandosi dall'antico, ne conserva la fecondità e la funzione euristica, e con la sua natura logica mette in luce ciò che di più profondo era implicito nella teoria classica del modello sperimentale. Ricorderemo infatti che questa, secondo il Pastore, si fondava tutta sull'idea dell'infinita verità, che in ultima analisi richiede la piena indifferenza della verità logica al contenuto particolare dei sistemi e alla natura degli enti a cui si applica [40]. Se quindi il sistema ipotetico-deduttivo della nuova fisica è immateriale, tutto teorico, non meccanico, poco importa. Ogni modello, anche il modello meccanico, è una teoria che funziona logicamente. Abbandonare la materialità del modello meccanico e l'intuizione sensibile è stato richiesto dallo sviluppo della scienza; ma ciò non ha significato l'abbandono del metodo sperimentale. Anzi la fisica teorica moderna è più speri-

---

[39] Ibid., p. 83-84.
[40] La crisi della logica, in LdP, p. 53.

mentale dell'antica, essendo più condizionata dall'esperimento. Infatti con il quanto d'azione un nuovo ed importantissimo dato dell'esperienza è entrato nella teoria; e la limitazione, che nella nuova fisica viene a condizionare la libertà dei modelli della fisica classica, è una limitazione tratta dall'esperienza e quindi una limitazione sperimentale. Il calcolo stesso non è più usato come operazione indipendente, ma ogni trasformazione analitica deve corrispondere ad una operazione condizionalmente possibile nella realtà e portare a risultati ancora verificabili sperimentalmente nei limiti dell'indeterminazione [41].

Dopo l'interpretazione logica del nuovo metodo sperimentale richiesto dalla meccanica quantistica, il Pastore passa all'analisi dei principi di indeterminazione e complementarità, in relazione alla dualità operativa D. U. Egli scarta l'ipotesi di coloro che vorrebbero interpretare il principio di indeterminazione come una semplice imprecisione di misure eliminabile con mezzi di controllo; rigetta anche l'ipotesi contraria che l'indeterminazione sia una legge della natura in sè, giacchè « questa è di nuovo un'ipotesi metafisica che non fa per noi che vogliamo interpretare la fisica senza ipotesi metafisiche » [42]. Afferma quindi che il principio di indeterminazione integrato col principio di complementarità di Bohr è una conseguenza della costituzione del nostro pensiero, il quale non può svolgersi solo con operazioni del tipo D, ma deve alternarsi in un rapporto di D e U. Ora, come abbiamo diffusamente esposto al capitolo quinto, mentre le operazioni D sono dominate dal principio d'identità aristotelico e non sopportano la contradizione, la dualità operativa D. U sopporta la contradizione nel punto di partenza ed ha quindi la possibilità di render conto dei problemi antinomici, risolvendo così quei conflitti eternamente insolubili nelle logiche puramente deduttive.

E la soluzione si ha appunto nel senso della complementarità, giacchè mentre il contradittorio del D è esclusivo e distruttivo, il contradittorio dell'U è sintetico, produttivo e inclusivo, essen-

---

[41] Il fondamento logico dei principi ecc., in L.S, p. 86-87.
[42] Ibid., p. 92.

do appunto quello i cui termini sono complementari. Nel sistema deduttivo due teorie opposte, come nel caso nostro la teoria corpuscolare e l'ondulatoria, o due fatti, come la posizione e il movimento, non sono mai veri contemporaneamente, ma sono sempre veri contemporaneamente per la costruzione intuitiva; giacchè nell'intuizione logica è possibile pensare alternativamente e ammettere quindi la verità delle due teorie complementari, per quanto contradittorie [43]. In questa interpretazione il primo risultato immediato della fisica atomica consiste dunque nel riconoscere che la descrizione completa dei fenomeni atomici esige l'impiego di due condizioni fra loro contradittorie; ma approfondendo lo studio del problema colla LdP si giunge fino al riconoscimento della dualità logica operativa D.U, la quale mediante la superiore unità dell'intuizione logica U compone ed unifica anche gli aspetti contradittori del D [44].

5. — LO SCALARE DI CAMPO ψ COME CATEGORIA U.

Riprendiamo ora il problema centrale della nuova fisica, cioè l'espressione in termini sistematici della funzione logica U della meccanica ondulatoria. La soluzione di questo problema è stata esposta dal Pastore nella comunicazione presentata al XIII Congresso Nazionale di Filosofia in Bologna, comunicazione che costituisce ora l'ultimo saggio delle ricerche teoriche riedite nel volume *Logica sperimentale*. In questo studio l'autore conclude affermando che « lo scalare di campo ψ è la categoria logica U della meccanica ondulatoria » [45]. Ma prima di esporre l'interpretazione logica del nostro autore riassumiamo brevemente alcune nozioni di meccanica ondulatoria.

---

[43] Il problema del trascendente nella scienza, in L.S, p. 57-61.

[44] L'interpretazione del nuovo metodo sperimentale, benchè un po' forzata, può passare; invece nell'ultima parte tornerò sulla interpretazione del principio di indeterminazione che coinvolge la posizione dell'autore nei riguardi del principio di contradizione alla quale non posso aderire.

[45] Interpretazione logica dello scalare di campo ψ in ordine al problema delle categorie, in L.S, p. 117.

Lo scalare di campo ψ è stato introdotto nella meccanica atomica dallo Schrödinger, che sviluppando l'ipotesi ondulatoria del De Broglie, ha designato con tale simbolo una grandezza scalare di carattere sinusoidale, che in generale è funzione delle coordinate del sistema e del tempo. Lo scalare di campo pertanto si potrà esplicitare nella formula generica:

$$\psi = A \sin 2\pi v t = u(x, y, z) e^{-2\pi i v t}$$

ed è regolato dall'equazione generale:

$$\Delta\psi - \frac{1}{V^2}\frac{\delta^2\psi}{\delta t^2} = 0.$$

La intuizione dello Schrödinger è stata quella di stabilire una relazione che legasse insieme la grandezza ψ di carattere ondulatorio col punto-massa in movimento, in modo che la lunghezza d'onda di ψ e l'impulso del punto-massa soddisfino alla condizione $\lambda = \frac{h}{m.v}$; mediante questa ipotesi infatti egli stabilisce l'equazione che porta il suo nome

$$\Delta\psi + \frac{m}{h^2} 8\pi^2 (E-U) \psi = 0 \quad [46].$$

Lo Schrödinger si preoccupò subito di dare un'interpretazione fisica a questa grandezza ondulatoria e dapprima aveva ritenuto che il quadrato della ψ, a meno del fattore *e*, esprimesse la densità elettrica. Il corpuscolo quindi avrebbe assunto una struttura diffusa e si sarebbe addirittura identificato con un gruppo di onde (Wellenpacket) di frequenza vicinissima e limitato ad una stretta regione dello spazio, propagantesi con velocità di gruppo eguale alla velocità che nella meccanica classica si attribuisce al corpuscolo [47].

---

[46] CASTELFRANCHI, Fisica moderna, p. 508-510.
[47] Ibid., p. 524. Cf. DE BROGLIE, La nouvelle dynamique des quanta, in *Electrons et Photons*, Paris, 1928, p. 110.

Ma tanto la primitiva concezione dello Schrödinger del corpuscolo sciolto e diffuso nell'onda, quanto l'idea a cui dapprima aveva aderito il De Broglie, secondo la quale il corpuscolo sarebbe una singolarità del fenomeno ondulatorio [48], e altre concezioni tendenti a dare significato fisico all'onda, hanno dovuto essere abbandonate; e prevalse il punto di vista dell'Heisenberg, secondo il quale, rigettato qualunque modello di intuizione empirica dell'onda, anzi lo stesso concetto di corpuscolo esattamente localizzato, la funzione ritenne l'aspetto di una grandezza puramente matematica e astratta. Alle onde ψ perciò non deve attribuirsi alcuna immediata realtà fisica, nè deve pensarsi che l'onda associata al fotone o all'elettrone in movimento costituisca l'essenza della luce o della materia [49]. Venne invece generalmente accettata l'idea di Born che considera le onde ψ come una rappresentazione statistica del fenomeno. Born infatti, accettando il principio di indeterminazione, ha dimostrato che il prodotto $\psi\psi^*$ esprime la probabilità di presenza del corpuscolo associato all'onda in quel punto e in quell'istante; ovvero per il caso di più corpuscoli, l'ampiezza o intensità dell'onda ψ deve essere considerata come la misura in ciascun punto e in ciascun istante della densità della nuvola di particelle [50].

Veniamo ora all'interpretazione logica data dal Pastore. Egli parte dall'affermazione dei fisici che lo scalare di campo ψ non ha significato fisico immediato e quindi non coincide con nessuna grandezza fisica definita. Da ciò deriva, secondo il Pastore, che lo scalare di campo non è una funzione fisica categoriale, cioè un elemento del discorso D analitico, sistematico. Ora se lo scalare di campo non è un'operazione D, non può essere altro che una funzione U, cioè un'intuizione logica generale, una costruzione sintetica, anzi « la costruzione più generale della meccanica ondulatoria, tanto che dire scalare di campo è come dire ipotesi ondulatoria e nulla più » [51]. Lo scalare di campo riceve bensì una interpretazione fi-

---

[48] De Broglie, Introduction à l'étude de la Méch. ond., p. XI-XII.

[49] Castelfranchi, o. c., p. 506-511.

[50] Ibid., p. 524-527. Cf. De Broglie, Introduction, p. 85-86; Persico, op. cit., p. 157.

[51] Interpretazione logica dello scalare di campo ψ, in L.S, p. 115.

sica quando si pone che il quadrato del suo modulo equivalente all'ampiezza dell'onda, corrisponde alla probabilità di trovare l'ente fisico; però con ciò stesso, secondo il Pastore, non si fa altro che esprimere una costruzione intuitiva U che non è ancora deduttiva. Ecco infatti quale è secondo il Pastore la genesi logica di tale funzione: « Dovendo costruire (avvertite bene: costruire, non dedurre) una certa equazione, prima dico: esiste una funzione generale ψ che chiamo scalare di campo. Poi faccio un'ipotesi su questa ψ e mediante una equazione esprimo quest'ipotesi in termini analitici. E' questo un certo modo di intuire la ψ ed anche ciò che si chiama una certa interpretazione dello scalare di campo. Insomma si vede bene che la ψ non ha un senso fisico per se stessa, finchè non abbiamo raggiunto un'ipotesi che le dia un senso fisico immediato. La ψ è dunque una pura possibilità, una esperienza logicamente possibile, un'ipotesi logicamente possibile, suscettibile di infinite interpretazioni ». Ed in nota osserva che se dal punto di vista scientifico e delle logiche passate come quelle di Aristotele, di Kant, di Hegel, ecc. lo scalare di campo svanisce sempre come Proteo sotto le mani e il suo inseguimento è appassionante come una caccia alla volpe, invece « la ψ non sfugge alla presa della logica esperta dalla teoria dei modelli euristici e probativi, condizionali, operativi, possibili, e sveltita dal criterio del potenziamento » [52].

Infine il Pastore, ricordando la funzione che l'etere ha nella interpretazione della LdP, avanza l'ipotesi che lo scalare di campo abbia la stessa funzione nella meccanica quantistica.

Il Pastore in questa *nota preventiva* non sviluppa ulteriormente il suo pensiero. Ma nel quadro completo della LdP gli accenni fatti sono sufficienti per porre in luce il significato logico che viene attribuito allo scalare di campo. Esso non è un simbolo astratto, nè un mero espediente matematico; molto meno si può identificare con un momento del processo deduttivo della scienza nella interpretazione diretta della natura; ma è invece un'operazione logica fondamentale, intuitiva e costruttiva, me-

---

[52] Ibid., p. 116.

diante la quale cioè logicamente si costruiscono le equazioni fondamentali e si pongono le ipotesi e i principi irreducibili e indimostrabili della nuova meccanica, in breve, si pongono le condizioni iniziali di sufficienza del sistema, che viene poi svolto deduttivamente traendone tutte le conseguenze che nell'ultimo momento del metodo sperimentale devono venir verificate dalle esperienze nel mondo reale.

CAPITOLO NONO

APPLICAZIONI ALLA PSICOLOGIA SPERIMENTALE

1. — LA CAUSALITÀ PSICHICA E LA SUA MISURABILITÀ.

Dopo aver esposte le ricerche logiche sulla matematica e sulla fisica, dobbiamo fermare la nostra attenzione sopra le applicazioni alla psicologia sperimentale, contenute in vari saggi che, raccolti insieme, formano la sezione prima della seconda parte del volume di *Logica Sperimentale*. L'interesse di queste ricerche, secondo l'autore, consiste, più che nella verità del contenuto, nello sviluppo formale del pensiero, in quanto esse ci fanno vedere la fecondità della logica applicata allo studio dei fenomeni scientifici. Quindi, sebbene in questa sezione non vengano applicate le teorie più caratteristiche della LdP, come la dualità operativa D.U e le equazioni logiche, tuttavia i risultati di queste ricerche rientrano nel quadro generale della LdP.

Premettiamo che per psicologia sperimentale, secondo il nostro autore, si intende lo studio e la determinazione sperimentale della causalità psichica, ovvero la scienza esatta dei fatti e delle leggi della vita psichica [1]. Questa definizione presuppone due tesi: l'esistenza della causalità psichica, distinta dalla causalità fisica; e la possibilità di misurare con i metodi delle scienze esatte e sperimentali la causalità psichica, senza implicare nessuna ipotesi metafisica sulla natura intima dei fatti considerati: il che equivale a asserire l'autonomia della psicologia scientifica dalla filosofica.

---

[1] Il calcolo psicofisico a tre variabili, in L.S, p. 137 e 152.

Il Pastore, contro la tesi del materialismo e del fisiologismo epifenomenistico, comincia coll'affermare la necessità di distinguere una doppia causalità: fisica e psichica. Egli si richiama alla definizione di causalità precedentemente esposta. Invero « la causalità nel senso scientifico compare sempre dove si ha una successione temporale connessa ad una necessità razionale di due sistemi equivalenti. Ora in primo luogo risulta dalle scienze fisiche che queste quattro condizioni: successione, necessità, equivalenza, sistematicità, s'incontrano nella natura fisica, e in secondo luogo non si può negare che, almeno in teoria, si incontrano anche nella vita psichica, perchè anche questa è nel tempo e nella ragione ed è suscettibile d'equivalenza e di sistematicità. Dunque l'esistenza della doppia causalità fisica e psichica è, secondo noi, teoricamente parlando, fuori di dubbio »[2]. E' assurdo negare la realtà della causalità psichica, riducendola ad un epifenomeno, cioè ad un valore trascurabile, una superfetazione. « Una superfetazione inefficace la serie psichica? domanda inorridito il Pastore. Ma non è forse un fatto psichico la nostra stessa ragione, che intanto costituisce la nostra superiorità su tutti gli esseri irragionevoli? Come ammetteremo incausale e superflua quell'idea la quale a misura che tende e riesce a idealizzarsi dentro di noi, tende e riesce a realizzarsi a tal segno da produrre l'arte, la scienza medesima e la morale e infine il pensiero immenso di tutte le cose, che è la filosofia? In ultima analisi guardando a fondo la posizione degli epifenomenisti si vede che l'errore massimo in cui cadono è d'essere infedeli al loro stesso positivismo »[3].

Bisogna però precisare il senso e il valore di questa tesi, mettendola in relazione con il principio dell'unità psicofisica del reale. Secondo questa dottrina infatti ogni causalità, come anche qualunque entità, è sempre inseparabilmente psicofisica; però in questa reale identità di fisico e psichico, di quantità e qualità, di materia e pensiero, è possibile, anzi doveroso distinguere vari momenti: in alcuni predomina l'astrazione della quantità ed è

---

[2] Ibid., p. 125.
[3] Ibid., p. 136.

la cosidetta natura o mondo fisico, in altri predomina l'astrazione della qualità ed è il cosidetto spirito o mondo psichico. Corrispondentemente si avranno i gradi diversi di attualità della causalità, che senza distruggere la continuità psicofisica di tutto il reale, ci danno la possibilità di distinguere la causalità propriamente psichica da quella fisica e di considerare quelle reciproche influenze e determinazioni fra materia e spirito, che l'esperienza comune non può rifiutarsi di ammettere [4].

Maggiori dilucidazioni richiede la seconda tesi. Il Pastore riassume in due gruppi le obiezioni che si sollevano contro la possibilità di una psicologia scientifica: il primo gruppo concerne le questioni strettamente connesse alla misurabilità dei fatti psichici e in particolare alla legge Weber-Fechner [5]; il secondo si riferisce all'applicabilità dello sperimento in psicologia.

Per risolvere la prima difficoltà il Pastore ricorda un'importante distinzione d'uso corrente nella fisica: la distinzione tra le misure dirette o fondamentali e le misure derivate. Per le prime è necessario stabilire un'unità di misura direttamente confrontabile con il misurato e quindi omogenea con esso; così per la lunghezza si usa il centimetro, per il peso il grammo, per il tempo il secondo, nel sistema di misure fondamentali C. G. S. Le misure derivate sono quelle che ci danno il numero o la grandezza di un fenomeno o di un ente per mezzo delle relazioni matematiche che passano fra quel fenomeno e altre unità di misura già precedentemente stabilite, cioè quando si misura una quantità mediante un'altra di cui la prima è funzione; così per es. quando applicando la lege di Boyle-Mariotte misuro la pressione di un gas derivandola dal volume che occupa, oppure quando facendo uso

---

[4] Ibid., p. 125-127.

[5] Ricordiamo che la legge di Weber per il calcolo della sensazione si può scrivere con la formula matematica determinata da Fechner:

$$(1) \qquad d\gamma = k \frac{d\beta}{\beta},$$

la quale esprime che l'incremento della sensazione è direttamente proporzionale all'incremento dello stimolo e inversamente proporzionale allo stimolo precedente. Integrando la *(1)* si ha:

$$(2) \qquad \gamma = k \cdot \lg \beta,$$

cioè la sensazione è proporzionale al logaritmo dello stimolo.

della prima legge della termodinamica e dell'equivalente meccanico del calore, misuro il lavoro compiuto per mezzo della quantità di calore sviluppata. In questi esempi è evidente che non si può misurare direttamente la pressione col volume, nè il lavoro in calorie; come pure è evidente che non si può trattare mai di misure assolute, ma sempre di misure relative, relative cioè ad un'arbitraria unità di misura oppure ad un'altra quantità di cui la prima è funzione. Tuttavia anche con le misure indirette ottengo delle vere misure del fenomeno che si studia, ben determinate e di significato noto. Per portare un esempio ancor più elementare, la velocità si misura mediante il rapporto fra lo spazio e il tempo, mentre la velocità non è nè spazio nè tempo.

Questa misurazione indiretta si verifica anche nella formula di Fechner: stabilito il rapporto secondo cui la sensazione è funzione dello stimolo, noi misuriamo lo stimolo e da queste misure ne ricaviamo un numero puro (k. lgβ) che esprime l'intensità relativa della sensazione. Non si misura quindi la sensazione con lo stimolo (cosa assurda) e neppure la sensazione con un'altra sensazione unitaria (cosa impossibile), ma semplicemente si misura la sensazione dalla relazione costante che passa tra le variabili del processo psicofisico [6]. Dal metodo seguito nel calcolo psicofisico segue logicamente che « la grandezza che misura derivatamente la sensazione non ci dà la natura intima di questa » [7]; ma ciò non fa difficoltà per chi ha ben compreso che lo scopo della psicologia scientifica è determinare non già la natura intima dei fatti psichici, bensì unicamente i rapporti causali che legano le diverse variabili, senza far ricorso ad alcun'ipotesi metafisica sulla natura delle condizioni speciali componenti il sistema psicofisico.

Quanto poi all'applicabilità dell'esperimento in psicologia, il Pastore fa notare che l'opinione contraria è ormai sfatata dal progresso delle scienze. Ormai si riconosce universalmente che nella scienza esatta non è sufficiente la sola esperienza, ma si richiede il metodo sperimentale, sintesi tecnica di osservazione e

---

[6] Ibid., p. 144-146.
[7] Ibid., p. 163.

deduzione. Anche la psicologia sperimentale quindi, come scienza esatta, non può consistere in altro. Per spiegare tale applicabilità, il Pastore ricorda l'unità psicofisica di tutto il reale, per cui non v'è essenziale discontinuità tra la natura e lo spirito: quindi come « nello studio dei fatti qualiquantitativi della natura fisica, la presenza benchè minima in apparenza della qualità non ostacola l'impiego dello sperimento », così la natura prevalentemente qualitativa dei fatti psichici (però non meno qualiquantitativi dei fatti fisici) non ostacola l'esperimento, ma lascia all'indagine scientifica la possibilità e quindi il dovere « di proseguire con l'impiego di tutti i mezzi tecnici e analitici che stringono sempre più da vicino la determinazione esatta delle funzioni della coscienza » [8]. Certo l'applicazione dell'esperimento in psicologia non può essere fatta che in modo assai limitato; e anche nella più rosea delle ipotesi non si avrà mai la conversione integrale di tutti i fatti vissuti dentro la psiche in fatti di quantità. Pure rimane il fatto della applicabilità e della utilità indiscutibile dell'esperimento in psicologia, « in quella psicologia scientifica, s'intende, che abbia di mira la descrizione dei fatti della vita psichica o di relazione e la determinazione esatta delle loro leggi, allo scopo di connetterle nell'ordine di causalità » [9].

2. — IL CALCOLO PSICOFISICO A TRE VARIABILI.

Poste queste nozioni fondamentali circa la natura e la possibilità della psicologia scientifica, veniamo alla determinazione della legge fondamentale nel calcolo psicofisico.

Il Pastore prende le mosse dalla ricordata legge Weber-Fechner e si pone la domanda se la γ sia sufficientemente determinata da $k.\lg\beta$. La risposta è negativa: ed eccone le prove.

Già le diverse interpretazioni che vari autori hanno dato della legge di Weber ci fanno vedere che non è sufficiente parlare solo di stimolo e di sensazione; il Fechner parla della rea-

---

[8] Ibid., p. 147-151.
[9] Ibid., p. 176.

zione fisiologica intermedia fra l'attività corporea e la psichica; il Müller ed altri dell'eccitazione nervosa che sta in rapporto da una parte con lo stimolo secondo la legge di Weber e dall'altra con la sensazione mediante rapporto semplicemente proporzionale; il Delboeuff considera la sensazione come la somma di un'azione fisiologica (eccitazione nervosa) e di una causa interna (azione centrale); il Loeb, il Lehman, Angelo Mosso distinguono le relazioni dell'intensità delle sensazioni secondo gli effetti dinamici derivanti da reazioni di natura diversa (contrazioni, aumento di volume dei membri, ecc.). Tutto questo ci fa capire che il fenomeno psicofisico è assai più complesso di quello che risulta dalla legge di Weber e che non può essere studiato scientificamente se non si coglie nella sua totalità [10].

Il Pastore propone quindi la sua ipotesi fondamentale secondo la quale il fenomeno psicofisico deve essere considerato « come risultante di tre grandezze variabili: l'azione psicofisica dello stimolo come forma di energia centripeta eccitante (fase iniziale), l'azione della sensazione come fatto psichico centrale (fase media), l'azione psicofisica della reazione come forma di energia centrifuga rispondente (fase finale) ». Per la determinazione esatta della legge psicofisica è necessario studiare queste tre variabili nella loro correlazione globale. Identificare tutto il processo psicofisico dallo stimolo alla sensazione, alla reazione, con due soli momenti ad esclusione del rimanente, è localizzare la vita in una parte della vita [11].

Dal nuovo punto di vista il metodo Weber-Fechner conserva la sua validità condizionalmente, cioè solo per il caso che ogni altra quantità di natura psichica, fisiologica o fisica, oltre lo stimolo e la sensazione, sia resa costante e conglobata nella k di proporzionalità. Se invece vogliamo elevarci ad un punto di vista scientifico superiore e più universale, dobbiamo tener conto di tutti i fattori che definiscono completamente il processo psicofisico. Evidentemente per ottenere la nuova formula sarà necessario un minimo sicuro di elementi numerici ricavati sperimen-

---

[10] Ibid., p. 159-161.
[11] Ibid., p. 161-162.

talmente. Ma per questo sarà sufficiente basarsi sulla più semplice espressione della legge di Weber, la quale, presa con le riserve sopra enunciate, può considerarsi come sicura e sperimentalmente controllata. La conferma diretta delle leggi così stabilite sarà una questione di abilità tecnica, che, come vedremo, fu dal Pastore compiuta vent'anni dopo e pubblicata nei saggi raccolti nel volume di *Logica sperimentale* [12].

La legge Weber-Fechner dunque afferma che quando tutti gli altri elementi del processo psicofisico si possono ridurre ad una costante, allora il processo stesso sarà espresso da una formula che lega insieme l'incremento della sensazione, l'incremento dello stimolo e lo stimolo precedente: $d\gamma = k \frac{d\beta}{\beta}$. Ora l'esperienza ci insegna che l'incremento dello stimolo $\Delta\beta$ non produce solo l'accrescimento della sensazione $\Delta\gamma$, ma anche in genere una variazione della reazione $\Delta\varrho$. Teniamo conto di questa terza variabile. « Per un valore β dello stimolo, si abbia un valore γ della sensazione ed un valore ϱ della reazione; se ad un accrescimento $\Delta\beta$ di β corrisponde un accrescimento $\Delta\gamma$ di γ non accompagnato da un accrescimento $\Delta\varrho$ di ϱ, $\Delta\gamma$ risulta maggiore di quanto sarebbe se $\Delta\varrho$ fosse maggiore di zero. Bisogna quindi sottrarre a $\Delta\gamma$ il lavoro compiuto per provocare la reazione $\Delta\varrho$, lavoro che è proporzionale a $\Delta\varrho$, ad un coefficiente specifico k' dipendente dalla natura e dalle condizioni psicofisiche del momento, ed inversamente alla reazione preesistente, cioè $= \Delta\varrho \frac{k'}{\varrho}$. Sottraendo a $\Delta\gamma = k \frac{\Delta\beta}{\beta}$ il lavoro di reazione, l'equazione differenziale di Fechner si modifica nella seguente:

$$(3) \quad d\gamma = k \frac{d\beta}{\beta} - k' \frac{d\varrho}{\varrho}.$$

L'integrale indefinito della (3) è:

$$(4) \quad \gamma = \lg \frac{\beta^k}{\varrho^{k'}} + \text{cost}.$$

La (4) esprime che la sensazione, a meno di una costante, è uguale al logaritmo del rapporto tra la potenza k^{ma} dello stimolo e la

---

[12] Ibid., p. 164, nota.

potenza k'^{ma} della reazione (k e k' sono costanti definite) »[13]. In modo più indeterminato la (4) si può scrivere:

$$(4') \quad \gamma = k[\varphi(\beta) - \varphi(\varrho)] \quad [14].$$

La (4) che è l'equazione fondamentale della psicofisica, contiene tre variabili indipendenti; onde l'equazione generale è del tipo $f(\beta,\gamma,\varrho) = 0$. Possiamo quindi dedurne le tre seguenti equazioni come derivate parziali:

$$(5) \begin{cases} \dfrac{\delta\gamma}{\delta\beta} = \dfrac{k}{\beta} & \text{(per } \varrho = \text{cost.; } d\varrho = 0 \text{: reazione costante)} \\ \dfrac{\delta\gamma}{\delta\varrho} = -\dfrac{k'}{\varrho} & \text{(per } \beta = \text{cost.; } d\beta = 0 \text{: stimolo costante)} \\ \dfrac{\delta\beta}{\delta\varrho} = \dfrac{k'}{k}\dfrac{\beta}{\varrho} & \text{(per } \gamma = \text{cost.; } d\gamma = 0 \text{: sensazione costante)} \end{cases}$$

« I risultati delle (5) si possono enunciare con le tre leggi seguenti:

1ª legge. A reazione costante, il rapporto tra l'incremento di sensazione e l'incremento di stimolo è inversamente proporzionale allo stimolo preesistente.

2ª legge. A stimolo costante, il rapporto tra l'incremento di sensazione e l'incremento di reazione è (in valore assoluto) inversamente proporzionale alla reazione preesistente.

3ª legge. A sensazione costante, il rapporto tra incremento di stimolo e l'incremento di reazione è proporzionale al rapporto tra stimolo e reazione »[15].

La prima delle (5) esprime la legge Weber-Fechner e tutte e tre ci offrono metodi diversi di esperimento in psicofisica, cioè esperimenti a reazione costante, a stimolo costante, a sensazione costante, che permettono lo studio scientifico dei fenomeni psico-

---

[13] Ibid., p. 167.
[14] Teoria della cronassia, in L.S, p. 217.
[15] Il calcolo psicofisico a tre variabili, in L.S, p. 169.

fisici, lasciando impregiudicate le questioni metafisiche circa la natura dei fatti osservati [16].

La novità introdotta dal Pastore consiste dunque nel considerare il processo psicofisico come completamente determinato mediante le tre variabili, stimolo, sensazione e reazione, concatenate fra loro in una sola unità funzionale. La sensazione propriamente detta costituisce il momento interno, centrale, di tutto il processo, che comincia dall'esterno e finisce all'esterno. Questi due elementi esterni, lo stimolo e la reazione, possono venir misurati direttamente con opportune esperienze; la sensazione invece, rimanendo un fatto puramente interno, sfugge ad ogni misura diretta. Il calcolo psicofisico a tre variabili pone questa ipotesi: « tutto lo stimolo non diventa completamente reazione, perchè diventa anche sensazione; ma nemmeno tutto lo stimolo diventa fatto interno, (come afferma la teoria Weber-Fechner) perchè diventa anche reazione. La differenza tra lo stimolo e la reazione ci esprime il lavoro interno equivalente alla sensazione » [17]. Pertanto in questo calcolo si prescinde dalla natura intima della sensazione e si misura non la sensazione in se stessa, ma il suo equivalente psicofisico come differenza dei due processi psicofisici terminanti all'esterno.

Dobbiamo riconoscere che le affermazioni del Pastore offrono un interessante integramento della legge Weber-Fechner, mettendo bene in mostra la necessità di considerare anche le variazioni della reazione che a priori non si possono negare. Questo fattore è di grande importanza quando l'esperienza è eseguita in modo che la segnalazione dell'avvenuta sensazione è fatta per mezzo di un movimento muscolare, che non è la reazione immediatamente connessa all'organo stimolato. Ma anche quando la connessione è immediata, oppure il ricercatore sperimenta su se stesso (come nelle esperienze Gatti riferite in seguito), vi è sempre luogo ad un processo reattivo, che può variare e che quindi

---

[16] Il Pastore ci dà anche un'altra espressione della legge psicofisica fondamentale, analoga all'espressione della legge di Ohm per l'elettrologia. Cf. ibid., p. 170-172.

[17] Conferme sperimentali del calcolo psicofisico, in L.S, p. 207.

non può venir trascurato. Diremo anzi di più che per una determinazione esatta del calcolo della sensazione, che ci permetta di stabilire delle leggi generali sui fatti psicofisici, tali che diano la possibilità di fare delle previsioni per l'avvenire così come si fa per le leggi fisiche, occorrerebbe tener presenti anche molti altri fattori oltre i tre assegnati dal Pastore; fattori, che non si riducono neppure alle sole circostanze attuali di natura fisica, fisiologica e psichica, ma che includono tutta la storia anteriore del sistema psicofisico e che, con la loro complessità e variabilità da individuo a individuo e da istante a istante, sfuggono ad ogni analisi e rendono utopistica la traduzione completa della vita psichica in formule matematiche.

Il Pastore, proponendo la sua equazione, fa un'ipotesi particolare sulla relazione funzionale che lega tra loro i tre fattori β, γ, ϱ; tale ipotesi naturalmente deve essere controllata con i fatti, giacchè solo l'esperienza ci può accertare della sua corrispondenza alla realtà. Però prima di esporre le conferme sperimentali, che il Pastore adduce per la sua teoria, dobbiamo esporre una nuova applicazione fondata sul calcolo psicofisico a tre variabili, cioè il calcolo del lavoro mentale.

3. — IL CALCOLO DEL LAVORO MENTALE.

Ecco le premesse dalle quali il nostro autore prende le mosse: « Qualunque sia la natura propria dell'attività mentale, è possibile interpretare i diversi fenomeni ad essa dovuti riguardandola come un'energia atta a produrre un lavoro. Quando si legge o si pronunzia un numero o lo si pensa, si fa un lavoro analogo a quello che si fa sollevando un peso, caricando un orologio, trascinando un carro, comprimendo un gas. Quando si legge o si pronuncia un numero si fa un lavoro psicofisico, quando si pensa un numero si fa un lavoro mentale, cioè un atto psichico, accompagnato da un lavoro psicofisico »[18].

---

[18] Fondamenti del calcolo del lavoro mentale, in L.S, p. 181.

Per procedere ad un calcolo del lavoro psicofisico e del lavoro mentale puro è necessario in primo luogo stabilire un'unità di misura. Il Pastore assume come unità di misura un elemento minimo di lavoro, ossia un lavoro elementare, nelle sue diverse serie, psichica e psicofisica: vale a dire il pensiero d'un numero per la serie psichica, e la lettura di un numero per la serie psicofisica, essendo queste le più semplici operazioni possibili in una serie di esperienze. Con queste ipotesi il lavoro mentale e psicofisico verranno misurati colla numerazione delle operazioni mentali o psicofisiche compiute nell'intero processo. Si potrà anche definire la potenza psicofisica o mentale col numero delle operazioni psicofisiche o mentali eseguite nell'unità di tempo prescelta [19].

Con queste semplici posizioni però il calcolo psicofisico non avrebbe ancora alcuna fecondità. Per ottenere ciò è necessario stabilire un rapporto fra le due misure; allora infatti sarà possibile passare dagli elementi conosciuti di una serie a quelli dell'altra, e conseguentemente applicare al lavoro mentale il calcolo psicofisico a tre variabili, precedentemente stabilito. Tale passaggio viene reso possibile, coll'introduzione del concetto di *equivalente psicofisico del lavoro mentale*.

Il Pastore a questo effetto utilizza alcune esperienze della scuola romana di Psicologia sperimentale compiute sotto la direzione di Sante De Sanctis; le esperienze consistono in una doppia serie di letture di numeri, una semplice, che è la serie psicofisica semplice, detta però da alcuni fisica, e che il Pastore chiama serie B; l'altra fatta con lettura di addendi, calcolo additivo in catena e pronunzia dei totali che è la serie psicologica o mentale, che il Pastore chiama serie A. I risultati delle esperienze furono raccolti in accurate tabelle da Banissoni e vengono riprodotte dal Pastore nel suo studio; in esse i numeri letti semplicemente o con calcolo sono computati di tre in tre minuti: assumiamo quindi tre minuti come unità di tempo [20].

Da queste tabelle sappiamo che nella serie A si fanno in

---

[19] Ibid., p. 182.
[20] Ibid., p. 183-185.

in generale a (per es. 98) lavori psicofisici e altrettanti lavori mentali elementari in 3 minuti; mentre nella serie B si fanno nello stesso tempo b ($b > a$; per es. 276) lavori psicofisici elementari dello stesso tipo di quelli compresi in A. La serie A quindi si presenta come una serie doppia: vi è il lavoro psicofisico, corrispondente a quello della lettura semplice tipo B, e in più il lavoro mentale puro, calcolo dei numeri, che costituisce una terza serie detta dal Pastore serie C. Cominciamo dalla serie B, più semplice ed omogenea: assumiamo come espressione della potenza psicofisica il numero b delle operazioni tipo B, eseguite in 3 minuti; la durata di un'operazione di tipo B è $\frac{3}{b}$ minuti. Passando alla serie A avremo che la durata totale delle operazioni psicofisiche tipo B incluse in A è $\frac{3}{b} a$ minuti, mentre la differenza $3 - \frac{3}{b} a$ minuti sarà la durata totale delle operazioni mentali di tipo C incluse anch'esse in A. Ora l'unico elemento comune che ci permette un confronto tra le operazioni psicofisiche tipo B e quelle mentali tipo C è il numero delle operazioni e la durata di esse; assumiamo quindi come equivalente psicofisico delle a operazioni mentali tipo C la differenza $b - a$, cioè il numero di operazioni psicofisiche tipo B che si sarebbero potute compiere nel medesimo tempo delle a operazioni mentali. Evidentemente l'equivalente psicofisico di una operazione mentale sarà $\frac{b-a}{a}$. La differenza $b - a$ fra il numero delle operazioni psicofisiche della serie B fatte nell'unità di tempo e il numero delle operazioni psicofisiche incluse nella serie A fatte nello stesso intervallo di tempo, esprime anche la potenza mentale in unità di lavoro psicofisico [21].

Da tutte queste osservazioni possiamo concludere che il lavoro mentale si può calcolare come differenza di due lavori psicofisici: ciò introduce quindi un'analogia tra il calcolo del lavoro mentale e il calcolo psicofisico a tre variabili, nel quale la formula generale (4') $\gamma = k [\varphi(\beta) - \varphi(\varrho)]$ esprime appunto l'atto psichico interno, cioè la sensazione, come differenza delle due funzioni psicofisiche esterne, lo stimolo e la relazione. In tutte e due

---

[21] Ibid., p. 187-188.

perciò abbiamo una funzione psichica interna come differenza fra due funzioni psicofisiche esterne [22]. La serie indipendente B corrisponde allo stimolo (β), la serie dello stesso ordine di B inclusa in A corrisponde alla reazione (ρ), mentre il lavoro propriamente mentale come atto psichico corrisponde alla sensazione (γ). Inserendo nella formula sopra ricordata i corrispondenti valori ottenuti con le esperienze del metodo De Sanctis, avremo la formula: a = k (b — a), esprimente che la potenza mentale in ogni intervallo è proporzionale alla potenza psicofisica. Ovviamente sarà:

$$k_t = \frac{a}{b-a},$$

dove si mette k_t perchè l'esperienza mostra che il rapporto espresso da k non è una costante ma una funzione del tempo, che può essere graficamente tracciata in base alle tabelle del Banissoni [23].

Questa funzione $k_t = \frac{a}{b-a}$ viene dal Pastore chiamata « *curva caratteristica dell'equivalente psicofisico del lavoro mentale* », ed è questo certamente un concetto molto interessante, perchè per quanto i termini del rapporto siano due entità essenzialmente eterogenee, pure esso ha un fondamento reale, prendendo come termine di paragone il numero di operazioni compiute in un medesimo periodo di tempo. Il Pastore osserva che questo equivalente non è costante col tempo, ma varia da periodo a periodo, pur potendosi considerare, in prima approssimazione, come costante in ciascun intervallo parziale. Egli ha anche calcolato i vari valori di k come risultano dalle tabelle del Banissoni, e ne ha disegnato anche grafici, esprimendo il proposito di farli oggetto di un attento esame, onde dedurne la legge di variazione

---

[22] Il Pastore ha cura di osservare ripetutamente che la differenza dei due numeri non è uguale al lavoro mentale, ma è solo equivalente ad una sua funzione; allo stesso modo come nella questione trattata all'articolo precedente ripeteva spesso che nel calcolo psicofisico non si misura la sensazione, ma l'equivalente psicofisico della sensazione, come differenza di due processi psicofisici.

[23] Ibid., p. 186-191.

della caratteristica rispetto al tempo. Nel successivo saggio sulla *Teoria della cronassia* ne ha tracciato anche una figura schematica, che però è del tutto arbitraria. Da un esame delle due curve ci sembra che veramente si possa dedurre solo questo: cioè i valori oscillano con legge statistica intorno alla media. Infatti nella prima curva nove punti cadono al disopra e nove al di sotto della linea media posta a quota 0,743, gli altri due valori coincidono quasi con essa; nella seconda curva vi è una maggior irregolarità a causa del terzo valore che presenta una forte anomalia; però se si fa una media corretta, nella quale si ponga al posto del terzo valore (1, 72) il valore della media diretta (0,84), si ottiene una linea media a quota 0,798, che lascia otto punti al di sopra e nove al di sotto, mentre gli altri tre coincidono quasi con essa. Però la irregolarità delle curve e più ancora la diversità tra di esse mostrano che nelle esperienze riferite sono intervenuti molti fattori casuali o comunque imprecisati; e quindi occorrerebbe almeno un numero maggiore di esperienze per poter dedurre qualche legge più precisa della caratteristica. Il che intanto conferma l'osservazione fatta all'articolo precedente sulla complessità dei fenomeni psichici e sulla impossibilità di farli oggetto di una trattazione matematica esatta, così come si fa delle scienze fisiche.

4. — CONFERME SPERIMENTALI.

Dobbiamo ora porre il nuovo calcolo psicofisico a tre variabili a confronto con i dati dell'esperienza.

Le prime esperienze prese in considerazione dal Pastore sono quelle compiute da Angelo Gatti, proprio in verifica della legge di Weber e pubblicate nel 1922 e 1923 in *Archivio italiano di psicologia* [24]. La legge di Weber è fondata sull'ipotesi che gli aumenti minimi percettibili della sensazione siano eguali fra loro, cioè $\Delta \gamma =$ cost.; e quindi asserisce che costante deve essere pure il rapporto fra l'aumento dello stimolo per cui si presenta

---

[24] Conferme sperimentali del calcolo psicofisico, in L.S, p. 194-213.

un aumento della sensazione e lo stimolo preesistente. Graficamente pertanto la $\Delta\gamma$ dovrebbe essere rappresentata da una retta orizzontale. Invece gli esperimenti compiuti dal Gatti ci danno una curva che presenta degli scostamenti della curva teorica della legge di Weber. Le deviazioni sono massime agli estremi, cioè per stimoli molto forti e molto deboli, vicino al vertice e alla soglia della sensazione; mentre invece nel caso di stimoli medi si osserva una relativa costanza in accordo con la legge di Weber. Il Pastore ritiene insufficienti le ipotesi proposte dal Gatti per spiegare l'andamento del fenomeno ed afferma che la regolarità delle deviazioni presuppone una vera e propria legge che viene a sovrapporsi alla legge di Weber. Una tale correzione è data appunto dal calcolo psicofisico a tre variabili. Secondo la formula fondamentale di questo calcolo $\Delta\gamma = k \frac{\Delta\beta}{\beta} - k' \frac{\Delta\varrho}{\varrho}$, la curva rappresentante il $\Delta\gamma$ è la differenza di due altre curve $k \frac{\Delta\beta}{\beta}$ e $k' \frac{\Delta\varrho}{\varrho}$; è quindi possibile che il $\Delta\gamma$ sia costante anche se non lo è $\frac{\Delta\beta}{\beta}$, purchè vari corrispondentemente anche il $\frac{\Delta\varrho}{\varrho}$. Ora il Pastore con una considerazione teorica tende appunto a stabilire una variazione della curva $\frac{\Delta\varrho}{\varrho}$, che compensi le divergenze della curva rilevata sperimentalmente da Gatti per il $\frac{\Delta\beta}{\beta}$, dalla curva teorica del $\Delta\gamma =$ cost. Le osservazioni che il Pastore svolge a questo proposito sono molto plausibili e indubbiamente la sua formula spiega gli esperimenti compiuti dal Gatti molto meglio che non il sistema classico di Weber-Fechner. Però si sarebbero desiderate altre conferme sperimentali dirette.

Il Pastore invece, nell'articolo successivo, cerca un'altra conferma sperimentale della sua formula in un altro fenomeno già noto nell'elettrofisiologia, cioè mediante la deduzione logica della teoria della cronassia dalla formula generale del calcolo psicofisico a tre variabili [25]. Ricordiamo che per la teoria della cronas-

---

[25] Teoria della cronassia dedotta dalla formula generale del calcolo psicofisico, in L.S, p. 214-222.

sia si intende un «nuovo metodo di indagine dell'eccitabilità elettrica dei nervi e dei muscoli, nel quale oltre a tener conto dell'intensità della corrente stimolante, si valuta anche il tempo durante il quale avviene il passaggio di corrente. Il valore quindi della cronassia è il prodotto dell'intensità per il tempo »[26]. Si chiama reobase l'intensità di corrente necessaria per ottenere la minima contrazione (soglia della contrazione); cronassia invece è il tempo di passaggio della corrente con intensità doppia della reobase. Il loro valore si può dedurre dalla formula di Weis: $Q = it = a + bt$. In questa equazione si rileva che l'intensità minima di corrente capace di produrre una sensazione è b, mentre il tempo richiesto per una corrente di intensità eguale a $2b$ è $\frac{a}{b}$. Perciò b è la reobase e $\frac{a}{b}$ la cronassia [27].

Queste medesime formule, osserva il Pastore, si possono dedurre come casi particolari della formula del calcolo psicofisico a tre variabili. Infatti la corrente è lo stimolo del processo psicofisico e quindi l'intensità i è l'intensità dello stimolo; la reobase b è l'intensità liminare minima della reazione; quindi le funzioni $\varphi(\beta)$ e $\varphi(\varrho)$ che entrano nella formula del calcolo psicofisico si possono far corrispondere a it e bt, mentre la quantità a, che esprime la parte di it che scompare si può considerare equivalente al fatto interno. Perciò la formula generale $\gamma = k\,[\varphi(\beta) - \varphi(\varrho)]$ si trasforma in questa: $a = it - bt$, dalla quale si ottiene: $it = a + bt$, che è la formula di Weis, confermando così nuovamente la coessenzialità dei tre fattori (β,γ,ϱ) in tutti i processi psicofisici [28].

Il Pastore poi applica la sua teoria allo studio dei fenomeni riflessi, per l'interpretazione dei quali propone la seguente ipotesi: cioè che l'azione riflessa risulti da un accoppiamento in serie di due processi elementari [29]. Vale a dire il riflesso psichico, anche quello detto riflesso semplice, si manifesta con un'azione relativamente complessa, in cui vengono insieme uniti e coordi-

---

[26] SABATUCCI, Cronassia, Enciclopedia Italiana, v. XII, p. 25.

[27] LAPICQUE, L'excitabilité en fonction du temps; la chronaxie, Paris, 1926, p. 71.

[28] Nuove ricerche logiche applicate al calcolo del processo psicofisico e della cronassia, in L.S, p. 223-241.

nati due processi psicofisici elementari. Il coordinamento poi avviene in questo modo: l'organo di reazione del primo processo elementare e l'organo di stimolo del secondo processo sono interni al sistema vivente e si accentrano per contiguità, di modo che la reazione del primo processo diventa essa stessa stimolo del secondo processo e il fenomeno di accoppiamento si chiude con un atto che sia reazione esterna dello stimolo esterno; per esempio il restringersi della pupilla (ϱ_2), sotto l'azione della luce (β_1).

Questa interpretazione permette anche di spiegare la natura dei riflessi condizionali, studiati dalla scuola di Pavlov. La differenza dei riflessi semplici e quelli condizionali, per il Pastore, consiste in ciò: che nel riflesso semplice, in cui l'arco riflesso è costituito naturalmente, vi è fusione rigida di ϱ_1 con β_2, mentre nel riflesso condizionale vi è fusione acquisita flessibile per abitudine. Ma lo schema è identico in tutti e due i casi: accoppiamento in serie di due processi psicofisici elementari con effetto mediato e coordinato di reazione. Questo spiega la condizione tipica per la formazione dei riflessi condizionali, cioè la condizione di interferenza rispetto all'intervallo temporale dei due riflessi assoluti. Tale condizione infatti potrà essere determinata con la seguente ipotesi: « Allorquando due processi (β,γ,ϱ) in serie, appartenenti a campi sensoriali diversi e abitualmente successivi, si succedono in guisa tale che l'inizio dello stimolo β_2 del secondo processo non oltrepassi la durata della reazione ϱ_1 del primo, compresa la durata della permanenza dell'immagine consecutiva e il corteggio dell'azione chimica conseguente, in guisa cioè che lo stimolo β_2 del secondo sottentri alla reazione ϱ_1 del primo, lo stimolo β_1 del primo processo basta da solo a produrre la reazione ϱ_2 del secondo »[30]. L'importanza di tale ipotesi è dovuta al fatto che essa ci permette di prevedere il comportamento di riflessi condizionali non ancora studiati sperimentalmente. Conoscendo dalle tavole dei riflessi assoluti la durata dei vari elementi che entrano in giuoco, si può prevedere fino a che mo-

---

[29] Sulla teoria dei riflessi semplici, condizionali e tropistici, in L.S, p. 250.

[30] Ibid., p. 225.

mento si può ritardare lo stimolo β_2 perchè sia ancora possibile l'effetto mediato del riflesso condizionale. Anche in questo campo però non risulta che il Pastore abbia fatto esperienze dirette per controllare la sua ipotesi.

Una ulteriore applicazione della teoria dei riflessi al problema dei tropismi ha condotto il Pastore alla scoperta di un nuovo caso di tropismo, non ancora avvertito da altri, cioè del fonotropismo negli orecchi dei chirotteri. La struttura dell'orecchio di questi cacciatori notturni, essendo costituito da due organi ricevitori paralleli con un piano di simmetria, realizza la possibilità di stabilire la direzione esatta de suoni, pel fatto che i due padiglioni, prima colpiti diversamente dal suono, sono colpiti egualmente, quando con un movimento coordinato il piano di simmetria è portato nella direzione del suono. Questo movimento, dovuto alla differenza iniziale di stimolo e tendente ad annullarla, è appunto la caratteristica del tropismo. « Ci sia lecito affermare, conclude il Pastore, che la psicologia zoologica è debitrice di questa scoperta all'analisi logica » [31].

Chiudiamo questo capitolo ricordando un'ultima applicazione della logica al problema della percezione della forma, con la quale il Pastore ritorna al tema centrale della sua logica, il D.U. Secondo il Pastore, dal punto di vista logico, merito della Gestalttheorie è l'aver messo in luce l'insufficienza dei singoli elementi della percezione, per quanto associati e combinati, a darci la visione del tutto, e quindi la necessità di un principio di unità essenzialmente diverso e indipendente dalla pluralità delle percezioni. Però la Gestalttheorie non ha saputo raggiungere la vera forma logica dell'universo, che è frutto di intuizione logica e non di percezione rappresentativa. Bisogna infatti distinguere una doppia forma: una forma come D e una forma come U. Gli elementi sensoriali forniti dalla stimolazione ci danno i materiali empirici individuali che vengono dapprima ordinati più o meno distintamente in modi d'insieme, che diciamo sistemi o discorsi D; ricevono quindi una prima forma, la quale però è una forma puramente discorsiva ed è motivata ancora da criteri

---

[31] Ibid., p. 261-262.

puramente empirici (reazione psicofisica, tendenze affettive o emotive, riflessi condizionali ecc.). Per questi gruppi o discorsi è accettabile ancora la tesi associazionista. Ma il discorso a sua volta ricerca una condizione logica della sua esistenza: è necessario cioè trovare una forma che permetta di costruire in generale le forme e che sia quindi una legge o la forma logica dell'universo. Questa forma U che non può essere empiricamente percepita o rappresentata è « la forma formativa che irrappresentativamente si intuisce ».

« Perciò il compito logico della teoria della forma si può ridurre a questo: data una molteplicità di enti sensoriali, trovare le unità sistematiche (formazioni), cioè trovare i discorsi e i loro sviluppi; e, dato il fatto del discorso, trovare la legge dell'universo. In genere, trovare il D.U » [32]. Così la psicologia ci ha portato nel cuore stesso dell'attività del pensiero, secondo la LdP.

---

[32] La teoria della forma secondo il calcolo psicofisico a tre variabili e la LdP, in L.S, p. 277-279.

CAPITOLO DECIMO

APPLICAZIONI ALLA TECNICA

1. — LA LOGICA SPERIMENTALE.

Il Pastore, fin dalle sue prime armi nel campo della filosofia, proseguì con entusiasmo l'idea di una logica sperimentale, anzi, come abbiamo visto al primo capitolo, una delle sue prime opere *Logica formale dedotta dalla considerazione di modelli meccanici*, costituì un primo ardito tentativo per la realizzazione di questa idea. Egli intendeva mettere la fisica e la tecnica a servizio della logica, fare della logica per mezzo di modelli meccanici. Ma questo tentativo fu presto abbandonato; l'autore riconobbe l'eccentricità di questi lavori e l'intemperanza delle ipotesi su cui si fondava [1].

Tuttavia l'idea di una logica sperimentale non fu rifiutata del tutto, ma solo modificata. Il Pastore infatti si accorse che era molto più concreto e realistico fare la pratica con la teoria, che non la teoria con la pratica; e quindi la logica sperimentale non significò più per lui un'interpretazione fisica della logica, ma viceversa una interpretazione logica della fisica. In questo indirizzo furono riprese le ricerche di logica sperimentale, come l'autore stesso annunziava al X Congresso Nazionale di Filosofia a Salsomaggiore nel 1935 [2]. Occorre quindi precisare con cura il significato che l'autore dà alla logica sperimentale nei suoi ultimi saggi raccolti nel volume, che porta appunto questo titolo,

---

[1] Il mio pensiero filosofico, in *Filosofi italiani contemporanei*, p. 337.
[2] La logica della ricerca scientifica, in L.S, p. 33-35.

ed esporre il fondamento teorico di questo indirizzo: solo così sarà possibile comprendere quel passaggio dalla logica alla tecnica, su cui tanto insiste il Pastore.

« In generale, ci dice il Pastore, si fa della logica sperimentale, quando si dà un contenuto qualunque a ciò che si è trovato indipendentemente da ogni contenuto. Il passo si effettua con l'introduzione delle costanti sistematiche »[3]. In questo senso più generale è logica sperimentale tutta la logica applicata, che noi siamo venuti esponendo in questa terza sezione. Ed è questo il senso che il Pastore aveva presente quando ha intitolato *Logica sperimentale* il volume contenente i numerosi saggi sulla ricerca scientifica, sulla matematica, fisica e psicologia sperimentale.

Ma oltre questo significato generico, la logica sperimentale ne ha anche un altro più preciso e determinato; cioè la logica sperimentale è la logica applicata alla costruzione dei modelli meccanici, realizzabili praticamente, e in particolare alla costruzione di macchine utili, determinate cioè da un problema pratico qualunque [4]. Grande è per il Pastore l'importanza di questa nuova fase dello sviluppo della logica, non tanto per i risultati pratici che se ne possono aspettare, quanto per la portata teorica dei principi che il nuovo indirizzo involve. Il Pastore anzi ci fa notare che i risultati pratici potrebbero pure mancare senza che il principio stesso ne rimanga infirmato; come al contrario nell'eventualità di un vistoso successo non deve essere l'utilità pratica quella che giustifichi la verità pura [5].

Il principio fondamentatale su cui è basata la logica sperimentale è la teoria dei modelli dell'Hertz, secondo la quale vi è piena corrispondenza tra l'equazione matematica e l'apparecchio meccanico. « Logicamente, dice Antonio Garbasso, il primo divulgatore della teoria dell'Hertz in Italia, ogni cosa è comune tra il modello algebrico e il modello meccanico ». « Il detto è felice, commenta il Pastore, ma la sua portata di verità resta implicita se non si soggiunge che logicamente ogni cosa è comune

---

[3] Avviciniamo la logica all'industria, ib., p. 285, nota.
[4] Ibid., p. 295.
[5] La logica della ricerca scientifica, in L.S, p. 34.

tra il modello algebrico, il modello meccanico e il modello logico » [6]. Ogni modello quindi e ogni macchina è un sistema logico, in cui si può prescindere dalla natura particolare degli enti dai quali risulta; esso è semplicemente l'espressione di un fenomeno più o meno complesso di enti relativi talmente connessi nel sistema che se uno di essi varia, anche gli altri variano corrispondentemente conforme al principio della variazione relativa. Noi potremo anzi variare in infiniti modi il contenuto della nostra legge e rimarremo sempre nell'infinita verità logica, indifferente al contenuto particolare dei sistemi logicamente equivalenti. L'unica differenza consiste nell'introduzione delle costanti sistematiche, per cui dall'espressione più generale si discende ad espressioni sempre più particolari e determinate; cioè dall'equazione logica generale, che esprime le relazioni di invarianza delle forme fondamentali del pensiero, si passa alle equazioni fisico-matematiche di trasformazione, come casi particolari delle equazioni logiche.

Ora nulla vieta che si possa spingere ancora più avanti lo studio della logica dello spirito e della natura, fino alla costruzione di dispositivi tecnici vari, di utilità pratica, pervenendo così alla costruzione di macchine per via logica. In questo modo, conclude il Pastore, all'*homo loquax* si sostituisce l'*homo faber*, attuando un progresso logico assolutamente nuovo, molto diverso da quello della logica tradizionale [7]. Secondo le nuove vedute della logica sperimentale, « si possono porre in luogo degli enti fisici con eguale diritto, con altrettanto rigore e talora con non minore utilità, enti mentali e comporli opportunamente; si può indagare a quali condizioni debba modificarsi un sistema fisico qualunque, per esempio un trasformatore, un accumulatore, un ventilatore; come si possa aumentare il rendimento di una macchina e via dicendo. La logica può in molti casi render conto di molto se non di tutto » [8].

Si trattava ora di realizzare praticamente questo piano di

---

[6] Ibid., p. 30.
[7] Avviciniamo la logica all'industria, in L.S, p. 296-297.
[8] La logica della ricerca scientifica, ib., p. 31.

lavoro e per ottenere ciò, nella relazione presentata al X Congresso Nazionale di Filosofia nel 1935, il Pastore lanciava l'idea di fondare un laboratorio di logica sperimentale, invocando congrui aiuti da quanti avevano a cuore il rinnovamento degli studi logici in Italia. L'appello non rimase vano: il Rettore dell'Università di Torino accoglieva l'idea concedendo i locali opportuni presso il laboratorio di psicologia sperimentale, della cui direzione era stato incaricato lo stesso Pastore dopo la morte del Kiesow; dal canto suo la Società SICA, col concorso di altre società industriali, votava una prima cospicua oblazione per l'impianto del laboratorio. Il Pastore quindi era lieto di iniziare la realizzazione del programma di lavoro, fondando il laboratorio di logica sperimentale, di cui conservava la direzione anche dopo il suo collocamento a riposo per limiti d'età, avvenuto nel 1939. Giovani e promettenti studiosi gli assicuravano il loro concorso e soprattutto il suo affezionato ex-discepolo e collaboratore Pietro Mosso[9]. Per la parte tecnica aveva avuto la grande fortuna di trovare un collaboratore di prim'ordine nell'elettrotecnico Ernesto Albano, costruttore dell'ortomotore, di cui parleremo nell'articolo seguente.

Ma lo scoppio della guerra venne a paralizzare anche l'attività di questo laboratorio. In seguito ad incursione aerea rimase in parte sinistrato; la parte salvata della biblioteca e del macchinario fu trasportata a Bruino, dove è la residenza estiva del Prof. Pastore. Al termine della guerra tale materiale con la biblioteca è stato fatto rientrare dallo sfollamento ed è stato provvisoriamente depositato in casa dello stesso Pastore in Torino, Corso Re Umberto 84. Il Pastore tuttavia spera che possa presto risorgere nei locali dell'Università e riprendere l'attività interrotta.

Ma la difficoltà più grave a questa ripresa è la mancanza di collaboratori volenterosi e competenti. Infatti la guerra lo ha privato anche di questi. Si è detto nell'introduzione della perdita dell'ingegner Pietro Mosso. L'altro principale collaboratore, l'Albano, scoppiata la guerra, andò come capitano aviatore-pilota, in Afri-

---

[9] Avviciniamo la logica all'industria, in L.S, p. 299.

ca, in Grecia e ultimamente nel Mediterraneo. Alla data dell'armistizio era direttore dell'Areoporto di Corfù. Perì per bombardamento nel cielo di Corfù, o, come altri dicono, fucilato al muro, dopo d'esser fatto prigioniero, avendo capeggiato una rivolta per liberare i compagni ufficiali dello Stato Maggiore.

Così le opere incominciate, le macchine e i modelli così promettenti che erano allo studio, « restano lì, ci scrive il Pastore, come cadaveri sui quali non so far altro che piangere ». Rimangono però i frutti già maturati e in particolare l'ortomotore autosincrono di cui passiamo a dare la descrizione.

2. — L'ORTOMOTORE AUTOSINCRONO.

Il primo frutto di questa nuova logica sperimentale non tardò a maturare e a portare così l'attesa conferma ai principi della LdP. Il Pastore lo portò a conoscenza del pubblico alla mostra Torinese dell'Autarchia nel 1938; in esso infatti egli poteva esporre il suo ortomotore autosincrono, cioè « il primo modello di logica sperimentale, del tutto ideato dedotto e costruito logicamente a scopo industriale secondo i principi della LdP »[10].

Nella didascalia che illustrava il modello, il Pastore richiama il principio fondamentale della sua logica, cioè la dualità operativa di intuizione e deduzione che sola rende possibile la logicità di un modello qualunque, costruibile come ipotesi di lavoro, sia per verificare una teoria, sia per trovare una legge, sia finalmente per fare funzionare una macchina a scopo pratico. Il procedimento è sempre lo stesso: si tratta in primo luogo di cogliere il comune logico dei sistemi più diversi, prescindendo dal contenuto specifico degli enti e da ogni costante sistematica. Si stabilisce così l'equazione logica che esprime l'invariante logico generale tra le forme fondamentali del pensiero; il sistema logico poi si traduce in un gruppo di trasformazioni fisico-matematiche e finalmente di trasformazioni tecniche, grazie al principio della

---

[10] L'ortomotore autosincrono alla Mostra Torinese dell'Autarchia, L.S, p. 300.

corrispondenza dei gruppi di analogia perfetta. Si perviene così alla costruzione di un sistema tecnico, non per ragioni fisiche, sistematiche, dipendenti dal contenuto concreto, ma per ragioni logiche, con pure operazioni logiche.

Dopo questi richiami generici, il Pastore passa senz'altro a darci la descrizione, le caratteristiche, i vantaggi principali del suo strumento.

L'ortomotore autosincrono è un invertitore rotante, per raddrizzare corrente alternata; trova quindi il suo impiego in tutte le operazioni elettriche in cui occorre corrente pulsante, come per la carica di accumulatori, per l'alimentazione dell'arco voltaico nelle proiezioni cinematografiche, per operazioni elettrochimiche (galvanoplastica, elettrolisi, ecc.). La nostra macchina è un gruppo costituito di due parti essenziali: il motore e l'invertitore. Quest'ultimo è un semplice raddrizzatore meccanico a tipo rotante, costituito da due coppie di semianelli, sui quali fanno presa quattro spazzole, due per la corrente alternata in arrivo, due per la pulsante in partenza per il circuito di utilizzazione. Il motore ha lo scopo di invertire a ciascuna alternanza della corrente le connessioni tra la sorgente e il circuito di utilizzazzione, ottenendo così il raddrizzamento desiderato.

E' nel motore che è riposta tutta la novità dell'invenzione. Si richiedeva infatti evidentemente l'azione di un motore a corrente alternata sincrono, affinchè vi fosse la perfetta corrispondenza fra le alternanze della corrente e l'inversione dei contatti. D'altra parte era necessario evitare i gravi inconvenienti del motore sincrono, che non può avviarsi da sè alla partenza e, quando già è in movimento, per un rallentamento dovuto ad una causa qualsiasi esce dal sincronismo e si ferma. Il Pastore perciò si è proposto di costruire un motore complesso colla doppia proprietà dell'autoavviamento e del sincronismo. Per ottenere ciò ha adottato un motore a campo magnetico rotante o campo Ferraris, bifase, nel quale però il rotore invece di essere una semplice calamita, come nei motori sincroni, oppure un semplice nucleo metallico, come nei motori asincroni, è composto di due parti: una gabbia di scoiattolo, come nei comuni motori asincroni polifasi, per l'autoavviamento, e un magnete permanente a quattro poli, affiancato e calettato sullo stesso albero, pel sincronismo. Per l'insieme di queste proprietà il motore è stato chiamato dal Pastore autosincrono e, tenendo presente la sua natura di raddrizzatore, ha ricevuto il nome completo di ortomotore autosincrono.

Secondo l'autore i vantaggi dell'ortomotore autosincrono sono assai rilevanti: rendimento altissimo, consumo minimo, riduzione di macchinario, minor ingombro, minor peso, minor costo, facile manovra, pronto adattamento alle esigenze pratiche degli utenti.

Pertanto l'invenzione del Pastore, per quanto semplice e di portata limitata per il suo impiego, ci sembra geniale e presenta certamente dei vantaggi pratici. Avremmo però desiderato di vedere più esplicitamente il nesso fra la LdP e la nuova invenzione. Giacchè se costruire logicamente una macchina significa semplicemente far uso nell'ideazione del nuovo meccanismo delle comuni facoltà di ragionare od anche del comune metodo sperimentale adottato da Galileo in poi, non si vede come possa dirsi che l'ortomotore è il primo modello di logica sperimentale, ideato, dedotto e costruito logicamente. Questo sarebbe far torto a tanti grandi inventori, quali furono, per fermarci ai soli motori elettrici, il Palmieri, il Siemens, il Pacinotti, il Gramme, il Ferraris e tanti altri minori; essi infatti non trovarono le loro soluzioni solo a caso, ma furono condotti spesso dal ragionamento, in base a principi generali e ad esperienze preliminari ed in vista di scopi determinati, servendosi insieme di intuizione e deduzione. Se invece costruire una macchina logicamente secondo la LdP è qualche cosa di più, avremmo desiderato vedere quale è il D e quale l'U, quale l'impianto dell'equazione logica che permette di trovare il nuovo U' del nuovo D'; insomma avremmo voluto conoscere il modello logico che si deve trasformare nel modello meccanico.

Checchè ne sia, non possiamo non rilevare il commosso entusiasmo con cui il Pastore ci presenta la sua invenzione, non tanto per l'utilità pratica ai fini dell'autarchia, quanto per il valore teorico che il fatto involge e che conferma sempre più quella che egli chiama la spiritualità della tecnica. Giacchè ormai l'annunziata trasformazione dell'*homo logicus* nell'*homo faber* non è una fisima, ma un fatto reale. In questo modo l'invasione delle macchine non è più un pericolo per la spiritualità del pensiero, ma l'invenzione meccanica diventa la sempre più chiara prova del trionfo della logica [11]. « Non concludere così, non riconoscere che con la logica sperimentale si pone il problema decisivo della logica, è interdirsi di penetrare ogni vita logica accentuata e produttiva di potenziamento. Maneggiare invece le ricchezze sperimentali, gettarle vive, effusive, irradianti sotto la luce del potenziamento: nessuna gioia diventa più acuta e meritoria » [12].

Una prova definitiva della praticità della logica doveva essere costituita da un nuovo modello di Dinamo omopolare con avvolgimento in serie. « La soluzione di questo problema, mi scriveva il Pastore, avrebbe segnato l'ora della vittoria definitiva della LdP nelle sue applicazioni pratiche, così malintesa oltre che non intesa in tanta sordità di ambiente teoretico da noi, in sì ingorgata circolazione delle idee ». Ma anche questo modello che era già allo studio nel Laboratorio del Pastore, è rimasto incompiuto per la perdita dei collaboratori che abbiamo accennata all'articolo precedente. La guerra ha privato anche di questa gioia il solitario studioso. « Frattanto i miei anni si ammucchiano sulle mie spalle, scrive sempre il venerando Professore; ho 78 anni al 13 nov. prossimo. Mi sento dis-centrato; sommamente bisognoso di filosofia pura. Peccato che Lei, caro giovane, sia così lontano da Torino... ».

Tuttavia credo che la teoria del Pastore, quale ci appare nel complesso dei suoi scritti e delle applicazioni già fatte, abbia già mostrato sufficientemente il suo valore e le sue possibilità teoriche e pratiche. Il vegliardo autore, che nonostante gli anni e le sofferenze, è ancora ben portante, potrà portare precisazioni, ritocchi e sviluppi; ma a prescindere da evoluzioni e mutamenti delle convinzioni personali dell'autore, la teoria della LdP nella sua oggettività è essenzialmente determinata e finita; e perciò niente impedisce che se ne possa tentare una valutazione.

---

[11] Avviciniamo la logica all'industria, L.S, p. 298.
[12] Il mio pensiero filosofico, p. 345, nota.

PARTE QUARTA

VALUTAZIONE

CAPITOLO UNDECIMO

LA LdP COME FILOSOFIA GENERALE

1. — L'ECO DEL PASTORE NELLA FILOSOFIA ITALIANA.

Se il valore di una filosofia si dovesse giudicare dall'eco che questa ha suscitato nel pensiero contemporaneo, il giudizio della filosofia del Pastore dovrebbe essere piuttosto negativo: infatti la LdP non solo non ha avuto ripercussioni fuori d'Italia, ma anche in Italia pochi studiosi hanno fermato espressamente la loro attenzione su di essa, come pure sulla precedente opera del Pastore. Non occorre neppur dire che un tale apprezzamento estrinseco sarebbe esso stesso privo di valore; non sarà però senza interesse riassumere brevemente il pensiero dei principali critici del Pastore.

Fra quelli del primo periodo ricordo solamente il Busnelli e l'Aliotta. Il P. Busnelli, esaminando il volume *Del nuovo spirito della scienza e della filosofia*, coglie con esattezza la sostanza della nuova dottrina nella teoria dei modelli e dell'infinita verità, nella quale vede con ragione una grande dose di soggettivismo, relativismo e in fondo agnosticismo. La concezione stessa della scienza e della cognizione in genere è, secondo il Busnelli, profondamente errata. « Scopo infatti della scienza non è di cercare un sistema d'immagini che noi facciamo corrispondere alla realtà, ma di cercare la realtà stessa nelle sue combinazioni, cause e leggi; e questo

---

[1] BUSNELLI, Del nuovo spirito ..., in *Civ. Catt.* 1907, v. II, p. 334.

avviene non perchè noi facciamo corrispondere alla realtà le immagini da noi trovate o inventate, ma perchè la realtà fa che corrispondano a sè le immagini o rappresentazioni che noi da essa riceviamo » [1]. Il Busnelli insiste nel chiarire la natura passiva del nostro intelletto rispetto alla realtà e la funzione normativa che ha l'oggetto rispetto al soggetto; non si può avere la verità se non in quanto la realtà parla e determina l'intelletto conformandolo a sè: « veritas est adaequatio intellectus et rei ». Solo questo carattere della conoscenza, che la gnoseologia tradizionale ha sempre difeso, può salvare il valore della scienza, l'immutabilità delle leggi, contro le negazioni dei sofisti o degli scettici, continuamente rinnovantisi nella storia della filosofia. Invece la teoria dell'infinita verità ci fa ricadere nella vieta formula di Protagora, tra le nebbie del più avventato idealismo subiettivo; giacchè se la relatività è infinita, nulla v'ha di assoluto, e quindi ogni opinione sarà egualmente vera nè vi sarà più differenza intrinseca tra il vero e il falso.

L'Aliotta ha dedicato alla filosofia del Pastore quattro brevi studi, pubblicati fra il 1907 e il 1914, nel periodo cioè in cui il nostro autore, abbandonando l'indirizzo della logica puramente formale, costruiva la sua prima filosofia teoretica. Anche l'Aliotta, come il Busnelli, osserva l'impossibilità di negare l'unicità e immutabilità della verità, ma soggiunge che tale negazione è solo apparente nel Pastore; giacchè il fatto che esistano infiniti modelli possibili non toglie che la verità sia sempre la stessa; non è vero il modello, ma la legge, che forma la vera essenza della realtà e che nel modello si rappresenta in infiniti modi diversi: « infiniti sono i modelli, ma unica è la verità, cioè la legge che in essi schematicamente si traduce » [2]. Ma l'osservazione che vogliamo porre in risalto è quella concernente il problema della fondazione della scienza; l'Aliotta infatti mostra molto acutamente che per salvare il valore della scienza, necessità e universalità delle conclusioni, bisogna ammettere che anche le premesse siano vere, universali e necessarie; altrimenti tutta la scienza rimane ipotetica, viene anzi distrutta la possibilità stessa della scienza e della de-

---

[2] ALIOTTA, La teoria dei modelli, in *La cultura filos.* 1907, p. 127.

duzione, che non si può fare senza dei principi fondamentali, « cioè gli assiomi logici che pur non essendo dimostrabili, sono universali e necessari »[3].

L'Aliotta poi si ferma a parlare più in particolare delle leggi della natura, che non si possono ottenere se non per l'induzione fondata sul principio della costanza e razionalità della natura nel suo operare: « in ultima analisi così l'esperienza come l'esperimento ci mettono innanzi una successione particolare di fenomeni, un caso individuale, che per sè preso logicamente non potrebbe essere eretto a legge universale. L'universalità è aggiunta dal nostro pensiero: è qui che interviene quel procedimento induttivo che il Pastore vorrebbe escludere dal metodo sperimentale »[4]. Abbiamo visto come il Pastore nell'ultimo periodo della sua speculazione si sia proposto appunto come problema centrale la fondazione logica della logica e della scienza in senso stretto ed abbia trovato una soluzione originale nel riconoscimento della logicità dell'intuizione mediante la quale si ottiene l'universalità e la necessità dei principi indimostrabili.

Il periodo più recente della LdP non ha avuto un'eco molto più vasta. All'infuori di brevi accenni in studi panoramici sulla filosofia italiana contemporanea e oltre le comuni recensioni sui diversi volumi pubblicati dal Pastore: *LdP, L.S, L'acrisia di Kant, SvF*, pochi sono gli studi apparsi sulla nuova filosofia. Ne trattò per primo Nicola Abbagnano, prendendo occasione dall'articolo del Pastore sulla filosofia del Meyerson; nel 1934 apparve uno studio dell'Ottaviano, che si può considerare come lo studio più completo apparso finora. Se ne occuparono anche l'Orestano nel discorso al X Congresso nazionale di Filosofia, il Lovecchio in uno studio sulle correnti del realismo in Italia, pubblicato nel 1936 in *Ricerche filosofiche* e il P. Bizzarri in due articoli apparsi nel 1940 sul *Divus Thomas*. Infine il Miceli e lo Sciacca hanno dedicato entrambi un paragrafo alla LdP nelle loro ampie storie della filosofia contemporanea in Italia. L'Abbagnano, l'Orestano,

---

[3] ALIOTTA, Sulle verità universali..., ibid., 1910, p. 208.
[4] ALIOTTA, La teoria..., cit. p. 126.

e il Lovecchio esaminano la nuova logica da un punto di vista particolare; riferirò perciò solamente i giudizi degli altri autori.

Lo studio di Carmelo Ottaviano è certamente l'esposizione della LdP più originale, organica e completa, per quanto sia limitato ai principali saggi pubblicati prima del 1934. Egli ha visto molto bene che il punto di partenza dal quale dipende il giudizio di tutto il sistema è l'analisi del principio d'identità. Merito del Pastore e del Mosso è l'aver messo in luce la differenza fra identità e tautologia e l'aver rigettata una logica che sia fondata unicamente su questa, riconoscendo invece l'identità nel diverso e nel variabile. Però l'errore fondamentale è aver creduto che l'identità distintiva della LdP sia irreducibile all'identità aristotelica. I principi di identità e di non contradizione, osserva l'Ottaviano, hanno un valore universale e senza di essi sarebbe impossibile pensare; anche l'identità distintiva della LdP è se stessa, non potendo essere il suo opposto. « Ciò è innegabile a meno di cadere nell'assurdo di una manifesta contradizione » [5]. Un altro punto fondamentale che per l'Ottaviano è inaccettabile, è la completa risoluzione dell'ente in relazione, giacchè « una relazione che non sia tra enti e non supponga quindi l'ente oltre di sè, è incomprensibile » [6].

Riccardo Miceli, pur riconoscendo alla LdP il merito di aver superato l'indirizzo della logica matematica, afferma però che la LdP non appare pienamente giustificata in sede critica. Essa si fonda essenzialmente sul concetto di potenza logica introdotta dal Pastore e dal Mosso in base al principio che un concetto tante volte è, quante volte si pensa, e quindi che l'affermazione simultanea di un concetto fatta due volte è irriducibile al concetto dell'affermazione semplice. Il Miceli mostra molto acutamente che il Pastore con ciò cade proprio nel difetto di cui accusa gli avversari, cioè di trasferire nel pensiero ciò che vale del mondo esterno. Nel complesso però l'esposizione del Miceli riesce insufficiente.

Lo Sciacca invece pur nella sua brevità, dà un'idea più completa della nuova logica e mette bene in mostra il punto di par-

---

[5] OTTAVIANO, La LdP, in *Logos* 1934, p. 283-284, nota.
[6] Ibid., p. 284, nota 3.

tenza della teoria del Pastore nell'analisi del principio d'identità della logica classica, che viene sostituito dall'identità distintiva dell'ente relativo. Quanto alla critica si limita ad elencare una serie di osservazioni staccate, non prive di valore: « Non c'è dubbio che le teorie del Pastore hanno dell'originalità e che rappresentano un contributo alla dottrina della logica, ma contro la sua applicazione della teoria dei modelli meccanici alla logica si può osservare che la ragione non è un modello meccanico, bensì quella che dà significato ai modelli; che la logica non si può ridurre alla matematica, in quanto la conoscenza matematica come ogni altra forma di conoscenza presuppone l'attività logica del pensiero e che la logica non ha, come la matematica, soltanto l'aspetto quantitativo; che il concetto di potenza di produzione è ridotto ad una astrazione che, dal punto di vista della gnoseologia, ha scarso valore » [7]. Manca però una valutazione complessiva della nuova filosofia.

Il P. Romualdo Bizzarri Cappuccino si è occupato della LdP in un lungo articolo apparso in *Divus Thomas* e di nuovo in una controreplica alla risposta del Pastore. Il Bizzarri non espone nè tratta di proposito la logica del Pastore, ma nel suo articolo, diretto a vendicare la logica aristotelica dalle accuse delle nuove logiche, ritorna frequentemente sui vari principi della LdP. La critica del Bizzarri è molto ostile, dettata da uno scopo polemico, e non appare del tutto oggettiva e fondata; per esempio non mostra di apprezzare abbastanza i ripetuti riconoscimenti del valore della logica deduttiva da parte del Pastore. Ma la sua critica coglie rettamente il punto fondamentale della nuova dottrina nella tesi metafisica della relatività dell'ente. Il P. Bizzarri a ragione osserva che tale tesi non può essere sostenuta e che in mancanza di una prova in suo favore tutta la costruzione della nuova logica non può reggersi. Il Pastore rispondendo riconosce che la questione del relativismo è un punto che resta aperto, vendicando però per sè la libertà di optare per esso. Questo riconoscimento però dà al Bizzarri il diritto di concludere che la LdP « non è, come dice d'essere, extrasistematica, presistematica, universale, ma un prodotto

---

[7] Sciacca, Il secolo XX, p. 124.

d'un sistema, s'aggira attorno ad un sistema e appoggia il sistema da cui è nata: non universale dunque, ma particolare ». Anzi, come cercherò di mostrare in questi capitoli conclusivi, bisogna convenire sostanzialmente col Bizzarri nel dire che « la LdP si basa su elementi vaghi ed incerti e su falsi principi e si presenta come un'oscura mescolanza di teorie filosofiche e di elementi logici » [8].

2. — LA FIGURA FILOSOFICA DEL PASTORE.

L'incompletezza ed insufficienza dei precedenti giudizi è per se stessa evidente a chiunque conosca un po' a fondo la LdP; le parti tecniche e più originali spesso non sono neppure toccate e la discussione si limita ad alcuni principi, importanti senza dubbio, ma che non esauriscono una logica così ricca di spunti che meritano di essere esaminati in particolare e non possono essere semplicemente respinti in blocco. Una domanda sorge naturale: come mai, nonostante l'abbondante produzione letteraria del Pastore, nonostante il calore e la commozione con cui il venerando professore di Torino, in tutti o quasi tutti i congressi nazionali di filosofia dell'ultimo periodo, esponeva la sua teoria ai rappresentanti di tutta la filosofia italiana, pure la filosofia del Pastore ha avuto una così scarsa eco nel pensiero contemporaneo? Il Pastore stesso, nell'introduzione al volume *Il solipsismo,* afferma di dover attribuire all'oscurità dello stile il successo poco edificante della sua opera precedente *Il pensiero puro.* Credo di non errare estendendo questo giudizio a tutta la filosofia del Pastore. L'oscurità non solamente dello stile, ma molto spesso anche del pensiero, accresciuta dall'originalità della terminologia e dalla frammentarietà dell'esposizione, è stata senza dubbio la prima causa che ha fatto desistere molti studiosi da una più approfondita considerazione della LdP. Forse senza pensarlo, si faceva interprete del pensiero dei più il Bochenski, che nel fare la recensione della LdP

---

[8] Bizzarri, Controreplica al Prof. Pastore, in *Divus Thomas* 1940, p. 500-501.

si rifiutava di darne un giudizio, dichiarando che « etsi maxima diligentia librum cl. prof. Pastore perlegerim, fateri debeo me eius mentem non perfecte intelligere » [9]. Questo senza dubbio vale a spiegare in parte, ma non certo a giustificare l'insuccesso della LdP nel mondo filosofico contemporaneo.

Ma se non ci accontentiamo solamente della LdP e vogliamo invece apprezzare in pieno la figura filosofica di Annibale Pastore, l'austero pensatore che per 25 anni ha retto la cattedra filosofica di Torino, formando alla sua scuola la mente e la coscienza di tanta nostra gioventù, bisogna senz'altro riconoscere che gli studi finora pubblicati non ci fanno neppure intravedere il molto di più vasto e profondo, che integra la figura del logico puro e le dà un più ampio respiro. Dirò anzi che la presente esposizione, se non ha trascurato nulla di quanto poteva concorrere a mettere in luce la figura centrale del Pastore, non esaurisce però neppure essa il largo e complesso campo della sua attività filosofica.

L'abbondante produzione letteraria del Pastore ci scopre infatti continuamente un doppio aspetto della sua anima, come una doppia faccia della sua personalità, rispondenti alla doppia esigenza della Ragione teoretica (verità) e della Ragione pratica (valore). Il Pastore ha sentito sempre in se stesso come un profondo dissidio fra le due ragioni ed ha cercato sempre di trovare il punto di saldatura tra le due esigenze. Egli stesso al termine della sua attività feconda e molteplice, confessa di non aver potuto scoprire questo punto; ma la passione della ricerca è stata intensa, vibrante, a volte affannosa, sempre sincera e generosa. *Il Pensiero puro, Il Problema della Causalità, Il Solipsismo,* gli *Scritti di varia Filosofia,* gli ultimi saggi sull'esistenzialismo, perfino la recente opera sopra *La Filosofia di Lenin,* caratterizzano anche con il solo titolo le divergenti possibilità dell'autore, le quali partono tuttavia da un punto centrale di irradiamento che, come si esprime il Pastore stesso, costituisce la sua tragedia, è vero, ma anche il suo fulcro. Così a fianco della logica, centrate dal nuovo relativismo, prepotenti si affacciano le esigenze dell'estetica, dell'etica

---

[9] BOCHENSKI, Rec. di LdP, in *Angelicum* 1938, p. 577.

e della mistica, che negli ultimi anni hanno talmente assorbito l'attenzione del filosofo, da far passare in secondo piano la logica.

All'estetica il Pastore dedicò gli inizi della sua attività col saggio sopra *La vita delle forme letterarie* e ritornò poi di tanto in tanto alla letteratura con numerosi saggi apparsi ad intervalli su *Nuova Antologia,* riassumendo infine la sua posizione nel saggio *Problemi d'estetica* del 1938. Il problema estetico per il Pastore non è un problema isolato e puramente formalistico, ma è un problema d'aspirazione, d'intensità, d'espansione, di vita, che va filosoficamente affrontato in ordine al significato ed al valore stesso della vita. Esso si risolve quindi in un esame di coscienza per più d'un riguardo sconcertante, in cui il punto di partenza non è la famosa unità di coscienza degli idealisti, ma un « centro attivo di divergenze, ognuna delle quali reclama la sua autonomia e a sua volta si irradia in speciali differenze » [10]. Questo fa sì che il Pastore si allontani dalle estetiche ufficiali con un senso di insoddisfazione e di noia, e giunga a confessare di trovarsi in una situazione veramente critica, quale è quella di trovare tutte le dottrine estetiche insufficienti e di non essere capace di costruirne una che lo soddisfi. E' la contradizione che per questa via rientra nell'estetica, così come, per il Pastore, fa parte della natura stessa della logica, e lo induce a concludere alla volontà di trasformare piuttosto la sua vita, non in una dottrina estetica, ma in un'opera d'arte.

Ma se il nesso dell'estetica con la vita è così intimo, esso diventa immedesimazione, quando si passa alle altre forme di attività dello spirito, l'etica e la mistica.

La moralità, secondo il Pastore, consiste nell'emancipazione della causalità del volere dalla causalità dell'impulso; è quindi sintesi di libertà e di solidarietà nella giustizia. Non basta conoscere, « bisogna vivere moralmente. E non si vive moralmente se non si ama, perchè amore è giustizia, amore è solidarietà, amore è libertà » [11]. Ma questa realizzazione della moralità assume una forma altamente drammatica, perchè ci si impone di riconoscere che il

---

[10] Problemi d'estetica, in *Riv. d. Fil.* 1938, p. 25.
[11] PdC, II, p. 378.

sacrificio e il dolore è la legge sublime dell'amore: l'amore per la dolorosa bellezza della verità è il solo sigillo del valore morale. L'umanità avanza verso lo scopo supremo della vita, con la speranza di gioie immortali. Ma la fatalità esterna distorce ogni nostra speranza e la ricerca dell'ideale non fa che accrescere i nostri dolori. « Pure perchè si persegue l'ideale anche se così arduo? perchè la certezza di incontrare il dolore non distoglie l'eroe dal sacrificio? La carne è vile ma concreta e il suo piacere almeno è positivo; ma la virtù è astratta e i nove decimi delle sue gioie non trascendono la regione del sogno. In una parola, il finito è presente e gli egoisti lo cercano, lo vivono, non pensano ad altro; troppo felici di guadagnare la vita con tanta rapidità. A chi dunque non basta il presente? Oh, io lo sento, a chi non sia sordo all'appello dell'infinito. No, la vera vita non si vive nel piacere presente; si spreca. Non saremo mai vivi finchè non avremo riconosciuta la vanità di stare attaccati a ciò che passa sì in fretta, compresa la nostra miserabile anima, non illuminata dallo spirito » [12].

Il senso morale della vita si riduce dunque all'esigenza dell'amore del bene, malgrado ogni dolore. Libertà e solidarietà nella giustizia in astratto, amore e sacrificio in concreto: ecco dunque la moralità. Ma quanta tristezza e quanto pessimismo, quanta intima tragedia in questa concezione, che vede il sacrificio come la legge sublime dell'amore, amore che ci solleva alle porte dell'infinito, come una sinfonia immensa che arcanamente vibra fra la realtà e il sogno! Ma, vien fatto di domandarsi, se il dolore è reale e non si può negarlo, è altrettanto reale l'amore? Amore..., ma amore per che? Amore pel bene! Ma cos'è il bene? il trionfo stesso dell'amore malgrado il dolore? Amore della vita! (e solo l'amore può indovinare il senso della vita). Ma la vita piena di amore, è gioia, non sacrificio, perchè sacrificio è morte, negazione della vita; nè la soluzione può cercarsi nell'oltre tomba. « Quale scampo peraltro? Nessuno » [13]. Vita interiore, coscienza morale, entusiasmo puro, amore che prorompe da un cuore crudelmente

---

[12] Ibid., p. 379.
[13] Ibid., p. 381.

trafitto dalla sorte. « Questo è l'occulto elemento, questa è la corrente spirituale sotterranea che accompagna il mistero della morale » [14]. Eccoci quindi in pieno nella mistica, che, rinunciando a penetrare il mistero della concezione drammatica della morale, ci fa vivere in un altro mondo « un mondo formidabile, che è al di là di ogni prova, tanto che per vivere la sua realtà bisogna morire alla conoscenza » [15].

Ma lo spirito non è soddisfatto; ci domandiamo ansiosamente il perchè di tanti dolori e cerchiamo di scorgere un vantaggio superiore per cui almeno valga la pena di amare e di soffrire. Per il Pastore la condizione necessaria e sufficiente di questa realtà, per cui i buoni vanno avanti lo stesso per l'amore, i martiri per la libertà, i geni per l'idea, è « l'autocausazione dell'amore ideale come universalità stessa del bene » [16]. Con la rivelazione di questa verità si compie lo sforzo supremo della filosofia che « massimamente si caratterizza nella conversione del principio dell'essere per la morte, nel principio dell'essere per una nuova forma di potenziamento. Non essere per la morte, ma vivere per attuare i valori dello spirito anche oltre la morte » [17]. Giacchè l'individuo umano non è un'unità isolata, non è fine a se stesso, ma è un passaggio, un anelito all'eternità della specie. La solidarietà deve essere spinta all'estremo: dobbiamo uscire da noi stessi e dirigere i nostri sforzi nella piena consapevolezza dell'universale. Vivendo sempre più e meglio nello spirito altrui, fondendo intimamente i valori, noi vinceremo la morte, perchè sopravvivremo nelle intelligenze, negli amori, nelle volontà dei nostri diletti. Anche la morte allora è un fenomeno della vita, perchè non è che la scomparsa dell'individualità inferiore, mentre insieme è la permanenza potenziale di una vita migliore.

« Ecco l'ardente disperazione della sensibilità di fronte alla vita disgraziatamente cattiva, ecco l'ardente bellezza dell'amore nella sofferenza, ecco l'ardente lotta della libertà a cui non manca

---

[14] Ibid., p. 383.
[15] Sul « No Saber » di S. Giov. d. Croce, in *Riv. d. Fil.* 1935, p. 311.
[16] PdC, II, p. 384.
[17] La comprensione emotiva del tempo; Nota II, in *Atti della RAST*, vol. 80, p. 47, nota.

il coraggio di affermarsi anche nell'ora indeprecabile della morte. Certo nelle ore solenni, quando al peso dei massimi problemi, l'anima è a se stessa un enigma, quando l'esigenza spietata dell'interesse combatte coll'eroica esigenza del sacrificio, la concezione tragica della vita morale non può essere vinta e solo l'arte, forse solo la veemenza della musica può esprimere il sospiro profondo dell'umanità. Nell'accordo dell'amore colla tristezza, nella fusione del sapere con la volontà, noi vediamo dunque brillare la grazia e la potenza invincibile della filosofia » [18].

Con queste parole terminava il Pastore nel pieno della virilità la sua opera migliore *Il Problema della Causalità;* e ci descriveva così la sua stessa anima nel più profondo travaglio di una vita agitata dall'angoscia della morte, brancolante nel buio, battendo invano ad una porta serrata nel freddo silenzio di una notte..., la porta dell'infinito.

Ma all'Infinito egli stesso si era chiusa la via.

Ed egli batteva ancora, come in quella notte della lontana fanciullezza nella chiesa di Maria Ausiliatrice; batteva ancora con la mano stanca, delirante, quasi con rabbiosa impotenza.

Poi si assopì: fu un sonno pacifico nella vuotezza voluta di una logica pura. Lo spirito della tragedia, come origine della filosofia, rimase per molti anni quasi latente [19].

Ma tornò il dolore a risvegliare l'assopita tragedia.

La porta dell'Infinito si era aperta; la luce del giorno splendeva; e Don Bosco, sulla porta aperta, con un dolce, accorato sorriso paterno, l'invitava...

3. — IL SIGNIFICATO DELLA LOGICA PURA.

Io mi decisi di tagliare, troncare intorno a me ogni propagine ed ogni attacco, ogni ramo ed ogni radice, per non coltivare che

---

[18] PdC, II, p. 389.
[19] Fin dal 1936 il Pastore annunziava come di prossima pubblicazione un'opera dal titolo *Origine della filosofia dallo spirito della tragedia*, come più recentemente ne annunziava una sugli alti mistici ed una sulla crisi dell'esistenzialismo.

la logica pura; e questa severa ascesi insegnai ai giovani che mi volevano seguire. Così il Pastore mi riassumeva il programma della sua vita filosofica. Ed è proprio così: nonostante tutti i tentativi di evasione, nonostante tutte le divergenti possibilità e i suggestivi orientamenti, che possiamo intravedere in tante belle pagine, la logica è tutto per il Pastore.

Torniamo dunque alla figura centrale, il logico puro.

Nella filosofia del Pastore dobbiamo distinguere due fasi. Nella prima, partendo dalla logica formale come scienza particolare nel senso tradizionale (*Sopra la teoria della scienza, Logica formale*), il Pastore ascende gradatamente alla trattazione di una logica filosofica (*Del nuovo spirito della scienza e della filosofia, Dell'essere e del conoscere*), finchè sbocca in una filosofia che è un panlogismo (*Pensiero puro, Il Problema della Causalità*) e insieme un relativismo (*PdC, Nuovi orizzonti di filosofia teoretica*); è cioè un relativismo che risolve tutta la realtà e il pensiero stesso nella relazione eminentemente logica di soggetto e oggetto. Questa relazione subobiettiva, SrO, in cui si risolve e fuori della quale non vi è realtà nè fisica (mondo oggettivo, natura), nè psichico (mondo soggettivo, pensiero), è il punto di partenza, la base, il germe, su cui si fonda e da cui si sviluppa tutta la seconda fase filosofica del Pastore, la LdP. Questa in un primo tempo, come logica pura ed universale, rimane ancora nel campo più vasto della filosofia teoretica, è anzi la filosofia teoretica del Pastore, la teoria cioè che deve dare la spiegazione del tutto e fuori della quale non bisogna cercare altro principio, teoria che giustifica e fonda non solo se stessa, come logica pura, ma anche ogni altra scienza particolare. Nessun principio extralogico quindi può essere più accettato nella spiegazione razionale dell'universo, nella costruzione della filosofia teoretica: i campi che la logica non riesce a fondare, il campo dell'inverificabile, del valore, del mistero, sono da respingere nella filosofia della pratica, dove non vi è conoscenza, nè verità, ma vita. Da questa altezza di universalità, da questa filosofia teoretica prima, in cui « la logica, realizzandosi come viva e salda coscienza di tutte le distinzioni dell'atto unitario della vita dello spirito, si eleva alla Filosofia generale del pensiero »[20], da questa *meta-*

---

[20] La LdP nelle sue relazioni con la scienza e la filosofia, in LdP, p. 31.

fisica gnoseontologica, il Pastore ridiscende ai campi particolari, agli enti particolari, gli enti della matematica, della fisica, della psicologia, della tecnica.

Questa, in breve, l'idea che mi sono fatta della logica del Pastore, attraverso il lungo, paziente e, posso dire sinceramente, amoroso studio delle sue opere; logica che non può essere strozzata nelle strettoie del significato usuale di logica formale. Il Pastore non è un logico nel senso dell'*Organon* aristotelico o della dialettica scolastica, nè nel senso della logistica o di qualunque altra logica puramente formale, non tanto perchè la logica del Pastore mette in risalto l'intuizione logica che le altre logiche formali disconoscono o trascurano, ma perchè la logica del Pastore è un'altra cosa; non è la semplice scienza dell'intuire e del ragionare, ma è una visione filosofica, che risolve nell'ente logico tutto l'essere e il pensiero.

Tuttavia nell'opera del Pastore c'è anche una logica formale, nel senso di scienza delle operazioni logiche, che prescinde quindi da ogni contenuto che non sia la forma logica, una logica cioè che enumera e classifica le operazioni logiche fondamentali, ne esamina la natura, assegna le norme che ne regolano l'uso ai fini della ricerca scientifica. Ma, ripetiamo, la logica del Pastore non è solamente questo. Bisogna perciò distinguere nella LdP i due aspetti e considerarli, se è possibile, separatamente. Ed è ciò che mi propongo di fare, considerando nei paragrafi seguenti la Logica del Pastore come filosofia teoretica, esaminandone cioè la base fondamentale, il concetto dell'ente logico puramente relativo; e rimandando al capitolo seguente l'aspetto di logica formale come scienza delle operazioni logiche.

Per chiarire il mio pensiero mi riferirò ad una distinzione che il Pastore stesso propone all'inizio della sua opera *Sillogismo e Proporzione*: « La logica può essere trattata in tre modi diversi: 1° come attività pratica; 2° come scienza analitica; 3° come disciplina filosofica. Intesa nel primo senso ha per oggetto l'esercizio empirico del potere intellettivo; nel secondo senso può definirsi la scienza delle relazioni necessarie; nel terzo s'impone come pensiero del pensiero, che è quanto dire pensiero dell'universale e come tale estende il suo dominio teoretico su tutti i campi del sapere e dell'essere, dovendo di ciascuno e del sistema di tutti ricercare la ragione suprema »[21]. Questa triplice distinzione fa proprio al caso per la nostra discussione; solo ne modifico alquanto la spiegazione nel modo seguente: 1° la logica naturale, implicita nell'attività pratica del ragionare, con cui ogni uomo che non abbia fatto studi logici speciali si regola rettamente nell'esercizio empirico del potere intellettivo; 2° la logica scientifica, come scienza della forma logica pura formalmente presa, ossia la scienza delle varie forme del pensiero e delle sue operazioni fondamentali intuitive e deduttive; 3° la logica filosofica (sarebbe meglio dire metafisica), considerata come filosofia teoretica prima, ossia come pensiero dell'universale, scienza suprema dalla quale tutte le altre derivano il loro oggetto particolare.

Ora, come appare evidente da tutta l'esposizione che precede, la LdP si presenta indubbiamente come una logica nel terzo senso, come una filosofia generale del pensiero, che riconosce « l'immanenza logica di gnoseologia e di metafisica » e si fonda sull'inscindibile « interiorità reciproca dell'essere al conoscere e del conoscere all'essere »[22]. Ma una logica in questo senso è una logica puramente formale, una scienza della pura forma logica che prescinda da qualunque metafisica? o non è piuttosto essa stessa una *metafisica*[23], cioè una filosofia prima, con una sua particolare concezione della realtà prima ed universale, dalla quale ogni altra determinazione particolare è derivata?

Per quanto abbia serenamente riflettuto a questa domanda, mi pare di non poter dare altra risposta che questa: e cioè che una logica la quale di fronte alle altre logiche puramente analitiche, simboliche, matematiche, si presenta con la caratteristica di voler essere una filosofia, nè più, nè meno, nè altro[24], tanto

---

[21] Sillogismo e Proporzione, p. 3.

[22] Sul compito critico della filosofia secondo la LdP, in *Arch. di fil.* 1940, p. 473.

[23] A scanso d'equivoci, prendo il termine *metafisica* non come sinonimo di ontologia o conoscenza della cosa in sè, ma come filosofia teoretica prima, spiegazione universale ultima; in questo senso ogni filosofo fa della metafisica, anche Kant, anche Pastore.

[24] Il Problema del trascendente nella scienza e la LdP, in L.S, p. 48,

che la filosofia teoretica in quanto tale si risolve in una logica [25], sia anzi la logica generale o logica come logicità [26], dato che per filosofia teoretica si intenda il pensiero puro della universale relatività, cioè non il pensiero astratto come forma conoscitiva vuota o come mera soggettività del conoscere, ma il pensiero giunto alla sua massima purezza, il pensiero del pensiero [27], e d'altra parte per pensiero si intenda l'unità indivisibile dell'universale realtà con l'immanenza reciproca di soggettività ed oggettività [28]; una logica tale, dico, non prescinde da una concezione metafisica sua propria, cioè da una concezione dell'universale. E' anzi essa stessa una filosofia prima, cioè una metafisica; non sarà la metafisica ontologica di Aristotele e neppure la metafisica soggettivistica degli idealisti, ma è una metafisica, la metafisica del relativismo gnoseontologico.

Data l'importanza dell'argomento, riprendo brevemente la discussione sotto altra forma. Possiamo definire la logica come la scienza dell'ente logico. Ora è evidente che la logica, per quanto faccia astrazione da ogni contenuto materiale per non aver altro contenuto che la pura forma, non potrà però fare astrazione da una qualunque concezione sulla natura dell'ente logico in quanto tale.

Ebbene, che cos'è l'ente logico? Per Aristotele e per gli scolastici l'ente logico, che è soggetto della logica formale, è un genere determinato di ente contrapposto all'ente reale: infatti per usare le parole di S. Tommaso, « ens est duplex: ens scilicet rationis et ens naturae. Ens autem rationis dicitur proprie de illis intentionibus, quas ratio adinvenit in rebus consideratis; sicut intentio generis, speciei et similium, quae quidem non inveniuntur in rerum natura, sed considerationem rationis consequuntur. Et huiusmodi, scilicet ens rationis, est proprie subiectum logicae » [29]. La logica quindi non è tutta la filosofia, e neppure è la filosofia teoretica prima ossia la metafisica, perchè la metafisica considera

---

[25] Nuovi orizzonti, in *Logos* 1922, p. 34.
[26] Rassegna di Logica, in LdP, p. 143.
[27] La logica della ricerca scientifica, in L.S, p. 4.
[28] PdC, II, p. 228.
[29] S. Thomas, In IV Met, l. 4.

l'ente nella sua più vasta accezione, in quanto prescinde da ogni determinazione particolare [30]. Ecco quindi come la concezione ontologica di Aristotele domina anche la sua logica.

Che cos'è l'ente logico per il Pastore? La risposta è netta e precisa, come è facile rilevare da tutta l'opera del Pastore: l'ente logico è il soggetto in relazione con l'oggetto. Ora il soggetto in relazione con l'oggetto è per il Pastore la realtà ultima ed universalissima, il vertice a cui egli giunge, al di là della gnoseologia e dell'ontologia, nella gnoseontologia, cioè nella filosofia come pensiero puro dell'universale relatività. Spirito e materia, soggetto ed oggetto, e quindi qualunque altra più particolare determinazione dell'essere e del conoscere, si deve risolvere in ultima analisi nella relazione subobiettiva, cioè nell'ente logico, fuori del quale niente è pensabile. Tutta la LdP è costruita sulla base della relatività universale, il mondo di Mosso. Ora la relatività, come il Pastore stesso ammetteva in disputa col Bizzarri, è una tesi metafisica, che si contrappone ad un'altra metafisica, la metafisica dell'assoluto.

Prendiamo un esempio concreto da uno dei primi saggi di LdP, *Sull'irrazionalismo del Meyerson*: in tutta la critica ivi svolta contro il principio d'identità-invarianza, il Pastore sostiene appunto la tesi che la logica aristotelica si attiene a quel principio logico perchè non riconosce altra metafisica che la metafisica dell'ente eleatico, per la quale solo l'identico è razionale. Aristotele avrebbe potuto fondare un'altra logica, se al principio immobilizzante dell'identità avesse preferito il principio eracliteo del divenire. Invece la LdP ha riconosciuta l'essenziale variazione relativa della realtà, ha risolto quindi totalmente l'ente in relazione, e per questa tesi ha potuto considerare l'ente come privo di ogni contenuto permanente e costituito solo dalle sue relazioni agli altri enti del discorso.

Perciò io concludo che la divergenza tra la logica aristote-

---

[30] Bisogna rilevare l'osservazione che S. Tommaso aggiunge; e cioè che la logica è tuttavia una scienza universalissima, non quanto al suo oggetto formale, ma quanto al suo oggetto materiale, giacchè tutti gli enti senza eccezione possono essere oggetto di considerazione intellettiva: « *et ideo subiectum logicae ad omnia sese extendit* ».

lica e quella del potenziamento non è nel fatto che l'una suppone una metafisica e l'altra no, ma che l'una suppone un determinato concetto di ente logico ed una ontologia, l'altra un altro concetto di ente logico e la gnoseontologia del relativismo universale.

4. — LA BASE GENERALE DELLA LDP: LA RELATIVITÀ.

La relatività universale, essendo la base generale della logica come logicità, non conosce altra giustificazione che se stessa, non ha altri presupposti, è autologica. Essa è il principio primo che non può essere posto con un'operazione discorsiva, ma solo mediante un'intuizione logica immediata. Ciò posto, è chiaro che non ha più senso « la domanda del Bizzarri che si diano le prove della verità delle tesi della LdP »[31]. Tuttavia se, come dice il Pastore, i principi della LdP, come del resto quelli di ogni scienza particolare, non sono arbitrari, ma essenzialmente logici ed universali, dovrà essere possibile metterne in evidenza la legittimità e necessità.

Questa osservazione però introduce una questione preliminare: infatti uno dei punti più caratteristici della LdP di fronte a tutte le correnti più o meno empiristiche, irrazionalistiche, convenzionalistiche, sta nell'aver affermata la logicità e necessità dei principi delle varie scienze e specialmente della logica generale. Ma ci si può domandare che cosa significhi per il Pastore questa logicità e razionalità dei principi e se la logicità ricercata dal Pastore sia poi molto lontana dal convenzionalismo e empirismo a cui egli intende opporsi. In base all'esposizione analitica e minuziosa che abbiamo premessa, possiamo affermare che la logicità dei principi per il Pastore non consiste propriamente in altro che nella loro necessità e sufficienza per lo sviluppo del sistema deduttivo, di modo che porre logicamente i principi significa porre un insieme di proposizioni che soddisfino a tale criterio. Dunque la logicità dei principi non esclude un certo

---

[31] Logica nuova e metafisica nuova, in *Divus Thomas* 1940, p. 352.

grado di convenzionalismo nella loro formulazione, non esige per i principi sistematici un valore di verità e una necessità assoluta, contentandosi di un valore puramente relativo; tanto che anche a riguardo del principio primo della logica aristotelica il Pastore afferma esplicitamente la sua parziale arbitrarietà. Ci si può ulteriormente domandare se questo relativismo debba continuare a valere anche per i principi fondamentali della logica come logicità oppure se la ricercata universalità della logica esiga, secondo il Pastore, una validità assoluta per i principi che sono alla base di quella. Ora logicamente è chiaro che non vi può essere universalità assoluta senza assoluta necessità, che ponga i principi universali fuori e al di sopra di qualunque sistema od opinione particolare. E di fatto il Pastore, parlando dei suoi tre principi fondamentali, relatività, variabilità e potenziamento, usa espressioni che danno loro questa assoluta validità e logicità; si veda per esempio la comunicazione *Sul fondamento logico della matematica* [32] e quanto abbiamo riferito al capitolo quarto, articolo primo. Ma questa assolutezza è coerente nel sistema del Pastore, trova in esso un criterio su cui fondarsi? Il Pastore stesso non ne sembra convinto e così non mancano brani in cui anche l'affermazione della relatività dell'ente sembra perdere il suo valore assoluto. Citiamo la frase scritta dal Pastore nel 1940 in risposta alle obiezioni del Bizzarri: « Il punto che resterà aperto e che solo metafisicamente interessa, è la questione del relativismo. Ma su questo punto mi lascerò dare tutti i rimproveri. Qui non contenderò il passo al mio critico, e lascerò che ognuno in piena libertà, contro di me, eserciti gli atti di sua giurisdizione. Per parte mia ho sempre cercato di dar prova di rispetto delle teorie altrui. Convinto sostenitore della teoria dei modelli e della loro infinità verità, io considero tutti i sistemi filosofici come modelli più o meno soddisfacenti, e resto relativamente indifferente davanti alle variabili prospettive che la storia della filosofia ci presenta » [33].

Di fronte a questa confessione quale valore conservano an-

---

[32] LdP, p. 97.
[33] Logica nuova e metafisica nuova, in *Divus Tomas* 1940, p. 353.

cora quelle frasi con cui il Pastore esalta la fermezza e sicurezza dei suoi principi, la loro logicità, necessità e universalità? Per me la conseguenza logica di tale relativismo soggettivistico, di questa indifferenza di fronte all'infinita verità dei modelli, non può essere altra che l'assoluto scetticismo. Il Pastore invece non giunge a questa conclusione; anzi è rimasto sempre saldo nel rigettare il nichilismo scettico e nell'attribuire ai principi della sua logica un valore necessario e universale. Dunque si deve poter fondare legittimamente il relativismo logico universale. Ora, sebbene nella LdP non si trovi mai una giustificazione della tesi fondamentale, che viene al più illustrata col fatto della mutazione del reale e colla tendenza della fisica moderna, tuttavia credo di aver interpretato fedelmente il pensiero del nostro autore quando al capitolo terzo ho mostrata la risoluzione dell'ente in relazione come il risultato di quella progressiva evoluzione filosofica, che partendo dalla memoria *Dell'essere e del conoscere*, trovava la sua piena espressione alla vigilia della fondazione della LdP nella prolusione del 1922, centro ideale delle opere principali del Pastore [34].

Riassumo in breve quanto è stato già esposto: La filosofia per il Pastore parte da una costatazione ovvia e primitiva, cioè la distinzione dell'essere e del conoscere. Questa dualità è un dato innegabile della cognizione empirica ed è confermata dalla scienza e dalla filosofia. L'inizio è ottimo; giacchè una filosofia che voglia essere una filosofia reale e non una elaborazione fantastica, non può non partire da un dato ovvio e necessario dell'esperienza immediata, spogliandosi da qualunque pregiudizio di sistemi o di filosofie preformate. L'analisi di questi dati più immediati e necessari condurrà la mente all'affermazione dei primi principi e pian piano alla costruzione del sistema deduttivo.

Ma il Pastore non rimane a lungo fedele a questo metodo: invece di accettare l'esperienza nella sua integrità, egli opera una selezione; in base a che criterio? Evidentemente non in base all'esperienza stessa e neppure alla luce di quei principi primi che sono naturalmente insiti nella nostra mente, bensì proprio in

---

[34] SvF, *Introduzione*, p. XIII.

base a dei pregiudizi filosofici non ancora giustificati nè giustificabili a priori. Si ricordi infatti come il Pastore, dopo aver riconosciuta la legittimità del carattere relativo di ogni esperienza, rigetta invece come arbitraria entificazione metafisica l'indipendenza e sussistenza dei termini della relazione conoscitiva, che è pure un dato non meno immediato, necessario e universale d'ogni nostra esperienza. Giacchè con la stessa necessaria immediatezza con cui percepisco in ogni esperienza un soggetto in relazione ad un oggetto, vedo anche che la realtà non si esaurisce nella relazione conoscitiva; il soggetto conoscente e l'oggetto conosciuto mi appaiono immediatamente e necessariamente come due entità indipendenti, aventi ciascuna il proprio essere in sè, mentre la loro unità nella relazione è qualche cosa di posteriore e derivato. Il filosofo, a priori, non ha il diritto e neppure la possibilità di separare questi dati, per ritenerne alcuni come validi e altri come vane illusioni.

Questa medesima arbitrarietà si nota nello sviluppo successivo, con cui il Pastore attraverso l'analisi della scienza e della cognizione in generale giunge all'identificazione di pensiero e realtà nella relazione subobiettiva. Il Pastore infatti, dopo aver separatamente affermata la necessità del soggetto, dell'oggetto e della relazione per costituire la cognizione, riduce poi tutto alla relazione, fuori della quale i termini non hanno significato.

Orbene: la conoscenza in quanto tale dice senza dubbio relazione, non puramente accidentale, ma veramente essenziale, tanto al soggetto che all'oggetto; la conoscenza quindi si identifica senz'altro con la relazione conoscitiva di soggetto in relazione ad oggetto. Il Pastore ha visto molto chiaramente questa verità e l'ha messa in bella luce sia contro il soggettivismo, sia contro qualunque forma di oggettivismo, che non riconosca l'entità della relazione in quanto tale nè l'attiva partecipazione del soggetto nella conoscenza. Questo però non giustifica affatto l'ulteriore riduzione dei termini relativi alla relazione stessa; anzi questa stessa concezione della conoscenza come relazione unitiva e distintiva suppone la realtà dei termini, da cui la realtà della relazione stessa essenzialmente dipende.

Un simile processo di riduzione di tutta la realtà a relazione è attuato dal Pastore nel campo dell'ontologia; di fronte alle posizioni antitetiche del realismo e dell'idealismo, il Pastore afferma la necessità del relativismo; l'assolutamente irrelativo sia fisico che psichico, essendo assolutamente impensabile, non può essere la vera realtà, ma è piuttosto la negazione della realtà; giacchè « nessuna realtà è reale, se non a patto che possa trovarsi in relazione col soggetto che l'afferma ... Solo ciò che è relativo è conoscibile; tutto il resto non è che illusione ». Ora non c'è chi non veda come tutta questa argomentazione è necessariamente fondata sui principi immanentistici di Kant e dell'idealismo. Invece quello che la ragione immediatamente afferma come necessario è non solo l'esistenza della relazione fra il soggetto conoscente in quanto conoscente e l'oggetto conosciuto in quanto conosciuto, ma anche l'esistenza dei termini stessi; e non è affatto necessitata ad affermare che la realtà dell'oggetto dipenda dall'attuale cognizione mia o di un intelletto qualunque. Ogni ente in quanto tale è conoscibile, ma ciò significa solamente che ogni ente è in potenza ad entrare in relazione con l'intelletto, e non già che l'ente si risolve in questa relazione. Non vi è quindi nessuna ragione a favore, ma anzi molte ragioni contro la conclusione del Pastore: « I pretesi soggetti assolutamente in sè della gnoseologia vecchia (io, la persona, l'anima ...) non hanno niente di intelligibile fuori della relazione e sono vani idoli da relegarsi tra le superstizioni dello spirito umano », come pure « i pretesi oggetti assolutamente in sè della vecchia metafisica (spazio, tempo, materia, ... mondo, assoluto, Dio) »[35].

Riassumendo vediamo che il Pastore tanto in gnoseologia che in ontologia parte da un dualismo: soggetto e oggetto, natura e spirito; ma lo supera, non con la negazione di uno degli opposti, come fanno i materialisti e gli idealisti, bensì mediante l'identificazione dei termini con la relazione che li unisce. Però in questa identificazione: o perisce la distinzione degli opposti, e allora si nega nella conclusione il punto stesso di partenza; ovvero si man-

---

[35] E' per me doveroso e gradito dar atto di una dichiarazione fattami dal Pastore; e cioè che tali assoluti sono per il Pastore vani idoli solo per la conoscenza logica e non per la coscienza.

tiene la reale distinzione, e allora si va contro il principio di non contradizione che è la legge fondamentale del pensiero. In realtà il Pastore ha visto la falsità dell'idealismo, che vuol ridurre tutta la realtà al soggetto e vuole dedurre da questo anche l'oggetto; d'altra parte ha visto pure la falsità del monismo materialistico, che riduce tutta la realtà alla natura e fa dello spirito, un epifenomeno inerte della materia. Ma non ha voluto abbracciare un dualismo, che secondo lui scaverebbe un abisso tra l'oggetto e il soggetto, la natura e lo spirito. E allora ha creduto di superare tutte le precedenti forme con la sua realtà puramente relativa, psicofisica, subobiettiva. Ne è venuta fuori una teoria ibrida in cui le più disparate e inaccettabili affermazioni sono intrecciate a giustissime osservazioni: l'autore oscilla fra oggettivismo e soggettivismo, materialismo e panpsichismo, e volendo essere tutto finisce per non essere nulla. Il Pastore insomma nel proporre la sua teoria come superamento e non negazione di tutte le forme precedenti, delle due ipotesi accennate sembra scegliere la seconda: cioè la reale identità nella reale distinzione. Ma sceglie l'impossibile, giacchè l'identità dei diversi è l'indeterminato e quindi l'inesistente e l'impensabile.

Sono questi gli argomenti principali per i quali il Pastore nella prolusione del 1922 si credeva autorizzato a concludere: « La relatività è la condizione essenziale così dell'essere come del conoscere ... Dunque una filosofia che non sia il pensiero della somma relatività è un'ombra vana ». L'anno seguente il Mosso poneva senz'altro questa somma relatività come base generale della nuova logica. « L'ente è relazione e quindi la distinzione tra ente e relazione è verbale ». La relazione anzi è il concetto primo e autologico.

Contro questa tesi fondamentale della LdP noi affermiamo che la risoluzione completa dell'ente in relazione è una concezione assurda e contradittoria, tale che neppure il Pastore può sostenerla senza contradirsi: dice di risolvere tutto l'ente in relazione, ma in realtà parla poi sempre dell'ente che è in relazione, che ha relazione agli altri enti del discorso. Evidentemente l'ente non è la relazione, perchè un ente può dire relazione a molti enti e perchè le relazioni possono mutare rimanendo sempre lo stesso ente; perciò il Pastore afferma che l'ente è un insieme di relazioni *ab, ac, ad*. Ma se l'ente non si identifica con una qualunque delle sue relazioni e se d'altra parte queste molteplici relazioni sono realmente distinte e indipendenti, come può l'ente individuale identificarsi con l'insieme delle relazioni? Come si può ancora affermare l'unità dell'ente e la sua identità con se stesso? Giacchè secondo il Pastore ogni ente dice anche relazione di identità con se stesso. Ma cos'è questo se stesso, che permane sempre lo stesso anche se non è uguale, cioè anche nella sua variazione? Riconosciamo quindi che vi è nell'ente necessariamente un in sè, da cui non si può prescindere e che non si può negare senza contradirsi, vi è un soggetto della relazione o dell'insieme di relazioni, un permanente sotto la variazione, un assoluto al di là di ogni relativo [36].

5. — UN COROLLARIO: LA NEGAZIONE DI DIO.

Abbiamo visto al capitolo terzo come il Pastore dall'affermazione della realtà come pura relazione causativa venga alla negazione di una realtà assoluta e trascendente, la causa prima, Dio, conferendo così al successivo sviluppo della LdP un carattere completamente ateo. La posizione del Pastore di fronte alla teologia si può ridurre alla tesi che nella spiegazione aitiologica dell'universo l'idea di Dio come causa prima è inutile, illusoria, illegittima: inutile, perchè la causalità della natura si spiega da

---

[36] Solo come una diversa espressione della medesima concezione filosofica deve essere giudicata la relatività logica legale o senz'altro legalità, per la quale, secondo il Pastore, la vera realtà non è nè i fenomeni naturali concreti, nè gli schemi concettuali o ipotesi scientifiche, ma solo la legge o equazione, esprimente i nessi e i rapporti necessari e di cui i fenomeni naturali e le ipotesi scientifiche sono i modelli infinitamente variabili. Anche qui la legge, i nessi e i rapporti non sono reali se non nella concretezza del fenomeno, i rapporti di variazione espressi nell'equazione non sono intelligibili se non in quanto vengono affermati come determinazione o spiegazione di entità, la cui natura non si risolve nella relazione, ma ci viene più o meno intimamente manifestata attraverso le leggi causali del fenomeno.

sè senza bisogno di un'ipercausa; illusoria, perchè l'idea di Dio è dovuta alla tendenza della nostra mente di pascersi di illusioni, ricercando il perchè del perchè e rifugiandosi nel mistero; illegittima, perchè la nozione di causa prima assoluta è contradittoria essendo allo stesso tempo relativa e irrelativa. Un esame minuto delle varie affermazioni e negazioni dell'autore ci porterebbe fuori del nostro tema; tuttavia data l'importanza di questo problema non lo possiamo trascurare completamente: ci limiteremo quindi alle osservazioni fondamentali.

Quando il Pastore stabilisce l'attività causativa universale, come realtà suprema, dato e non concesso che essa sia pensabile, o le attribuisce i caratteri della necessità, infinità, assolutezza, e allora siamo in una delle tante forme di panteismo o panlogismo, con tutte le assurde contradizioni che tali sistemi includono e che il Pastore stesso riconosce; ovvero nega che vi sia nella realtà qualche cosa di necessario, infinito, eterno, assoluto, e pone tutto il reale come contingente, finito, temporaneo, e allora siamo nella contradizione e nello scetticismo, giacchè si afferma che la realtà è, senza una ragione sufficiente per essere. Il Pastore anche in questo caso, tra le due alternative, sembra scegliere la seconda, contrario come è ad ogni monismo, alieno da ogni trascendentale, non solo in senso teistico, ma anche in quello idealistico; la sua mentalità proprio in questa questione della causalità in genere e della causa prima, rivela chiaramente quella tinta di positivismo, che ha ricevuta dall'atmosfera satura della sua giovinezza e dalla quale non ha saputo mai liberarsi interamente. Ma, come è impossibile concepire l'attività causativa o relatività legale senza la distinzione dei termini, della causa e dell'effetto, assoluti e relativi insieme, benchè sotto aspetti diversi; così non è possibile che tutte le attività e relatività particolari, contingenti e finite, sussistano senza un'attività universale, necessaria e infinita, la quale per questi stessi caratteri è assolutamente trascendente al mondo psicofisico della nostra esperienza diretta, mentre ne è insieme causa prima e ultimo fine. Quando il Pastore ha detto che l'ente è essenzialmente relativo, avrebbe detto una grande verita se avesse inteso dire che ogni ente della nostra esperienza immediata, sia fisico che psichico o anche puramente logico, in quanto è essenzialmente mutabile, contingente, finito, imperfetto, dice essenzialmente relazione ad un ente immobile, necessario, infinito, perfettissimo, che è la ragione del suo essere e del suo divenire.

La mente quindi nell'affermare la causa prima assoluta non è vittima di una pura illusione, ma segue invece un ragionamento logico necessario, fondato sul principio fondamentale di ragion sufficiente e di causalità; non è una vana ricerca del perchè del perchè, che si potrebbe prolungare all'infinito, nè è il ricorso al mistero per il bisogno dell'inconoscibile; ma è l'esigenza imposta dai caratteri stessi della realtà e della causalità legale, che non può avere in se stessa la sua ultima ragione ed esige l'esistenza di qualche cosa di trascendente per cui non valgono gli stessi interrogativi e problemi, una causa senza causa, un essere mai nato. Certamente se si suppone che l'ente è relazione, cioè che ogni ente è essenzialmente intrinsecamente dipendente dalla sua relazione con gli altri enti, e si rigetta ogni ipostatizzazione dell'ente, l'idea di una causa prima, assoluta, trascendente, immutabile ed eterna, è per ciò stesso esclusa come impossibile e contradittoria. Ma abbiamo visto che al contrario assurda e contradittoria è la risoluzione completa dell'ente in relazione, senza più nè termini nè fondamento. Quindi non fa meraviglia se da un'ipotesi assurda segue un'altra assurdità, la negazione di Dio. Il Pastore insiste sulla necessità della relazione anche per la causa assoluta: l'assoluto per essere pensabile deve essere in relazione col pensiero e per essere causa deve essere in relazione coll'effetto; dunque la causa prima assoluta è impensabile e contradittoria. Questa difficoltà però è ben nota nella teologia scolastica, la quale ha dato da tempo piena risposta ad essa con la distinzione tra relazione reale e relazione puramente logica. Dio è assoluto nella sua essenza e quindi non può avere relazioni reali che lo farebbero realmente dipendente da qualche cosa fuori di sè; ma questa assolutezza non esclude anche le relazioni puramente logiche di Dio all'intelletto che lo conosce e all'effetto che ne è creato. Perchè la difficoltà avesse valore, il Pastore avrebbe dovuto provare che la relazione deve essere reale non solo per parte della creatura, ma anche per parte di Dio; ma questa prova manca.

Anzi il Pastore, in tutta questa questione, dà l'impressione di essersi limitato a considerare gli argomenti per l'esistenza di Dio come vengono spesso esposti in deficienti ed inesatti lavori di divulgazione, invece di esaminare a fondo le trattazioni serie e scientifiche.

L'esistenza di Dio dunque è un'esigenza razionale e pienamente logica. E Dio è non solo la causa prima di ogni realtà, ma anche il fondamento ultimo della moralità, la beatitudine finale del nostro spirito e quindi l'oggetto imprescindibile della religione e della mistica. Il Pastore non ha visto tutto ciò, vittima di quell'atmosfera di irreligione e di ateismo, che ha dominato il pensiero filosofico e tutta la cultura italiana tra la fine del secolo scorso e il principio di questo secolo.

Ci si può domandare se almeno il Pastore sia giunto a Dio al di fuori della logica, là dove per il Pastore si estende « l'enorme continente nero della realtà, non apparente nè per D, nè per U, nè per D.U, cioè nelle forme operative della LdP, e che costituisce il campo dell'inverificabile, dove la realtà (e se vogliamo anche dire la verità quale contenuto della coscienza immediata o della fede, nel senso largo della parola) si autentica non perchè si conosce, ma perchè si vive » [37]. Sotto questo aspetto la posizione del Pastore ha avuto un lento, ma progressivo e sicuro ravvicinamento; sono ormai lontane le espressioni dure del PdC e il Pastore non ha mancato, in questi ultimi anni, di esprimere ripetutamente le sue simpatie per la religione più sublime, la religione cristiana. Tuttavia c'è ancora del cammino da compiere, giacchè manca ancora non solo nella filosofia teoretica, ma anche nella morale e nella mistica del Pastore, la certezza dell'esistenza di Dio.

Ed è proprio per questo che il Pastore è stato sempre un pensatore triste, egli che confessa di sè che « non cercò che la sincerità ad ogni costo e alla fine venne ad imparare — cosa vecchia — che non v'ha verità che non sia triste » [38]; tanto che an-

---

[37] Jaspers: la verità inverificabile: Nota I, in *Atti della RAST*, vol. 79, p. 56-57, nota.

[38] SvF, *Introduzione*, p. XIII.

che « la logica ha sempre al suo fianco due alleate: la tristezza e il senso del mistero » [39]. « Ad ogni momento, esclama con un senso vago di melanconia e insieme di lotta spasmodica, il problema della nostra esistenza ci inchioda sulla croce della disarmonia. Abbiamo la coscienza dello spasimo e la controcoscienza di non dover liberarcene ». Compito del filosofo è per il Pastore quello di entrare « in sempre maggior presa di contatto col lacerante reale, intendo dire colla sua tragedia, ad ogni costo » [40]. Non già però per lasciarsi opprimere dal senso dell'angoscia, ma per reagire alla crisi di depressione e al senso di smarrimento, che così facilmente può insinuarsi nei nostri animi: « occorre che la filosofia, consapevole della sua missione vitale nel mondo, resista criticamente contro tutte le forze nullistiche rispondenti al *clinamen* della decadenza » [41].

« Chiusi nella caverna platonica, ai confini del nostro spazio e del nostro tempo, abbiamo ancora bisogno di comprendere che non solo il vivere, ma anche il morire è trascendente, poichè la stessa morte è un fenomeno della vita. Ma, se per questo trascendere dobbiamo morire, non dobbiamo temere la morte che genera una vita migliore. L'anima nostra è tutta in questa speranza » [42]. Così scriveva il Pastore nel silenzio della sua villetta di Bruino, nel settembre 1944.

Ma su che fondare questa speranza, se la logica e la filosofia teoretica rimane muta e d'altra parte « il bisogno vitale introdotto nella conoscenza non è che un apparecchio d'ottica destinato a farci vedere un miraggio ingannatore »? [43]. Sarà dunque una speranza alogica, irrazionale, senza verità, vano miraggio ingannatore essa stessa? Ecco gli angosciosi interrogativi a cui il Pastore non ha risposto, nella ignoranza terribile di tutti quei beni che soli consolano profondamente.

---

[39] Sul « No Saber » di S. Giov. della Croce, in *Riv. d. Fil.* 1935, p. 313.
[40] Ibid., p. 314-315.
[41] La comprensione emotiva del tempo: Nota II: Davanti alla morte, in *Atti della RAST*, vol. 80, p. 27.
[42] Ibid., p. 52.
[43] Jaspers: la verità inverificabile: Nota II, in *Atti della RAST*, vol. 80, p. 140.

Tuttavia la sua anima, sempre in travaglio per la ricerca della verità e del valore (la filosofia non è altro), è continuamente aperta a nuovi orizzonti. Ce ne dà prova la sua più recente attività, in cui vengono sottoposte a penetrante analisi le più diverse correnti di pensiero. Fra esse il Pastore non manca di segnalare con simpatia quell'indirizzo filosofico e religioso che si rifà a S. Tommaso, nel quale è tanto di coraggio intellettuale che « par che sorpassi il coraggio mistico d'un antintellettuale ». E' la posizione di chi « accetta il mistero religioso e lo conserva senza rinunciare all'esercizio della ragione. Anzi l'autenticità del mistero per lui è scrupolosamente dovuta alla convinzione logica dei limiti della ragione. La potenza di credere è in funzione della volontà di comprendere, nel senso che la ragione medesima conduce a credere. Con che si supera il mero istinto religioso, perchè questo si limita a credere senza comprendere, mentre quello comprende che bisogna credere ». Io mi auguro che il Pastore voglia anch'egli avventurarsi in questa « critica filosofica interamente evocatrice, sollecita non meno della verità che del valore, desiosa » *non solo* « di accordare la ragione con la fede » — *perchè questo è il massimo problema* —, ma anche « decisa in ogni problema così a vivere intensamente nel senso del mistero come intrepidamente a pensare fino in fondo alle frontiere dell'essere e dell'intelligibile »[44].

Ed anche il credente può e deve sentirsi intimamente congiunto con chi non crede, « sentire, pensare, credere anche oppostamente ma insieme con lui »; giacchè nulla deve restare « estraneo alla nostra coscienza che non perde il suo essere coessendo, ma lo moltiplica per l'essere altrui »[45]. Ma la sua carità universale, che non è semplice solidarietà o simpatia, ma vincolo profondo che ci lega come membra di un unico corpo, sotto un unico capo dal quale discende la vita, ha origine da qualche cosa che ci supera immensamente. Il credente sa ciò, sa cioè che solo l'unione a Cristo può dare all'uomo la vera vita e la vera feli-

---

[44] La scala di Pascal, in *Teoresi* 1947, p. 105.
[45] Poscritto a *Il mio pensiero filosofico*, in *Filosofi italiani contemporanei* di SCIACCA, 2 ed. 1947, p. 421.

cità. Perciò non si contenta, con allargata e comprensiva coscienza, di entrare nella coscienza dell'umanità, in cui tutto concorre e si compenetra; ma per amore della verità e del valore (che non è solo filosofia, ma anche religione e teologia) vuole che l'umanità intera viva nella sua stessa fede, senta, pensi e creda non più oppostamente, ma con un medesimo sentire, pensare, credere; talchè tutti gli uomini abbiano finalmente un cuor solo ed un'anima sola.

« Qui è la sede e la ragione del nostro soffrire, del nostro amare e del nostro entusiasmo ».

CAPITOLO DODICESIMO

LA LdP COME LOGICA FORMALE

1. — Variazione, identità, potenziamento.

Ogni logica esige ed implica una base metafisica nella determinata concezione della natura dell'ente logico, che costituisce il suo oggetto. Su questa base la logica si sviluppa come scienza astratta della pura forma, in quanto lasciando da parte il pensiero nelle sue relazioni colla realtà esteriore, in mezzo alla ricchissima varietà dei fatti di natura e di coscienza, isola la sola forma, cioè la relazione astrattamente universale e necessaria, che il pensiero pone fra i suoi termini.

Anche la LdP, dopo aver posta la sua base fondamentale in una concezione originale di relativismo autologico, si sviluppa come scienza formale con la determinazione della natura e delle leggi delle operazioni fondamentali del pensiero. E' lecito però domandarsi: non è possibile sganciare la logica del Pastore dal suo presupposto metafisico? non si può almeno ripensarla facendo astrazione non solo dalla natura di ogni contenuto materiale, ma anche dalla natura dell'ente logico, quale la pensa il Pastore, sostituendola con un'altra concezione? Questo appunto mi propongo di esaminare ora; e vedremo che, sebbene nel suo complesso di principi e di metodi la LdP dipenda necessariamente dal presupposto iniziale, però molte nozioni ed elementi inverano un valore ed un significato trascendente, che può e deve essere accettato anche da chi rifiuta la sua base relativistica.

Ricordiamo brevemente il processo tenuto dal Pastore nella fondazione della sua logica. Posta la risoluzione totale dell'ente in relazione, ne segue logicamente che l'ente non ha più un in sè assoluto ed immobile, ma è unicamente determinato dagli altri enti del sistema o discorso. Di qui il principio della variazione relativa: ogni ente varia in sè al solo variare degli enti del discorso; che si specifica ulteriormente mediante il principio di identità distintiva: ogni ente si identifica con sè stesso (= si individua) per la sua distinzione dagli altri enti coi quali è in relazione; e il principio del potenziamento logico: ogni ente è potenziato e potenzia gli enti coi quali è in relazione, essendo determinata la potenza dell'ente dal numero degli enti del discorso. Con questo insieme di principi coerentemente dedotti dal principio fondamentale della risoluzione dell'ente in relazione, il Pastore afferma di aver trovata la base per il nuovo modo di ragionare. L'identità dell'ente quindi è anche per il Pastore la condizione *sine qua non* del ragionare; ma l'identità che qui si pone è un'identità nuova, diversa e più generale dell'identità classica; giacchè l'identità classica suppone la permanenza ed eguaglianza dell'ente in sè stesso, mentre la nuova identità sussiste nella variazione pura.

Eccoci quindi in pieno nel problema della LdP: « Come è possibile ragionare, si domanda il Pastore, abbandonando il principio sistematico dell'identità-invarianza e seguendo invece la realtà nella sua continua variazione relativa e mutuo potenziamento? »[1]. Abbiamo cercato a suo luogo di chiarire la posizione del Pastore di fronte al principio di identità[2]. Il Bizzarri lo rimprovera a torto di rigettare la logica tradizionale e il principio di identità aristotelico; il Pastore invece lo riconosce valido nel campo sistematico della logica deduttiva e per gli enti convenuti rigidi del discorso, ma nega la sua universalità in quanto non

---

[1] Critica dell'irrazionalismo del Meyerson, in LdP, p. 152.

[2] Il Pastore come abbiamo già notato (cf. sopra p. 30, nota 17), nell'articolo citato distingue il principio di identità dal principio di non contradizione; tuttavia tale distinzione non ha valore, dato che i due principi non sono che una diversa espressione della stessa fondamentale verità. Del resto lo stesso Pastore in altri articoli applica al principio di non contradizione le stesse critiche che al principio di identità.

lo ammette nè per la realtà variabile relativamente, nè per l'intuizione logica U.

Ma contro questa posizione dobbiamo osservare che la negazione dell'universalità del principio di identità si riduce logicamente alla negazione del principio stesso, perchè negare l'universalità di un principio universalissimo è negare il principio universale; mentre d'altra parte entrambe le negazioni si fondano necessariamente sul principio negato: infatti qualunque affermazione o negazione in tanto è, in quanto è se stessa e non il suo opposto. Questa osservazione è decisiva, giacchè se il principio di identità è talmente necessario che non si può negare, in tutto o in parte, senza insieme affermarlo, dobbiamo concludere che esso è veramente la legge della nostra mente e la condizione *sine qua non* del ragionare, e non solo del ragionare deduttivo, ma di qualunque forma di ragionare logico. Anche noi ripetiamo con tutti i difensori del principio di identità: « o ammettere il principio di identità esplicitamente o negarlo a parole ma farne uso implicito negandolo »[3]. Nel seguito esamineremo la soluzione che il Pastore dà a questo problema e come egli costruisca la possibilità di ragionare senza far uso del principio di identità aristotelico. Fin d'ora però preliminarmente diciamo che la posizione stessa del problema è fondata su una pretesa assurda, nonchè su una interpretazione errata del principio aristotelico.

Il Pastore infatti confonde indebitamente la posizione eleatica con quella aristotelica nei confronti dell'ente e quindi del principio d'identità. Ecco il suo pensiero: Il principio aristotelico dell'identità codifica il pregiudizio eleatico della razionalità dell'identico e dell'irrazionalità del diverso. Ma il diverso, il fluente, è reale e quindi anche esso razionale. Dunque il principio aristotelico dell'identità non permette di affermare tutta la realtà, non è veramente universale, e deve essere sostituito con un altro principio. A questo ragionamento rispondo: Il principio dell'identità dell'ente univoco codifica il pregiudizio eleatico e non permette di affermare tutta la realtà, concedo molto volentieri. Il principio dell'identità dell'ente, preso nella sua unità puramente

---

[3] Critica dell'irrazionalismo del Meyerson, in LdP, p. 151.

analogica, codifica la razionalità dell'identico e l'irrazionalità del diverso: suddistinguo: codifica la razionalità di ciò che è totalmente identico e l'irrazionalità di ciò che è in qualunque modo diverso, nego; codifica la razionalità di ciò che è almeno in qualche modo identico e l'irrazionalità di ciò che è totalmente diverso, concedo. E contradistinguo la minore: ciò che in qualche modo diverso, fluente, è reale e razionale, concedo; ciò che è totalmente diverso e fluente, è reale e razionale, nego. Ammettiamo quindi, non però nel senso hegeliano, il principio: tutto ciò che è reale è razionale, tutto ciò che è razionale è reale; nulla di ciò che è reale quindi viene lasciato al margine della razionalità. Ma proprio in base a questo principio neghiamo la razionalità di ciò che è puro divenire, totalmente diverso; giacchè ciò che non è identicamente essere, non è reale, e quindi non è razionale. D'altra parte il concetto di ente non è il concetto semplice ed astratto di Parmenide, ma include in sè una certa diversità e molteplicità. L'ente infatti non è un concetto perfettamente uno ed univoco, non prescindendo dalle sue differenze, le quali, in quanto sono, sono formalmente ente. L'ente cioè include confusamente i suoi modi e quindi include la diversità; non però in quanto diversità, ma in quanto i diversi sono proporzionalmente simili, cioè analogi nella ragione di essere. L'analogia dell'ente pertanto permette di riconoscere anche la razionalità del diverso, giacchè il diverso è ente non meno dell'identico. Così Aristotele, lungi dal codificare il pregiudizio eleatico, seppe risolvere l'antinomia tra l'uno e il molteplice, l'identico e il diverso, l'essere e il divenire. E' questo il merito maggiore dello Stagirita, quello che ha reso perenne la sua filosofia.

Rimane pertanto stabilito che il principio d'identità aristotelico è la condizione prima e universalissima dell'essere e del conoscere. E ad essa neppure il Pastore può sottrarsi, riaffermando egli stesso il principio aristotelico nel tentativo di sostituirlo. « Il Pastore, come osserva giustamente l'Ottaviano, afferma che l'identità aristotelica è irreducibile all'identità della LdP, essendo quest'ultima identità distintiva (identità di chi cresce, direi io). Ma ciò non toglie che l'identità distintiva sia se stessa, non potendo essere il suo opposto. Ciò è innegabile, a meno di cadere nell'assurdo di una manifesta contradizione »[4]. Che cosa significa infatti che l'ente si identifica con se stesso mediante le sue relazioni? Significa che l'ente a, pur variando nel variare degli enti, non cessa però di essere uno stesso ente, non diventa il suo opposto, rimane quello che è, esiste come ente logico[5]. Ma, diciamo noi, non è questa l'identità dell'ente puramente e semplicemente, l'identità classica, l'identità aristotelica?

Dobbiamo quindi concludere che è impossibile ragionare abbandonando il principio classico di identità. « Su siffatti principi, come ben dice il Bizzarri, non si dà scelta; s'impongono da sè imperiosamente ad ogni intelletto che solo può spacciarsene a patto di spacciarsi di se stesso come potere conoscitivo »[6]. Il Pastore a questa critica rispose che nella pagina citata dal Bizzarri egli non aveva affatto usato l'incriminato termine « scelto »; e concludeva: « Ripari quindi il Bizzarri al suo inesplicabile abbaglio. La cosa è tanto chiara però che l'attribuisco solo ad una svista. E non vi do importanza, benchè veda il mio critico oracoleggiare: su siffatti principi non si dà scelta, ecc. ecc., che è un diletto »[7]. Ma se l'incriminato termine non si trova a pag. 97 della LdP, si trova però, e ripetuto più volte, a pagina 150 e 151 e quanto al senso si trova un po' dapertutto. La critica del Bizzarri quindi rimane, anche se, come abbiamo detto più volte, la negazione del Pastore non va così lungi da dichiarare assolutamente arbitrario ed invalido il principio classico d'identità[8].

---

[4] OTTAVIANO, La LdP in *Logos* 1934, p. 273, nota.

[5] MOSSO, Principi di LdP, p. 288.

[6] BIZZARRI, Logica nuova o metafisica nuova?, in *Divus Thomas* 1940, p. 141.

[7] Logica nuova e metafisica, ibid., p. 349.

[8] Il Pastore, a conferma della sua innovazione nei riguardi del principio di non contradizione, si appella ai principi e risultati della nuova fisica, relativistica e quantistica. Ma tale conferma è del tutto infondata, giacchè la fisica moderna non si oppone affatto al principio classico aristotelico, ma piuttosto su esso si fonda come sulla condizione prima e indispensabile del ragionare. Anzi si deve affermare col Persico che il valore del progresso compiuto dalla fisica quantistica sta principalmente « nell'aver potuto dedurre tutti i risultati, con unità di metodo, e quindi nell'aver

2. — IL FORMALISMO DELLA LDP.

Sulla relatività dell'ente e sui principi sopra esposti e criticati, la LdP fonda il suo sviluppo formale: è lo sviluppo compiuto dal Mosso nei suoi *Principi di LdP*, che trasportando il concetto di elevazione a potenza dalla matematica alla logica pretende di dare, attraverso lo sviluppo dei termini coi teoremi delle potenze e del potenziamento logico, la possibilità di seguire l'ente nella sua variazione relativa, senza isolarlo e immobilizzarlo nell'identità-invarianza aristotelica.

L'idea di introdurre in una logica simbolica il segno di potenza per indicare la relazione di un ente agli altri enti del discorso viene del Mosso fondata sulla critica compiuta dal Pastore intorno alle leggi di tautologia ed assorbimento della logica matematica del Peano. Tuttavia tale idea non dipende necessariamente da questa critica; e quindi, anche non condividendo la critica del Pastore, può essere senz'altro accettata la definizione proposta dal Mosso del coefficiente e della potenza logica come segno di appartenenza e non-appartenenza di un termine agli altri termini del discorso. Applicando questi simboli, si può esprimere l'ente mediante le sue relazioni, sviluppare cioè i singoli termini nel complesso di relazioni che loro appartengono o che li costituiscono; e sommando insieme tutti i singoli sviluppi si ottiene quello che il Mosso chiama l'universo del Lambert. Esso si presenta come un'espressione logico-matematica molto più completa ed esauriente che non lo sviluppo dell'universo usato nella logica matematica classica.

L'importanza formale ed astratta di questo sviluppo è evidentemente massima in un sistema filosofico che risolve completamente l'ente nelle sue relazioni; giacchè questo sviluppo dà in tale ipotesi la possibilità di analizzare tutto l'ente, che non

---

sostituito ad una teoria fondata su basi parzialmente contradittorie una teoria perfettamente coerente dal punto di vista logico » (Persico, Fondamenti della meccanica atomica, Bologna, 1945, p. 70).

ha un in sè permanente, ma risulta interamente dal complesso delle relazioni. Per chi invece conserva il concetto di assoluto come il concetto primo e fondamentale che è alla base non solo dell'ente reale, ma anche dell'ente logico, l'importanza dello sviluppo è evidentemente minore, dato che esso trascura l'in sè dell'ente.

Ma quale è l'importanza pratica e reale di tale sviluppo?

La logica formale, come scienza della pura forma, è, piuttosto che una scienza od una filosofia, uno strumento della scienza, una metodologia, l'*Organon* nel senso aristotelico. La logica formale quindi non è fine a se stessa, non è lo studio della forma pura per la pura forma, ma è lo studio della forma per la materia, dell'astratto per il concreto; la forma o la formula trovata in astratto si deve poter realizzare, altrimenti rimane sterile, vana ed inutile. E la logica che si dilettasse di tale ricerca si trasformerebbe da logica formale in logica formalistica.

Al leggere le espressioni del Pastore, si direbbe che quel complesso logico-matematico, costituito dai teoremi del Mosso, dovrebbe appunto offrirci la possibilità nuova ed insperata di sostituire il modo di ragionare aristotelico, che immobilizza l'universale nell'astrazione, con un nuovo strumento logico, che penetra nella complessità del reale, pienamente relativo e continuamente variabile. Tuttavia si rimane molto delusi quando si vede che il Pastore stesso, dopo aver tanto esaltato il lavoro del suo discepolo e collaboratore, non applica mai le complicate espressioni, nè indica la maniera di farlo. E realmente non si riesce a trovare alcuna reale utilità di questi sviluppi per i fini del ragionare. Essi ci appaiono quindi come un vano e sterile formalismo.

Anche più formalistico poi è il passaggio dal teorema delle potenze e dall'universo del Lambert al teorema del potenziamento logico e all'universo di Mosso. Nel primo sviluppo i termini logico-matematici conservano un significato almeno formale ed astratto; ciascun termine cioè si presenta come un centro di una stella ideale, moltiplicato e potenziato dalle relazioni con gli altri termini del discorso. Ma nell'universo del Mosso il significato dei termini viene completamente trascurato: il Mosso applica semplicemente la regola matematica dello sviluppo delle potenze di un polinomio, ma non si vede quale significato sia da attribuire a tale espressione e ai singoli termini dello sviluppo.

Questo formalismo, che in sè potrebbe essere legittimo, ma che di fatto viene spinto, come si è detto, ad esagerazioni veramente formalistiche[9], è derivato proprio dall'aver voluto applicare alla filosofia e alla logica i metodi propri della matematica, senza tener conto della diversità degli oggetti. La matematica infatti, come scienza della quantità astratta, ha un metodo tutto suo proprio, conforme al suo grado di astrazione; essa opera prevalentemente sui simboli che esprimono unicamente le relazioni quantitative fra grandezze varie, indeterminate sotto ogni altro rispetto che non sia ridotto o riducibile alla quantità. Quando si vuole assumere lo strumento matematico per servirsene in altre scienze, bisogna tener ben presente questa natura del calcolo e della dimostrazione matematica; occorre quindi determinare in maniera indipendente, coll'osservazione diretta, l'induzione, il ragionamento logico, la natura e le qualità degli enti che si sottopongono al calcolo e non credere di aver tutto ridotto alla formula matematica, anche qualora si sia riusciti a prevedere con essa l'esito di un fenomeno. Queste avvertenze sono tanto più necessarie, quanto più il campo di applicazioni è estraneo, almeno in maniera diretta, dall'oggetto proprio della matematica, quando cioè si tratta di enti immateriali, logici, spirituali. Allora le analogie, se pur vi sono, non potranno essere che molto limitate e forse puramente estrinseche.

La vera, per non dire unica, importanza degli accennati sviluppi logico-matematici sta nel fatto che essi sono l'occasione di introdurre i concetti di discorso D e universo U, concetti fondamentali nella LdP. Il D è l'insieme degli elementi o termini che si considerano, vale a dire la materia logica e reale così del conoscere come dell'essere; l'U è la forma dello sviluppo dei termini del discorso e quindi la condizione sintetica di esistenza dei termini stessi e del discorso. Applicando queste nozioni alla scien-

---

[9] Si confronti anche l'*Appendice* aggiunta dal Mosso al volume di *Logica sperimentale* del Pastore.

za, ci si può domandare che cosa sia la materia e la forma logica d'una scienza, e quale sia in essa la condizione d'esistenza dell'unità formale, che si conserva nello sviluppo analitico del discorso.

La scienza formalmente presa è un insieme organico di proposizioni universali e necessarie intorno ad un determinato soggetto; l'organamento logico d'una scienza consiste nella connessione e subordinazione di tutte le proposizioni meno universali e necessarie sotto alcuni principi primi ed universalissimi, cioè le definizioni e le proposizioni indimostrabili, dalle quali si deducono ordinatamente tutte le conclusioni. Il complesso delle proposizioni concatenate in modo deduttivo a partire da alcune proposizioni primitive si può quindi interpretare, nella terminologia del Pastore, come il D della scienza, mentre l'insieme delle proposizioni primitive, principi e postulati, considerate sinteticamente come un'unità, sono la condizione formale e sintetica di esistenza del sistema, e quindi l'U, vale a dire quanto si richiede per l'organamento logico, la costruzione logica di esso. In ogni scienza quindi bisogna distinguere la materia e la forma, le conclusioni e i principi, il D e l'U [10].

Il Pastore insiste molto opportunamente nel mettere in evidenza l'importanza di questa distinzione, facendo vedere molto bene che una soluzione pienamente razionale e logica del problema della logica, anzi della scienza in generale, non può essere raggiunta se non con l'ammettere una doppia operazione logica fondamentale: la deduzione, che secondo la logica classica aristotelica deriva da alcuni principi tutte le conclusioni, costruisce cioè il D della scienza, e antecedentemente a questa l'intuizione,

---

[10] Voglio far qui rilevare il perfetto riscontro non solo della dottrina, ma anche della terminologia del Pastore con quella di S. Tommaso e della scolastica: « Cuiuslibet cognoscitivi habitus obiectum, dice ad esempio l'Angelico, duo habet; silicet: id, quod materialiter cognoscitur, quod est sicut materiale obiectum; et id, per quod cognoscitur, quod est formalis ratio obiecti; sicut in scientia geometriae materialiter scita sunt conclusiones: formalis vero ratio sciendi sunt media demonstrationis, per quae conclusiones cognoscuntur » cioè i principi stessi della dimostrazione: S. THOMAS, II-II, q. 1, a. 1.

che pone logicamente i principi, cioè l'U. L'originalità e il merito principale del Pastore in questo punto fondamentale in una teoria della scienza, più che nel formalismo logico-matematico su cui si fonda la distinzione del D.U, consiste appunto in questo carattere di logicità che così fortemente viene attribuita e rivendicata all'operazione mentale con cui si pongono i principi: affinchè il sistema della scienza sia logico, è necessario che anche i principi siano posti logicamente. E la giustezza di queste affermazioni riceve maggior risalto, se le confrontiamo con la posizione empiristica e convenzionalistica, così comune nella più recente filosofia della scienza, dopo Mach e Poincaré.

Quello invece in cui non posso concordare col Pastore è la diversità dei principi logici che, secondo lui, regolano le due operazioni logiche fondamentali. Come ho esposto diffusamente nel capitolo quinto, particolarmente all'articolo terzo, per il Pastore mentre la deduzione è regolata dal principio logico di non contradizione, l'intuizione invece sopporta il contraditorio. Ed è appunto questa l'idea dalla quale il Pastore si è lasciato guidare in uno dei suoi più recenti studi di logica formale: *Sul compito critico della filosofia secondo la LdP, con vestigi di intuizione logica in Aristotele*.

3. — L'INTUIZIONE LOGICA IN ARISTOTELE.

Nell'articolo citato il Pastore, mettendo egli stesso in esecuzione una ricerca da lui suggerita fin dal 1935 al X Congresso Nazionale di Filosofia, si propone di scoprire in Aristotele la dottrina dell'intuizione logica, « non potendo concedere che il più alto esponente della logica classica non abbia pensato logicamente »[11]. Senonchè invece di ricercare nella logica aristotelica la teoria di un'operazione logica, non analitica e deduttiva, ma sintetica e costruttiva, mediante la quale fosse possibile porre logicamente i principi della scienza, il Pastore non fa altro che cercare di scoprire in Aristotele la pensabilità del contradittorio; e con-

---

[11] Sul compito critico della filosofia, in *Arch. d. fil.* 1940, p. 464.

clude affermando di aver trovato dei chiari germi della nuova logica nella dottrina della « compatibilità del contradittorio analitico in potenza »[12].

Ma si tratta evidentemente di un'interpretazione errata. Il primo testo, preso dall'inizio del capitolo 5 del libro III della Fisica, separato dal contesto, può sembrare alquanto oscuro: « E' impossibile che l'infinito, se l'infinito è per sè qualche cosa, sia separato dalle cose sensibili » (adotto la traduzione data dal Pastore). Ma nel contesto il senso è chiaro: Aristotele nel capitolo 4, dopo aver affermato che appartiene alla filosofia naturale di parlare dell'infinito, reca cinque ragioni che inducono a credere che vi sia qualcosa di infinito, ma soggiunge subito che la dottrina dell'infinito incontra non poche difficoltà, giacchè sia ammettendo l'infinito che negandolo, ne seguono molte contradizioni. Esamina quindi a lungo la questione nei capitoli 5 e 6: nel capo 5 esclude l'esistenza dell'infinito, sia separato dai sensibili che nei sensibili stessi, e conclude dicendo che non può esistere un corpo infinito in atto; nel capo 6 invece mostra che l'infinito è in qualche modo, cioè è in potenza secondo la successione, la divisione e l'accrescimento. Conclude quindi nel capo 8 rispondendo alle cinque ragioni accennate al capo 4 e mostrando come con la distinzione di potenza ed atto è possibile evitare ogni contradizione. La conclusione quindi è diametralmente opposta a quella che il Pastore crede di cavare. Per raggiungere il suo intento, trovare cioè l'ammissione del contradittorio in Aristotele, il Pastore aggiunge l'osservazione che le cose sensibili significano senza dubbio il finito in potenza non in atto; ma perchè mai? Le cose sensibili per Aristotele sono invece finite in atto e infinite in potenza, e se sotto qualche aspetto sono finite anche in potenza, non sono sotto il medesimo aspetto infinite in potenza: vale a dire le cose sensibili secondo la successione, la divisione, l'accrescimento, sono finite in atto e infinite in potenza; per altri aspetti sono semplicemente finite in atto e in potenza.

Quanto al secondo testo, tratto dalla metafisica: « Omnis potentia simul contradictionis est », il senso è ancora più evi-

---

[12] Ibid., p. 466.

dente. Aristotele afferma che ogni potenza in quanto tale deve essere insieme in potenza a tutti e due i contradittori, in modo che la potenza è il principio della corruzione. « Potentia simul contradictionis est quia idem est in potentia ad esse et ad non esse », secondo il commento di S. Tommaso [13]. Quindi, come ha fatto notare il Bontadini, non si tratta di una « contradizione in potenza », ma di una « potenza ai contradittori », la quale non implica nessuna contradizione [14].

Più interessante al nostro proposito è il terzo passo citato, nel quale il Pastore mette in luce l'elemento sintetico e costruttivo delle figure che servono per ricavare il termine medio e la proposizione minore della deduzione analitica. Infatti pur senza arrivare alla tesi estrema del Goblot, per il quale nella matematica « démontrer c'est construire », bisogna riconoscere l'importanza della costruzione nella dimostrazione matematica in genere e specialmente geometrica; come ha fatto Aristotele e come ammette la logica scolastica [15].

Bisogna perciò riprendere la proposta del Pastore per cercare altrove la dottrina dell'intuizione logica in Aristotele; nè la ricerca sarà faticosa trattandosi di una dottrina notissima presso tutti i commentatori della logica aristotelica [16]. Ecco dunque come Aristotele, al capitolo 2 e 3 del libro primo degli Analitici Posteriori, si pone il problema logico dei principi della scienza, affermando la necessità di un'operazione logica non deduttiva, la quale ponga logicamente i principi e quindi fondi la logicità delle dimostrazioni che ne derivano. Il filosofo infatti contrappone la sua teoria a due teorie estreme, una che nega l'esistenza stessa della scienza, l'altra che afferma la possibilità di conoscere tutto per mezzo della dimostrazione. Entrambe queste teorie, osserva Aristotele, convengono nel supporre che non è possibile una cognizione certa e pienamente legittima se non per mezzo della

---

[13] S. Thomas, In IX Met., lect 9.

[14] Bontadini, Caratteri della fil. contemp., in *Riv. di Fil. Neoscol.* 1945, p. 36-37.

[15] Boyer, Cursus philosophiae, v. I, p. 288.

[16] Si può vedere per esempio la magnifica esposizione di Hoenen, De origine principiorum scientiae, in *Gregorianum* 1933, p. 153-184.

dimostrazione deduttiva. Al contrario Aristotele afferma l'esistenza e la legittimità di un altra fonte di cognizione certa e universale, mediante la quale si ottengono i principi della scienza, cioè delle proposizioni immediate, che non sono conosciute attraverso il termine medio sillogistico. Questi principi devono essere veri, perchè la scienza non può essere del falso e, se fossero falsi i principi, crollerebbe anche la verità delle conclusioni; e devono essere conosciuti come tali dall'intelletto, giacchè la loro cognizione è la causa della cognizione delle conclusioni, e la causa deve essere più nota dell'effetto. Finalmente questi principi devono essere universali e necessari, perchè solo da essi possono ricevere l'universalità e la necessità le conclusioni. Aristotele quindi ha visto chiaramente la necessità di porre logicamente i principi della scienza affinchè sia logica la scienza stessa che ne deriva.

Si pone quindi la questione: come si ottengono questi principi immediati, veri, certi, universali e necessari? Per rispondere a questa domanda nella dotrina aristotelico-tomistica, occorre distinguere due generi di principi: i principi noti per se stessi e i principi noti per mezzo dell'esperienza. I principi per sè noti sono quei principi in cui si esprimono le relazioni fra quelle nozioni che immediatamente appaiono includersi o escludersi a vicenda, e comprendono i primi principi comuni a tutte le scienze che ogni uomo naturalmente conosce, chiamati assiomi o dignità, e alcuni principi propri delle scienze fisiche e matematiche, come per es. la costanza nell'operare della natura fisica e le più ovvie proposizioni riguardanti i rapporti quantitativi: « Ex hoc enim, dice S. Tommaso, aliqua propositio est per se nota, quod praedicatum includitur in ratione subiecti »[17]. L'origine logica di questi principi è dovuta al potere di astrazione proprio dell'intelletto. Esso infatti, per il fatto stesso che per la sua immaterialità riceve la forma degli oggetti senza la materia, forma in sè i concetti universali, cominciando dai più universali ed astratti e discendendo poi ai più determinati e concreti; sicchè la nozione, che l'intelletto nostro conosce come notissima e nella quale risolve tutti gli altri concetti, è l'ente e con successive determinazioni le altre universa-

---

[17] S. Thomas, I, q. 2, a. 1.

lissime nozioni di uno, vero, buono, causa, parte, tutto, ecc. Queste nozioni per la loro immediatezza e semplicità sono dall'intelletto intuite nella loro essenza; l'intelletto quindi vede quello che nella loro essenza è necessariamente incluso ed ha perciò il motivo logico sufficiente per formare i primi immediati giudizi, secondo che vede il predicato convenire o non convenire al soggetto. Questa dunque è l'origine logica dei principi per sè noti, mediante la quale rimane giustificata la loro verità in quanto le nozioni prime sono astratte immediatamente dalla realtà e quindi conosciute dall'intelletto come conformi alle essenze delle cose; e parimenti la loro universalità e necessità, giacchè il predicato affermato appartiene all'essenza stessa del soggetto o è ad essa necessariamente connessa [18].

Più complessa è l'operazione mediante la quale l'intelletto forma i principi della seconda classe, i quali devono dirsi immediatamente noti in quanto non si possono ottenere col medio sillogistico, ma che non sono per sè noti, mancandoci l'intuizione immediata e completa delle essenze specifiche. Mentre infatti l'operazione con cui si ottengono i primi principi per sè noti si può giustamente chiamare un'intuizione logica immediata, per i principi noti per mezzo dell'esperienza è necessario ricorrere a una forma raziocinativa, cioè l'induzione propriamente detta. Non è il caso di dilungarsi nel mostrare la natura di questa operazione così importante per la formazione delle scienze, e che, se è stata a volte trascurata dai logici della scolastica, è stata però completamente svisata e misconosciuta da molti indirizzi logici moderni. Bisogna invece riconoscere che la dottrina aristotelico-scolastica dell'induzione contiene gli elementi necessari per spiegare la logicità dei principi, cioè la loro verità, universalità e necessità. Infatti il processo induttivo, che non è la sola induzione completa dall'enumerazione di tutti i particolari, ma la vera induzione scientifica che procede da pochi che virtualmente equivalgono a tutti, vien compiuta con la guida dell'esperienza volgare e dell'esperimento scientifico, che ci danno una successione di parti-

---

[18] ARISTOTELE, Anal. Poster. II, c. 19 e il commento di S. TOMMASO. In Anal. Post. II, l. 20.

colari, vale a dire la materia intorno alla quale può operare il nostro intelletto; ma riceve dall'intelletto la sua universalità formale, per la luce dell'intelletto agente che anche qui astrae dal fantasma la specie intelligibile universale, e per l'applicazione di alcuni principi universalissimi, come i principi di ragione sufficiente, di causalità, il principio della costanza delle leggi della natura, ecc. Si può quindi anche qui parlare di una intuizione logica, in quanto questa operazione induttiva si distingue sia dalla deduzione, che dall'induzione puramente empirica che unicamente ammettono gli avversari della dottrina dell'astrazione.

Ma oltre alla logicità, bisogna riconoscere anche la funzione costruttiva e sintetica che spetta a questa intuizione logica. Infatti i principi noti attraverso l'esperimento e l'induzione propriamente detta si possono a ragione chiamare giudizi sintetici; in essi infatti l'intelletto unisce insieme in maniera universale e necessaria due nozioni che nè per se stesse, nè con la deduzione mostrano la loro necessaria convenienza. Ma anche i principi per sè noti hanno un valore sintetico, costruttivo ed estensivo: giacchè in essi il predicato è una formalità diversa dalla formalità del soggetto, che dall'intelletto è appresa con cognizione distinta dalla cognizione del soggetto; si deve quindi all'attività costruttiva dell'intelletto se queste due nozioni formalmente diverse ma immediatamente convenienti vengono insieme composte nel giudizio.

Possiamo quindi concludere affermando col Bontadini che in Aristotele c'è qualche cosa di più che non semplici vestigi di intuizione logica e di logica costruttiva.

4. — IL D.U E LE EQUAZIONI LOGICHE.

La parte migliore della logica formale del Pastore è senza dubbio la dottrina già rilevata sulla logicità dell'intuizione, mediante la quale è possibile fondare logicamente la logica stessa e le scienze particolari, porre cioè l'U della scienza, ossia i principi considerati sinteticamente come la condizione formale di esistenza del sistema. Il Pastore poi, passando dalla logica pura alla logica applicata, ha voluto determinare in concreto l'U delle varie scienze particolari, matematiche e fisiche. Queste applicazioni però non sembrano sempre indovinate; in esse infatti c'è un doppio aspetto del D.U: uno veramente soddisfacente e pienamente rispondente alla distinzione di conclusioni e principi come materia e forma della scienza, che è l'interpretazione pienamente accettabile del D.U pastoriano; un altro invece, sul quale il Pastore ritorna più di frequente e con maggior ampiezza, ma che ci lascia assai perplessi, per non dire completamente dissenzienti.

Il primo aspetto, come ho detto a suo luogo [19], viene dal Pastore accennato molto di sfuggita per ciò che riguarda l'aritmetica e la fisica. L'U dell'aritmetica è la determinazione sintetica della nozione e delle proprietà del numero, che è il fondamento di tutta l'aritmetica e non si può ottenere deduttivamente; l'U della fisica, o meglio della meccanica classica, è costituito dai tre principi di inerzia, della forza e di azione e reazione, dai quali si deducono tutte le leggi della meccanica. Su questa linea il Pastore avrebbe potuto proseguire in un'opera utilissima di chiarificazione dei principi delle varie scienze, determinando con esattezza e riducendo al minimo il numero di tali principi e mostrando in concreto che essi, benchè non possano ricevere una giustificazione analitica interna al sistema, pure possono essere logicamente e filosoficamente giustificati in base ad un'intuizione logica sintetica. E' insomma la critica dei principi delle scienze, opera squisitamente filosofica e al momento attuale veramente urgente per determinare, in base al valore dei principi su cui si fondano, il valore logico delle scienze stesse.

Così per fermarci alle scienze alle quali il Pastore spesso si riferisce, per la geometria classica l'U sono i postulati d'Euclide, per le geometrie ellittiche e paraboliche sono invece altri postulati: giudicare del valore logico e filosofico di tali principi è compito della filosofia della scienza, che potrà forse risolvere un problema che non è risolubile dal punto di vista sistematico della geometria. Lo stesso si dica per i postulati fondamentali della teoria della relatività: il principio di relatività einsteiniana

---

[19] Cf. sopra, p. 140-141.

per cui tutte le leggi fisiche devono avere la stessa forma se riferite ad osservatori in moto rettilineo uniforme, e il principio della costanza della velocità della luce, sono l'U della teoria della relatività ristretta, mentre il principio di equivalenza dell'accelerazione e della gravitazione e il principio di relatività generalizzato sono l'U della relatività generale. Lo stesso infine si dica per i principi delle nuove meccaniche ondulatoria e quantistica.

Il Pastore però, invece di spingere a fondo questa critica dei principi, ci presenta e sviluppa ampiamente un altro aspetto del D.U, costruendo tutta una epistemologia o logica applicata alle scienze, la quale, a dir poco, pecca di eccessivo e vano formalismo e risente essenzialmente del relativismo gnoseontologico che è alla base della LdP. Riassumo in poche righe: nella geometria il D è lo spazio, l'U è il tempo che permette la costruzione degli enti geometrici; nella fisica classica il D è la realtà fisica che secondo la meccanica classica si può schematizzare nelle tre nozioni di spazio, tempo e forza o massa, S.T.M., l'U è l'etere, in quanto fonda la possibilità e unifica l'insieme dei corpi ponderabili. Nelle fisiche recenti questi elementi assumono espressioni più complicate: nella relatività il D è lo spazio-tempo di Minkowski, l'U è il τ; nella meccanica ondulatoria il D è lo spazio delle configurazioni, l'U è lo scalare di campo ψ.

Al paragrafo quarto del capitolo settimo, ho cercato di mostrare che se il tempo è una condizione, benchè neppure necessaria, per la genesi psicologica delle figure geometriche, in nessun modo però può dirsi l'elemento formale, l'unità sintetica dell'organamento logico della geometria: l'U della geometria non si può intendere altro che come l'insieme dei principi e definizioni iniziali (ciò che gli scolastici chiamavano *l'oggetto formale della scienza*), ovvero l'estensione in quanto tale (che nella terminologia scolastica verrebbe detta il *soggetto formale* della medesima); nel primo significato il D della geometria sono le conclusioni dimostrate (*oggetto materiale*); nel secondo il D della geometria sono gli enti geometrici (*soggetto materiale*), punto, linea, superficie, volume; ed avremo un universo variamente potenziato secondo che si costruisce una geometria a due, tre, quattro, o più dimensioni. Se dalla geometria si passa alla fisica, possiamo egualmente affermare che l'etere è un'ipotesi fisica necessaria per la costruzione della scienza moderna, un'ipotesi ausiliaria non deducibile dagli elementi del sistema (benchè credo che l'esistenza dell'etere possa essere in un certo senso anche strettamente dedotta dai fenomeni fisici); ma non si può dire in nessun modo che l'etere sia l'unità sintetica, la forma logica per l'organamento della fisica, la condizione sintetica non deducibile, che permette lo sviluppo sistematico deduttivo della fisica stessa [20].

Il successivo passaggio alla teoria della relatività ci porta a parlare di un'altra teoria originale del Pastore, la teoria delle equazioni logiche.

La teoria generale ed astratta è molto semplice ed ovvia: se ogni sistema si scinde in D e in U, è logico concludere che il rapporto del D ed U di un sistema sarà eguale a quello di un altro; esiste cioè un'analogia che facilita il passaggio da un sistema ad un altro. Scorgere nei casi concreti questa analogia è quello che costituisce il genio, fonte feconda di sempre nuove scoperte ed invenzioni, a cui non arriverà mai una mente puramente deduttiva. Ma anche il lampo del genio e la forza dell'intuizione possono essere aiutati in questo passaggio da un metodo adatto e da opportuni accorgimenti. E' un merito quindi della LdP aver richiamata l'attenzione anche su questo fatto fecondo, aver valorizzato questa ricerca delle analogie per il progresso continuo delle scienze e perfino della tecnica.

Non posso però accordarmi con Pastore nell'ulteriore sviluppo di questa teoria; egli infatti pretende che si possa tradurre l'equazione logica, esprimente l'analogia della forma in rapporto alla loro materia, in un'equazione matematica, puramente sistematica, cioè in un'eguaglianza univoca di termini quantitativi; e ciò almeno nei casi in cui è possibile sostituire ai termini astratti del D. U l'espressione concreta in termini matematici. Affermare ciò significa ammettere che l' U del nuovo sistema si può ottenere mediante una vera e propria deduzione analitica, sistematica, e

---

[20] Il Pastore non ha mai spiegato in che relazione stia l'etere con i tre principi della meccanica, che, come abbiamo visto, anche essi sono detti dal Pastore l'U della fisica.

quindi significa distruggere l'essenziale irriducibilità dell'intuizione alla deduzione. Proprio perchè l'U è necessariamente oggetto di intuizione logica irreducibile a deduzione, come tante volte ripete il Pastore, non è possibile stabilire quelle equazioni di trasformazione che sono senza dubbio uno degli elementi più caratteristici ed importanti nella LdP, lo strumento che secondo il Pastore dovrebbe integrare la logica antica ormai impotente a seguire i progressi della scienza.

Quanto poi alle varie applicazioni di queste equazioni logiche compiute dal Pastore nella sua logica sperimentale, ho già esposto al capitolo ottavo [21] alcune critiche concrete e particolareggiate. Da esse appare che il Pastore introduce nei suoi calcoli degli accomodamenti ingiustificabili dal punto di vista fisico e matematico, per esempio la sostituzione dell'elemento spaziale euclideo ds^2 con il termine $-c^2dt^2$, la confusione tra l'applicazione della trasformazione di Lorentz ad una frequenza d'onda qualsiasi e la frequenza dell'onda associata che è l'intuizione di De Broglie, la mancata distinzione fra la velocità del corpuscolo e la velocità di fase dell'onda associata, le inesattezze matematiche nel confronto tra l'equazione di Schrödinger e l'equazione fondamentale della LdP, l'arbitraria identificazione dell'invariante logico esprimente la proporzionalità tra elementi puramente logici con un fenomeno interamente fisico, quale la velocità di propagazione delle onde elettromagnetiche. Bisogna riconoscere che anche in questo punto capitale della sua teoria, il cultore di logica formale si è lasciato prendere la mano da un esagerato formalismo. Il formalismo, cioè la considerazione della sola forma astraendo da ogni contenuto materiale, è una necessità, è l'essenza stessa della logica pura. Però bisogna star bene attenti a non limitarsi a considerare l'esteriorità della forma trascurandone il senso profondo, a non contentarsi di una formula o di un simbolo, che nella loro indeterminatezza non significano nulla, a non trasportare per somiglianze puramente formali ed esteriori concetti e principi che valgono in un campo e in una scienza, ad altri campi e ad altre scienze.

---

[21] Cf. sopra p. 148-150, 156-7, 158-9.

Nella teoria delle equazioni logiche il Pastore ha voluto trasportare il concetto e i principi delle proporzioni univoche della matematica alla proporzionalità analogica che sola può valere in logica pura, dove non si parla di materia e di relazioni quantitative. Se fosse possibile tale traduzione dell'equazione logica in equazioni matematiche, come vuole il Pastore, si dovrebbe poter stabilire la seguente proporzione matematica:

$$\frac{ds^2}{dt^2} = \frac{d\sigma^2}{d\tau^2} = \frac{2Tdt^2}{d\psi^2}, \text{ o almeno: } \frac{U(\tau)}{U(\psi)} = \frac{d\sigma^2}{2Tdt^2}.$$

Ma quale senso matematico avrebbe una tale relazione di trasformazione?

Concludendo sembra di dover affermare che tutte queste osservazioni compromettono definitivamente la teoria del D. U e delle equazioni logiche nelle loro più caratteristiche realizzazioni, senza tuttavia disconoscere la giustezza dell'idea fondamentale, e cioè la necessità dell'intuizione logica per porre i principi delle scienze e la profonda analogia che esiste fra le varie scienze e i vari fenomeni naturali, per cui è possibile passare dalla soluzione o spiegazione di uno alla soluzione e spiegazione dell'altro.

5. — LA TEORIA DELLA SCIENZA.

Tuttavia se facciamo astrazione da queste applicazioni concrete e ci fermiamo a valutare l'indirizzo fondamentale della LdP come ricerca logica applicata alla scienza, e non alla scienza fittizia della quale possono parlare pure gli idealisti, ma alle scienze reali, alle scienze matematiche, fisiche e psicofisiche, prese nei loro più moderni sviluppi e nelle più progredite concezioni, allora ci apparirà in tutto il suo valore l'attualità ed il significato della LdP. Abbiamo accennato fin dal principio quanto sia sentito al giorno d'oggi questo bisogno, specialmente da parte degli scienziati, che rimangono spesso disorientati dai risultati delle loro stesse ricerche, e che si rivolgono ansiosi al filosofo per avere da lui una soluzione ai grandi interrogativi che le nuove scoperte pongono nei riguardi dei concetti più fondamentali: tempo, spazio, causalità, determinismo, realtà, pensiero, ecc. ecc. Il Pastore è venuto incontro a queste esigenze; e l'interesse principale della sua filosofia consiste nel fatto stesso di questo avvicinamento alla scienza e nel tentativo compiuto di fondare una teoria logica di essa. In un periodo in cui ha imperato in Italia la corrente idealistica, che nonostante qualche tentativo di accordo più verbale che reale, si era nettamente distaccata dalla scienza ed era in aperto contrasto con essa, il Pastore ha sempre proclamato la necessità di una cooperazione e collaborazione delle due forme del pensiero umano, scienza e filosofia. Per questo il Pastore ha cercato di tenersi sempre a contatto con la scienza, seguendone da vicino gli importanti sviluppi; non si è contentato di una considerazione superficiale, ma ha cercato di raggiungere i punti più fondamentali delle nuove teorie, si è impadronito anche della parte tecnica di esse, del loro linguaggio matematico, dei concetti più difficili, portando così nell'ambiente filosofico italiano tutto un mondo di interessi nuovi, la teoria della relatività, le nuove fisiche di De Broglie, Schrödinger, Heisenberg, Bohr, le più progredite analisi del concetto di numero e dei fondamenti della geometria.

Il Pastore pertanto può a buon diritto considerarsi come uno dei principali rappresentanti della così detta *filosofia della scienza* in Italia, degno senza dubbio di essere ricordato vicino ai più noti nomi stranieri.

In questo campo la parte migliore è certamente l'elaborazione critico-storica del metodo sperimentale, con la rivendicazione dell'origine interamente galileiana, elaborazione originale, che è stata compiuta specialmente nei due volumi su *Il problema della causalità* e nelle recentissime monografie su Galilei. Ricordo solo brevemente quanto ho diffusamente riferito al capitolo sesto, segnatamente all'articolo terzo: osservazione, costruzione del modello o ipotesi, deduzione e conferma sperimentale, sono i quattro momenti fondamentali del metodo scientifico, quale possiamo scoprirlo negli scritti e soprattutto nella pratica di Galileo e quale è stato seguito dopo di lui da tutti i fisici. Anche la fisica più moderna non ne può prescindere, pur avendo arrecato al metodo classico delle opportune e necessarie precisazioni. Tutta l'interpretazione pastoriana del metodo sperimentale è pienamente rispondente al suo oggetto e di grande utilità per la sistemazione logica delle scienze.

Nei campi delle scienze particolari, le applicazioni alla matematica e alla fisica, come ho già detto, non convincono troppo; più convincente invece è l'indirizzo seguito nelle applicazioni alla psicologia. In esse la magica formula del D. U, con tutto l'eccessivo formalismo della LdP, non fa quasi affatto comparsa, e la logica applicata prende unicamente il significato di ragionamento logico fondato su alcuni dati di esperienza e sviluppato mediante intuizioni, ipotesi e deduzioni, al fine di stabilire leggi nuove o modifiche a leggi preesistenti, che trovano poi una conferma sperimentale. Si tratta cioè di una collaborazione pratica e concreta di quelle che sono le operazioni fondamentali del pensiero nella formazione delle scienze. I risultati pratici saranno forse modesti e non porteranno forse un importante contributo al progresso della scienza psicologica; alcuni particolari potranno essere criticati e rigettati (così per esempio, a mio avviso, la legge della caratteristica nel calcolo del lavoro mentale e il suo avvicinamento alla legge della cronassia). Pure il metodo seguito è giusto ed indica anche ad altri la via da seguire per il progresso continuo delle scienze.

Particolare attenzione meritano anche le applicazioni alla tecnica per poterne apprezzare il valore nelle giuste proporzioni. In un primo tempo le espressioni del Pastore inducono a concepire una grande aspettativa; si direbbe che nei segreti del Laboratorio di Logica Sperimentale di Torino sia celato un metodo logico di straordinaria efficacia, con cui sia possibile di risolvere con un'equazione logica di facilissima risoluzione i più difficili problemi della tecnica, un metodo con cui un logico ben addestrato sarebbe in grado di gareggiare col genio. Per chi si fosse lasciato sedurre da tali speranze sarebbe facile, in un secondo tempo, cadere in una grave delusione che lo porterebbe all'eccesso opposto. La verità credo che anche in questo caso stia nel mezzo. Il merito del Pastore e l'efficacia del suo metodo sta nel mettere in risalto quelle relazioni di analogia che regnano tra i fenomeni naturali più diversi. Recentemente in una sua cortesissima lettera, il Pastore mi citava a questo proposito una preziosa osservazione di Maxwell: « In molti casi le relazioni dei fenomeni in due differenti questioni di fisica presentano una certa analogia che ci permette, allorchè è risolta una di queste questioni, di impiegare questa questione a risolvere quell'altra questione ». L'applicazione cosciente e metodica di questa osservazione non è certo una innovazione, nè può considerarsi come un risultato specifico dei principi della LdP; tuttavia può senza dubbio portare ad importanti risultati e facilitare il compito dell'inventore. Per i casi concreti si possono combinare anche vari espedienti pratici, che nelle mani di un abile tecnico possono giovare a ricavare dal lavoro di officina le idee nuove.

Tuttavia queste relazioni di analogia, pur essendo relazioni logiche fecondissime, non possono però in molti casi ridursi ad equazioni matematiche di trasformazione, esprimenti eguaglianze di rapporti, come sembra insinuare il Pastore. Conseguentemente gli sviluppi logico-matematici del Mosso, i teoremi delle potenze e del potenziamento logico, il significato più caratteristico del D. U come spazio-tempo, l'impianto dell'equazione logica nel suo integrale e rigido formalismo quale viene esposto nei principali saggi della LdP, l'invariante logico universale coincidente con l'invariante della luce, non sembrano avere relazione diretta in queste ricerche tecniche.

« L'importante è che si lavori logicamente. Questo è tutto »[22], scriveva recentemente il Pastore stesso nell'illustrare i criteri direttivi del suo indirizzo di logica applicata.

Esattamente, credo. Di più non bisogna ricercare; nè di più è necessario per comprendere i risultati raggiunti in questo campo dalla LdP: l'ortomotore autosincrono, la progettata dinamo omopolare con avvolgimento in serie, le ultime ricerche sopra le correnti angolari....

Ma anche questo non è poco. Non è poco riconoscere che non bisogna prendere la logica come pura descrittività, nè accettarla come un semplice dato di fatto necessario, un formalismo scola-

---

[22] Poscritto a *Il mio pensiero filosofico*, in *Filosofi italiani contemporanei* di SCIACCA, 2 ed., p. 420.

stico senza fecondità o utilità pratica; e che bisogna invece considerarla come un processo formativo, cioè come un fattore attivo di necessità, per cui l'idea prende forma, diventa anzi una certa forma di azione. Giacchè le idee, come ben osserva il Pastore, « oltre ad essere sempre ricche dell'enorme ricchezza del possibile, sono in alcuni casi espressivamente irresistibili. Non si può respingere un'idea logica quando vi viene e voi ne siete presi. La riflessione critica, invece di arrestarvi, vi sovreccita, vi concentra, vi assorbe. Voi non siete più padroni di farne a meno. Chi dunque vi tiene? La forza logica dell'idea, che è già un piano operativo, uno strumento in atto non solo un'ipotesi di lavoro. Poi questa idea si connette ad altre, ne attira altre nel suo raggio d'azione. Poi tutte quante logicamente si coordinano, si subordinano da sè, fanno l'insieme delle parti di una vera macchina » [23].

Teoria, matematica e esperimento vengono così a collaborare sempre più intimamente per il trionfo della tecnica, che è un trionfo della ragione. Di fronte agli impressionanti sviluppi dell'industria, mentre non manca chi depreca l'invasione delle macchine come un pericolo per la libertà e la supremazia dello spirito, è merito del Pastore aver saputo riconoscere ed esaltare la spiritualità della tecnica, proclamando nell'invenzione meccanica il trionfo dello spirito sulla materia e come l'incarnazione della logica.

---

[23] Ibid.

CONCLUSIONE

Il Bontadini, parlando della logica del Pastore, dice che «sembra conveniente rimandarne la valutazione esauriente a quando le applicazioni saranno maggiormente estese e polemicamente cimentate »[1]; ed il Pastore mi scriveva che solamente la costruzione del nuovo modello progettato di dinamo omopolare con avvolgimento in serie avrebbe segnato l'ora della vittoria definitiva della LdP nelle sue applicazioni pratiche.

Io però penso che si abbiano già tutti gli elementi sufficienti per una tale valutazione, giacchè la teoria pura si può considerare come compiutamente sviluppata e l'estensione delle applicazioni non potrà recare un nuovo contributo essenziale al giudizio, che se ne deve formulare. La parte vitale della LdP, la sua attualità e fecondità, oltre che nell'interesse suscitato per l'epistemologia e nel contatto con le scienze, non solo proclamato a parole astratte, ma in alcuni casi direttamente realizzato, sta segnatamente nel riconoscimento dell'intuizione logica a fianco della deduzione, come l'operazione che presiede alla formazione degli enti primitivi della scienza, nell'interpretazione logica del metodo scientifico, che congiunge insieme un sano empirismo con un moderato razionalismo, e finalmente nel rilievo dato, con la teoria delle equazioni logiche, all'utilità pratica delle analogie vigenti tra le diverse scienze e tra i vari fenomeni naturali. E' quest'ultima teoria che permette al Pastore di compiere l'ulteriore ardito passaggio dalla filosofia alla tecnica e conferisce quindi alla LdP la maggiore originalità ed il maggiore interesse.

---

[1] BONTADINI, Caratteri della filosofia contemporanea, in *Riv. di fil. neoscol.* 1945, p. 32.

* * *

Ma questi elementi ci danno anche la possibilità di concludere la lunga analisi, caratterizzando sinteticamente la filosofia del Pastore col classificarla tra le fondamentali correnti della filosofia moderna. Certamente ogni spirito ha la sua individualità; tuttavia corrisponde ad un bisogno di sistematica e di economia del pensiero raggruppare i vari autori in determinate classi. Ed ho sentito anch'io tante volte la necessità di rispondere alla domanda: che filosofia è quella del Pastore?

In primo luogo il Pastore in filosofia è certamente un immanentista, in quanto riconosce che niente può esistere fuori della relazione conoscitiva; tuttavia non è un idealista o soggettivista puro, nè di tipo solipsistico, nè delle svariate forme trascendentalistiche. Infatti, se è vero che riduce tutta la realtà al pensiero, non riduce però al soggetto tutto il pensiero, ma riconosce gli eguali diritti del soggetto e dell'oggetto, ammette una realtà ed un soggetto anche fuori di noi, anche quando noi non esistiamo; soprattutto dà all'esperienza e alla ricerca positiva un valore che nel soggettivismo non potrebbe avere. La filosofia della scienza del Pastore suppone manifestamente una concezione realistica, escludendo nettamente la tesi trascendentalistica che pretende di costruire a priori tutta la natura. Solo un filosofo realista può proclamare nel senso del Pastore la praticità della teoria e la spiritualità della tecnica.

Dall'altro canto il Pastore ha visto molto giustamente l'insufficienza non solo di ogni empirismo nominalistico, che neghi alla maniera di Hume il valore di ogni concetto e giudizio universale, ma anche di quell'empirismo più mitigato che è nascosto in sistemi come quelli del Mach e Poincaré. E questo lo differenzia nettamente dalla posizione positivista, che secondo il Pastore « racchiude in sè il germe di una doppia contradizione; perchè in primo luogo presume di elevarsi a filosofia senza oltrepassare la scienza; in secondo luogo di elevarsi alla scienza senza oltrepassare l'esperienza »[2]. E pertanto il Pastore non è neppure

---

[2] PdC, I, p. 264.

un positivista, nonostante l'attitudine fondamentale di simpatia per le scienze positive ed altri punti di contatto, come ad esempio la spiegazione della causalità ridotta a pura legalità senza alcuna ipostatizzazione. La filosofia scientifica proclamata dal positivismo è per il Pastore un'ipotesi gratuita, un gioco di fantasia; egli invece va decisamente oltre l'esperienza e la scienza stessa, per fare una filosofia che non si limita al puro compito della più vasta generalizzazione della scienza, ma assurge ad una visione superiore della realtà e del pensiero, che è una vera metafisica.

Il Pastore invece è dichiaratamente un relativista, ma di un relativismo tale che non ci permette di classificarlo nella corrente relativistica. E' vero che la conseguenza logica di ogni relativismo puro è il puro scetticismo; e specialmente nel campo dei valori (filosofia pratica) il relativismo del Pastore sfocia fatalmente nell'agnosticismo. Tuttavia la filosofia teoretica del Pastore si mantiene volutamente, anche se non conseguentemente, lontana da ogni forma di scetticismo, irrazionalismo, pragmatismo, fideismo... Basta accennare alla netta posizione da lui assunta di fronte all'esistenzialismo, la filosofia dell'assurdo.

Il relativismo del Pastore quindi è un relativismo *sui generis*, un relativismo gnoseontologico, che riduce tutto l'essere, il mondo e la psiche, la realtà e il pensiero, alla relazione essenzialmente logica, subobiettiva, psicofisica. Questa concezione, avvicinandolo al neocriticismo del Masci, dal quale ha preso anche il termine psicofisico, ci fa vedere quanto il Pastore dipende dalla corrente kantiana e neokantiana. In questa corrente, a mio avviso, egli trova il suo posto più appropriato.

Il Pastore infatti è, come ripetutamente si dichiara lui stesso, un vero figliuolo del criticismo; non solo per la fondamentale attitudine immanentista, che identifica la realtà col pensiero, non solo per l'equilibrata opposizione all'apriorismo metafisico idealistico e all'angustia del positivismo filosofico; ma inoltre per il tentativo di superamento da lui effettuato nella teoria centrale della LdP, col ricorso ad una nuova distinzione di materia e di forma della conoscenza, il D e l'U, la deduzione e l'intuizione logica che dovrebbero superare definitivamente l'acrisia della critica kantiana. Figliuolo del criticismo è anche il Pastore per la netta distinzione di ragione teoretica (= verità) e ragione pratica (= valore), che debbono rimanere separati ed indipendenti ognuna nel suo dominio. E sente anche egli l'istintivo e prepotente bisogno del ricorso alla ragione pratica (estetica, mistica), nella speranza di trovare nel vasto campo dell'inverificabile qualcosa con cui riempire la vuota freddezza della logica pura.

※ ※ ※

Da ultimo debbo sinceramente affermare che le divergenze teoriche non scemano in me la stima e la simpatia per la veneranda figura del filosofo e dell'uomo, che ho potuto apprezzare attraverso il lungo e paziente studio delle sue opere e nelle relazioni personali, di cui mi ha onorato. Ho potuto così contemplarlo in una luce sempre più lirica, come la figura di un padre potentemente affezionato alla sua creatura, la teoria con tanta premura elaborata, la LdP, ed insieme come uno spirito nobile, sempre teso nelle vie della conquista, e come un'anima mistica, vibrantemente aperta ai più paurosi interrogativi.

Del resto sono anche convinto che il Pastore non ha scritto ancora l'ultima parola della sua filosofia sulla verità e sul valore.

Roma, 30 Settembre 1947.

BIBLIOGRAFIA

A. SCRITTI DI ANNIBALE PASTORE.

1. *La vita delle forme letterarie* (Studi critici di scienza della letteratura), Torino, Roux, 1892, pp. 262.
2. *Tenendovi per mano* (versi per le nozze Scaglia-Bussone), Torino, Roux, 1895.
3. *Un'anima rappresentativa: Giovanni Cena,* in *Rivista moderna* 1899, fasc. 5-6; ora in SvF, p. 3-28.
4. *Sulle oscillazioni delle sensazioni tattili prodotte con stimolo meccanico e sulle oscillazioni nella percezione della figura di Schröder,* in *Giornale della R. Acc. di Medicina,* Torino, vol. VI, anno LXIII, fasc. 6.
5. *Sulle oscillazioni delle sensazioni di deformazione cutanea* (in collaborazione con il Dott. L. Agliardi), in *Atti della R. Acc. delle Scienze di Torino* 1901, XXXVI, p. 583-610.
6. *Saggio sopra l'esperienza mediata,* in *Atti della RAST* 1901, p. 391-412.
7. *Davide Calandra e il monumento al Principe Amedeo,* in *Nuova Antologia* 1902.
8. *L'evoluzione di Maurizio Maeterlinck,* in *Nuova Antologia* 1903; ora in SvF, p. 81-134.
9. *Sopra la teoria della scienza: Logica, Matematica, Fisica,* Torino, Bocca, 1903, pp. XXXI-238.
10. *Giovanni Caramuel di Lobkowitz e la teoria della quantificazione del predicato,* in *Classici e neo-latini,* Aosta, Allasia, 1906.
11. *Sulla possibilità di concludere affermativamente da due premesse negative,* ibid.
12. *Logica formale dedotta dalla considerazione dei modelli meccanici* (con 17 figure e 8 tavole fuori testo), Torino, Bocca, 1906, pp. XXIII-258.
13. *Macchine logiche* (conferenza popolare alla Società di letture e conversazioni scientifiche), Estr. dalla *Rivista ligure,* Genova, Carlini, 1906, pp. 26.

14. *I progressi e le condizioni presenti degli studi intorno la logica formale* (prolusione ad un corso libero di logica, letta il 16 marzo 1906 nella R. Un. di Genova), Finalmarine, Ardorino, 1906, pp. 32.

15. *Le due anime di Anselmo di Aosta*, in *Classici e neo-latini*, 1907, p. 189-195

16. *Sopra la ragione filosofica della poesia contemporanea*, in *Nuova Antologia* 1907; ora in SvF, p. 31-47.

17. *Del nuovo spirito della scienza e della filosofia*, Torino, Bocca, 1907, pp. 228.

18. *G. M. Guyau e la genesi dell'idea del tempo*, in *Coenobium*, Lugano, 1907, n. 3.

19. *Sull'impiego del concetto di tempo nella logica pura*, in *Questioni filosofiche a cura della Soc. Filos. Ital.*, Bologna-Modena, Formiggini, 1908.

20. *Sopra un punto essenziale del neo-hegelismo contemporaneo*, in *Atti della RAST*, XLIV, maggio 1909.

21. *Sulla natura extralogica delle leggi di tautologia e di assorbimento nella logica matematica*, in *Atti del IV Congr. Internazion. dei matematici*, Roma, 1908; ora in LdP, pp. 37-48.

22. *Un luogo oscuro di Platone sopra l'anima del mondo: Timeo, 35, a-b* (per le nozze Vecchi-Rossi), Correggio-Emilia, Finzi, 1909.

23. *Sull'origine delle idee in ordine al problema dell'universale*, in *Rendiconti* dell'Acc. dei Lincei - Classe di scienze morali, 1909, p. 427-454.

24. *Sillogismo e proporzione* (contributo alla teoria e alla storia della logica pura), Torino, Bocca, 1910, pp. XVI-228.

25. *Il valore teoretico della logica* (prolusione alla R. Un. di Torino), in *Riv. di Filos.* 1910, n. 5, p. 578-598.

26. *Sulle verità universali e necessarie* (discussione con A. Aliotta), in *La cultura filosofica* 1910, p. 205-208 e 323-326.

27. *Dell'essere e del conoscere* (memoria per la RAST), Torino, Bona, 1911, pp. 70.

28. *Contributo alla teoria della conoscenza*, in *Rendiconti del R. Istituto Lombardo*, serie II, vol. XLIV, 1911, p. 468-477.

29. *Nuove ricerche sulla percezione monoculare della distanza*, in *Rivista di Psicol. applicata*, sett.-ott. 1911.

30. *B. Croce e la filosofia di G. B. Vico*, in *Giornale storico della letteratura italiana*, 1911.

31. *Il quarto congresso internazionale di filosofia*, in *Nuova Antologia*, 1911.

32. *Patria e lingua*, Aosta, Marguerattaz, 1911.

33. *Le definizioni matematiche secondo Aristotele e la logica matematica*, in *Atti della RAST* 1912, XLVII, p. 478-494.

34. *Il pensiero puro*, Torino, Bocca, 1913, pp. 511.

35. *Der kritische Kommunismus bei Fridrich Engels*, in *Archiv für die Geschichte des Sozialismus*, Hirschfeld, Leipzig, 1913.

36. *Fra i due mondi* di GUGLIELMO FERRERO (notizia letteraria), in *Nuova Antologia* 1913.

37. *La doppia maschera dell'universo* di ZINO ZINI (notizia filosofica), in *Nuova Antologia* 1914.

38. *Une théorie des limites appliquée à la civilisation moderne*, in *Revue France-Italie*, Mai, 1914.

39. *Sopra la critica filosofica delle scienze*, in *Riv. d. Fil.* 1914, n. 2, p. 226-238.

40. *Filosofia e poesia nell'opera di Maurizio Maeterlinck*, in *Nuova Antologia* 1915; ora in SvF, p. 137-160.

41. *Il compito della filosofia nel rinnovamento della patria* (Prolusione), in *Riv. d. Fil.*, 1916, n. 1, p. 51-66.

42. *La vita è un sogno* di ARTURO FARINELLI (notizia letteraria), in *Nuova Antologia* 1917.

43. *La poesia di Giovanni Cena*, in *Nuova Antologia* 1918; ora in SvF, p. 51-77.

44. *Società degli amici dell'arte* (XX mostra, 1918 - Disegni di bimbi), Torino, pp. 6, tav. 11.

45. *Via Crucis* modellata su scaldini da Leon Bistolfi, Milano, Alfieri e Lacroix, 1918, pp. 12.

46. *Concezione morale della morale*, in *Nuova Antologia* 1921.

47. *Il problema della causalità, con particolare riguardo alla teoria del metodo sperimentale*, Torino, Bocca, 1921: I vol. pp. 319; II vol. pp. 389.

48. *Nuovi orizzonti di Filosofia teoretica in relazione alla teoria della relatività*, in *Logos* 1922, p. 18-36; ora in SvF, p. 221-251.

49. *Filosofismo e filosofia*, in *Riv. d. Fil.* 1923, p. 40-51.

50. *Il solipsismo*, Torino, Bocca, 1923, pp. 265.

51. *Rassegna di logica*, in *Riv. d. Fil.* 1923: ora in LdP, p. 129-45.

52. *Prefazione* all'«*Abbozzo d'una morale senza obbligo nè sanzione*» di G. M. GUYAU, Torino, Paravia, 1923.

53. *Introduzione* alle *Lettere* di KANT, pubblicate per la prima volta in italiano, Torino, Paravia, 1925.

54. *Verità e valore nel pensiero filosofico di B. Varisco*, in *Scritti filosofici pubblicati per le onoranze nazionali a B. Varisco*, Firenze, Vallecchi, 1925, p. 255-267.

55. *La crisi della logica* (relazione al VI Congr. naz. di Filos., 1926), in *Atti della RAST* 1928; ora in LdP, p. 49-66.

56. *Critica dell'irrazionalismo del Meyerson*, in *Riv. d. Fil.* 1926; ora in LdP, p. 147-159.

57. *Dalla filosofia dell'intuizione alla filosofia del potenziamento*, in *Atti della RAST* 1926; ora in LdP, p. 173-181.

58. *Critica della critica d'arte* (a proposito del gusto dei primitivi), in *Riv. d. Fil.* 1927, p. 67-80.

59. *Il principio del metodo sperimentale nella filosofia di Spinoza*, in *Riv. d. Fil.* 1927, p. 267-272.

60. *Il pensiero filosofico del Piemonte*, Torino, Bona, 1928.

61. *Schiarimenti sulla deduzione scientifica e sulla LdP in ordine alla dottrina del Meyerson*, in *Logos* 1929; ora in LdP, p. 161-172.

62. *Il principio d'amore in S. Agostino nel problema del rapporto fra la libertà umana e la grazia*, in *Riv. d. Fil.* 1930, p. 345-368; ora in SvF, p. 283-319.

63. *Verso un nuovo relativismo* (saggio di analisi logica), in *Arch. di Fil.* 1932; ora in LdP, p. 15-22 e 221-224.

64. *Fondamenti del calcolo del lavoro mentale*, in *Atti della RAST* 1932, vol. LXVII; ora L.S, p. 181-193.

65. *Conferme sperimentali del calcolo psicofisico a tre variabili*, ibid.; ora in L.S, p. 194-213.

66. *Teoria della cronassia dedotta dalla formula generale del calcolo psicofisico*, in *Riv. di Patologia nervosa e mentale* 1932; ora in L.S, p. 214-222.

67. *Nuove ricerche logiche applicate al calcolo del processo psicofisico e della cronassia*, in *Scritti di psicologia in onore di Federico Kiesow*, Torino, Anfossi, 1933; ora in L.S, p. 223-241.

68. *Sul D.U* (Ricerche logiche con applicazione al problema fondamentale della fisica teorica), in *Arch. d. Fil.* 1933; ora in LdP, p. 107-125.

69. *Contributo all'interpretazione dell'ontologicità eidetica di Husserl*, in *Riv. d. Fil.* 1933; ora in LdP. p. 225-232.

70. *Husserl, Heidegger, Chestov*, in *Archiv. d. Storia d. Fil.* 1933; ora in LdP, p. 233-251.

71. *Sulla logica della logica secondo Emilio Lask*, in *Sophia* 1933; ora in LdP, p. 253-271.

72. *La LdP nelle sue relazioni con la scienza e la filosofia*, in *Atti dell'VIII congr. naz. di Fil.*, Roma, 1933; ora in LdP, p. 23-33.

73. *Sul fondamento logico della matematica*, in *Atti del IX congr. naz. di Fil.*, Padova, 1934; ora in LdP, p. 95-106.

74. *Introduzione alla teoria delle equazioni logiche*, Memoria per la R. Acc. delle scienze di Bologna, 1934; ora in LdP, p. 67-92.

75. *Sulla intuizione logica secondo la LdP*, in *Arch. d. Fil.* 1934; ora in LdP, p. 183-204.

76. *Novità sulla logica di Descartes*, in *Arch. d. Fil.* 1934; ora in LdP, p. 205-219.

77. *Riflessioni sulla fenomenologia di Hegel*, in *Sophia* 1934, p. 263-273.

78. *Sul valore teoretico del momento religioso nella dottrina di Giovanni Vidari*, Estr. dalla *Rivista Pedagog.*, anno XXVII n. 5, Milano, Soc. Dante Alighieri, 1934.

79. *Sulla «Parentesi» inedita di B. Spaventa*, in *Arch. d. Storia d. Fil.* 1934, n. 4, p. 273-290; ora in SvF, p. 197-218.

80. *L'acrisia di Kant e le sue attinenze nel neo-kantismo della Filosofia del diritto*, in *Riv. internaz. di Fil. di Diritto* 1935, n. 2; ora in *Acrisia*, p. 19-50.

81. *La logica della ricerca scientifica* (relazione al IX congr. naz. di Fil.), in *Arch. d. Fil.* 1935; ora in L.S, p. 3-41.

82. *Sul «No saber» di S. Giovanni della Croce*, in *Riv. d. Fil.* 1935, n. 4; ora in SvF, p. 323-342.

83. *La notte oscura del corpo secondo Gabriel Marcel*, in *Miscellanea della Fac. di Lett.-Fil. della R. Un. di Torino*, 1936, in SvF, p. 343-385.

84. *Sull'invariante logico nelle equazioni fondamentali della teoria della relatività ristretta*, ibid.; ora in L.S, p. 42-46.

85. *La Logica del Potenziamento*, coi *Principi* di Pietro Mosso, Napoli, Rondinella, 1936, pp. 318.

86. *Ancora sull'acrisia di Kant circa la questione del logicismo morale*, in *Arch. d. Storia d. Fil.* 1936, n. 2; ora in *Acrisia*, p. 53-60.

87. *Sulla teoria dei riflessi semplici, condizionali e tropistici con un caso di fonotropismo*, in *Arch. ital. d. Psicol.* 1936; ora in L.S, p. 242-263.

88. *Controversie sul realismo*, in *Ricerche filosofiche* 1936, p. 232-233.

89. *Le idee trascendentali della ragione teoretica come illusioni della ragione pratica*, in *Rendiconti* della R. Acc. delle scienze di Bologna, 1937; ora in *Acrisia*, p. 63-80.

90. *L'acrisia di Kant circa il primato della ragione pratica*, in *Arch. d. Fil.* 1937; ora in *Acrisia*, p. 83-101.

91. *Il problema del trascendente nella scienza e la LdP* (comunicazione al XII congr. naz. di Fil.), in *Arch. d. Fil.* 1937; ora in L.S, p. 47-71.

92. *La teoria della forma secondo il calcolo psicofisico a tre variabili e la LdP* (in collaborazione con P. Mosso), in *Arch. it. d. Psicol.* 1937; ora in L.S, p. 268-281.

93. *Spazio e tempo come dualità operativa da Kant ai nostri giorni*, in *Atti della RAST*, 1938, vol. LXXIII; ora in L.S, p. 72-75.

94. *Il fondamento logico dei principi di complementarità di Bohr e di indeterminazione di Heisenberg* (in collaborazione con P. Mosso), in *Atti della RAST*, vol. LXXIII, 1938; ora in L.S, p. 76-100.

95. *Sullo « Sperandarum » della Vulgata*, in *Sophia* 1938, p. 400-408.

96. *Ripensamento logico sul principio della dialettica hegeliana*, in *Arch. d. Fil.* 1938, n. 2; ora in SvF, p. 255-280.

97. *Prof. Alessandro Gatti* (Necrologio), estr. dall'*Annuario* della R. Univ. di Torino, 1938.

98. *Problemi d'estetica*, in *Riv. d. Fil.* 1938, n. 1; ora in SvF, p. 163-193.

99. *Nuovo esempio tipico di analisi logica del principio di indeterminazione di Heisenberg risolventesi nel principio di non contradizione* (in collaborazione con P. Mosso), in *Atti della RAST*, vol. LXXIV, 1939; ora in L.S, p. 101-103.

100. *Interpretazione logica dello scalare di campo ψ in ordine al problema delle categorie*, in *Atti del XIII congr. naz. di Fil.*, Bologna, 1938; ora in L.S, p. 104-118.

101. *Recenti progressi e conquiste della logica*, in *Autarchia*, 1939; ora in L.S, p. 304-309.

102. *Scritti di varia filosofia* (SvF), Milano, Bocca, 1939, pp. XVI-385.

103. *Logica sperimentale* (L.S), con *Appendice* di P. Mosso, Napoli, Rondinella, 1939, pp. XVI-342.

104. *In difesa della psicologia sperimentale*, in *Arch. di Psicologia, Neurologia, Psichiatria e Psicoterapia*, Milano, 1939, p. 345-350.

105. *Sullo sviluppo delle operazioni mentali dipendenti dal solo numero degli enti*, in *Atti della RAST*, vol. LXXV, 1940, p. 3-11.

106. *Anticipazioni cartesiane e sviluppi fisici in S. Agostino e Campanella*, ibid., p. 89-106.

107. *Sul compito critico della filosofia secondo la LdP, con vestigi di intuizione logica in Aristotele*, in *Arch. d. Fil.* 1940, n. 4, p. 463-480.

108. *L'acrisia di Kant*, Padova, Cedam, 1940, pp. XVI-210.

109. *Logica nuova e metafisica nuova* (risposta al R. P. Bizzarri), in *Divus Thomas* 1940, p. 345-353.

110. *Risposta alla controreplica del R. P. Bizzarri*, ibid., p. 504.

111. *Considerazioni critiche sopra un paradosso di Kant*, in *Riv. di Fil.* 1941, n. 3, p. 153.

112. *Sulle orme di Kant*, in *Arch. di Fil.* 1941, n. 3, p. 350-356.

113. *L'equivoco teoretico della ragione nei fondatori della filosofia dell'esistenza* (relazione al XIV congresso naz. di Filosofia), in *Memorie della RAS di Bologna*, 1941; ripubblicato con proscritto in *Arch. d. Cultura Italiana*, 1942, n. 1.

114. *La modernità di Galileo Galilei*, su *L'attualità dei filosofi classici. Antichità, Medioevo, Rinascimento*, Istituto di Studi filos., Sez. di Torino, Milano, Bocca, 1942, p. 211-234.

115. *L'avversione alla logica*, in *Studi filosofici*, Milano, 1942, p. 149-165.

116. *Il pensiero filosofico di Camillo Trivero* (Introduzione all'opera *Sul valore della vita*), Salò, Bortolotti, 1942.

117. *Il mio pensiero filosofico* (Dic. 1942), in *Filosofi italiani contemporanei* a cura di M. F. SCIACCA, Como, Marzorati, 1944, p. 333-349.

118. *Il segreto di G. B. Vico* (Meditazione), in *L'attualità dei filosofi classici*, Milano, Bocca, 1943.

119. *Il messaggio di Kierkegaard* (Frammento), in *Logos* 1943, n. 1-2.

120. *La comprensione emotiva del tempo* (considerazioni sopra l'analitica esistenziale di Heidegger), in *Atti della RAST* 1942-43, v. 78, p. 3-25.

121. *Numeri logici e numeri matematici*, ibid., p. 120-139.

122. Presentazione degli *Studi Cartesiani* di GALLO GALLI, ibid., 1943-44, v. 79, p. 153-159.

123. *La comprensione emotiva del tempo* (Nota II - Davanti alla morte), ibid., 1944-45, v. 80, p. 26-52.

124. *Jaspers: la verità inverificabile* (Nota I), ibid., v. 79, p. 56-76.

125. *Jaspers: la verità inverificabile* (Nota II), ibid., v. 80, p. 133-148.

126. *Della contradizione potenziale in Aristotele* (Risposta al Prof. Bontadini), in *Riv. di Fil. Neoscol.* 1945, p. 141-142.

127. *Lo specchio di Narciso*, in *Stile*, Garzanti, 1945.

128. *Sul genio del cuore* (Meditazioni sul formalismo della morale kantiana), in *Riv. d. fil.* 1945, p. 62-81.

129. Recensione dell'op.: L. Geymonat, *Studi per un nuovo razionalismo*, ibid.

130. *Il surresistenzialismo di Francia*, in *Humanitas* 1946, p. 449-452.

131. *Trre paradossi*, ibid., p. 885-887.

132. *Su gli « Exercitia spiritualia » di Leone Chestov*, ibid., p. 1221-1224.

133. *La filosofia di Lenin*, Milano, Bolla, 1946, pp. 238.

134. *La rivelazione estetica dell'abate Brémond*, in *Humanitas* 1947, p. 168-170.

135. *Autocoscienza e intuizione lirica di T. Campanella*, in *Sophia* 1947, p. 50-59.

136. *La scala di Pascal*, in *Teoresi* 1947, p. 101-105.

137. *L'umanità del « Satyagraha » di Gandi*, in *Humanitas* 1947, p. 611-616.

138. Poscritto all'art. *Il mio pensiero filosofico*, in *Filosofi italiani contemporanei* di M. F. Sciacca, 1947², p. 418-423.

Agli scritti del Pastore bisogna aggiungere quelli del suo discepolo Pietro Mosso e cioè:

Principi di LdP, Torino, Bocca, 1923; pubblicato in 2 ed. nella *Logica del Potenziamento* di A. Pastore, Napoli, Rondinella, 1936.

Proposizioni di Logica del Potenziamento: Appendice alla *Logica Sperimentale* di A. Pastore, Napoli, Rondinella, 1939.

B. SCRITTI SU ANNIBALE PASTORE.

Abbagnano N., *La filosofia di E. Meyerson e la logica dell'identità* (estr. da *Logos* 1928), Napoli, Perrella, 1929, p. 32-39.

Abbagnano del Re R., Rec. di *Il solipsismo*, in *Logos* 1928, p. 148-151.

Albergamo F., *La critica della scienza nel novecento*, Firenze, La nuova Italia, 1941, p. 178-181.

Aliotta A., *La teoria dei modelli*, in *La cultura filosofica* 1907, p. 122-127.

— Rec. della Memoria *Sull'origine delle idee ...*, ibid., 1910, p. 87-88.

— *Sulle verità universali e necessarie* (discussione con Pastore), ibid., p. 205-208 e 323-326.

— *Dalla teoria dei modelli al panlogismo* (a proposito di *Il pensiero puro*), in *Riv. di Fil.* 1914, p. 310-24.

Bianca G., Rec. di *L'acrisia di Kant*, in *Sophia* 1942, p. 134-135.

Bizzarri R. cap., *Nuova logica o metafisica nuova?*, in *Divus Thomas* 1940, p. 136-155.

— *Controreplica al Prof. A. Pastore*, ibid., p. 488-504.

Bochenski I. M., O. P., Rec. di *La LdP*, in *Angelicum* 1938, p. 577.

Bontadini G., *Caratteri della filosofia contemporanea* (a proposito del saggio *Sul compito critico*), in *Riv. di Fil. neoscol.* 1945, p. 32-37.

— *Dall'attualismo al problematicismo*, Brescia, La Scuola, 1946, p. 289-291. (Vi è riportato anche lo studio precedente).

Botti L., *Il pensiero puro* (Note e discussioni), in *Riv. d. fil. nescol.* 1914, p. 153-170.

Busnelli G., S. J., *Del nuovo spirito...*, in *Civ. Catt.* 1907, v. II, p. 331-342.

Carlini A., Rec. di *La fil. di Lenin*, in *Humanitas* 1947, p. 175-176.

Cervini M. C., Rec. di *Il problema della causalità*, in *Riv. di Fil. neoscol.* 1921, p. 320-324.

Cuschieri A., Rec. di *Dell'essere e del conoscere*, ibid., 1911, p. 577-581.

Dell'Oro A. M., Rec. di *La LdP*, in *Sophia* 1939, p. 83-85.

— Rec. di *Logica sperimentale*, ibid., 1941, p. 288-289.

Ferro C., *Rassegna della filosofia italiana nel 1946*, in *Sophia* 1947, p. 22 (a proposito di *La fil. di Lenin*).

Levi Ad., Rec. di *Sill. e proporzione*, in *La cultura filos.* 1910, p. 334-336.

Losacco M., *Preludi al nuovo realismo critico* (a proposito di *Il solipsismo*), Modena, Guanda, 1938, p. 147-148.

Lovecchio A., *Correnti del realismo in Italia: B. Realismi contradittori*, in *Ricerche filos.* 1936, p. 106-14.

Miceli R., *Filosofia* (Enciclopedia scientifica monografica italiana del sec. XX), Milano, Bompiani, 1937; C. IX, n. 14: *La LdP*, p. 301-307.

Orecchia R., Rec di *SvF*, in *Logos* 1942, p. 121-122.

Orestano F., *Intorno alla LdP e alla logica dei comportamenti*, in *Arch. di Fil.* 1935, p. 322-331.

Ottaviano C., *La « LdP » della scuola di Torino*, in *Logos* 1934, p. 277-289.

Poggi A., Rec. di *L'acrisia di Kant*, in *Riv. di fil.* 1942, p. 66-71.

Redanò U., Rec. di *SvF*, in *Arch. di Fil.* 1941, p. 80-83.

Rossi M. M., Rec. di Idem, in *Logos* 1940, p. 547-9.

Rotta P., *Della logica matematica*, in *Riv. di Fil. neoscol.* 1910, p. 182-187.

Ruffini F., *Relazione intorno alla memoria del Prof. A. Pastore: Dell'essere...*, in *Atti della RAST* 1911, v. XLVI, p. 175-178.

Sciacca M. F., *Il secolo XX* (Storia della Fil. Ital.), Milano, Bocca, 1942: C. IV, n. 5: *La filosofia della scienza: A. Pastore e F. Enriques*, p. 120-124 e 826-828.

— Rec. di *L'acrisia*, in *Logos* 1942, p. 111.

— *La filosofia, oggi*, Milano, Mondadori, 1945: *La LdP di A. Pastore*, p. 353-354.

Contengono anche accenni al Pastore e alla LdP vari testi o articoli generali sulla Filosofia Italiana; citiamo per esempio:

De Giuli G., *La critica e la teoria della scienza nella filosofia contemporanea*, Roma, Soc. Ital. Progr. Sc., 1936, p. 30.

Giacon C., *Al XII congr. naz. ital. di fil.*, in *Civ. Catt.* 1937, v. IV, p. 407-408.

— *Problema delle categorie e autarchia filosofica*, in *Civ. Catt.* 1938, v. IV, p. 327-328.

Limentani P., *Il Positivismo*, in *La filosofia contemporanea in italia dal 1870 al 1920*, Napoli, Perrella, 1928, p. 34.

Martegani G., *L'VIII congr. naz. di Fil.*, in *Civ. Catt.* 1933, v. IV, p. 351.

Maymone A., *Il contributo italiano allo studio delle relazioni tra filosofia e scienza negli ultimi cento anni*, in *Un secolo di progresso scientifico italiano 1839-1939*, Roma, Soc. Ital. Progr. Scient., 1939, v. VI, p. 472.

Messineo A., *Il X congr. di Fil.*, in *Civ. Catt.* 1935, v. IV, p. 8-9.

Morandini F., *Logica Maior*, Roma, Pont. Univ. Greg., 1946, p. 57.

Orestano F., *Orientamenti della filosofia contemporanea in Italia*, in *Sophia* 1938, p. 434.

INDICE

	PAG.
Prefazione	VII

PARTE PRIMA
Il punto di partenza.

CAPITOLO I. — Preparazione ed impostazione del problema.

1. Sopra la teoria della scienza 1
2. La logica matematica 5
3. La teoria generale dei modelli 10
4. La logica sperimentale 13
5. L'idea dell'infinita verità 17
6. Il problema generale della ragione logica 21

CAPITOLO II. — Critica delle logiche precedenti.

1. La logica aristotelica 25
2. Da Aristotele a Kant 32
3. L'acrisia di Kant 36
4. La logica matematica 42

PARTE SECONDA
La logica pura.

CAPITOLO III. — Il pensiero reale.

1. Momenti astratti dell'essere e del conoscere 49
2. L'unità subobiettiva della conoscenza 54
3. L'unità psicofisica della realtà 56
4. Il pensiero come universale realtà 59
5. L'attività causativa universale 62

CAPITOLO IV. — La base generale della LdP.

                        PAG.

1. Risoluzione dell'ente in relazione 67
2. Variazione relativa e indentità distintiva 71
3. Introduzione della potenza in logica 75
4. Il teorema del potenziamento e universo logico 79
5. Il principio del potenziamento logico 83

CAPITOLO V. — Le operazioni logiche fondamentali.

1. La deduzione 87
2. L'intuizione logica 91
3. Logicità e contradittorietà dell'intuizione 96
4. Equazioni logiche 99

CAPITOLO VI. — Natura e metodo della scienza.

1. La natura della scienza in generale 105
2. Concetto scientifico del rapporto causale 109
3. Il metodo sperimentale nella fisica classica 113
4. Il D.U e il metodo della nuova fisica 121

PARTE TERZA
La logica applicata.

CAPITOLO VII. — La logica della ricerca matematica.

1. Relazioni tra la logica e la matematica 127
2. Il D.U nella matematica 129
3. Le matematiche superiori 134
4. Osservazioni critiche 136

CAPITOLO VIII. — La logica della ricerca fisica.

1. Il D.U nella fisica 143
2. Il mondo della relatività 145
3. La meccanica ondulatoria 153
4. Il principio di indeterminazione di Heisenberg 159
5. Lo scalare di campo ψ come categoria U 165

CAPITOLO IX. — Applicazioni alla psicologia sperimentale.

1. La causalità psichica e la sua misurabilità 171
2. Il calcolo psicofisico a tre variabili 175

3. Il calcolo del lavoro mentale 180
4. Conferme sperimentali 184

CAPITOLO X. — Applicazioni alla tecnica.

1. La logica sperimentale 191
2. L'ortomotore autosincrono 195

PARTE QUARTA
Valutazione.

CAPITOLO XI. — La LdP come filosofia generale.

1. L'eco del Pastore nella filosofia italiana 199
2. La figura filosofica del Pastore 204
3. Il significato della logica pura 209
4. La base generale della LdP: la relatività 215
5. Un corollario: la negazione di Dio 221

CAPITOLO XII. — La LdP come logica formale.

1. Variazione, identità, potenziamento 229
2. Il formalismo della LdP 234
3. L'intuizione logica in Aristotele 238
4. Il D.U e le equazioni logiche 243
5. La teoria della scienza 248

Conclusione 253

Bibliografia: A Scritti di A. Pastore 257
              B. Scritti su A. Pastore 264

Indice 267

ANALECTA GREGORIANA

Dividuntur secundum Facultates Universitatis. In unaquaque Facultate duae distinguuntur sectiones: *Sectio A*, in qua investigationes Professorum eduntur. *Sectio B*, quae selectis thesibus ad gradum conscriptis constituitur.

Facultas Theologica
SECTIO A

Num. 1-2. (Anal. Greg. vol. IX et X) **Miscellanea Vermeersch** - Scritti pubblicati in onore del R. P. Arturo Vermeersch, S. J. - 2 vol. 1935, in 8º - I vol, p. XXIX-454; II vol. p. 406.

Num. 3 (Anal. Greg. vol. XXIX) **La Compagnia di Gesù e le scienze sacre.** Conferenze commemorative del quarto centenario della fondazione della Compagnia di Gesù tenute alla Pontificia Università Gregoriana 5-11 Novembre 1941 - 1942, in 8º, pag. 268.

Num. 4 (Anal. Greg. vol. XXXV) Galtier P., S. J.: **Le Saint Esprit en nous d'après les Pères Grecs.** - 1946, in 8º, pag. 290.

Num. 5 (Anal. Greg. vol. XXXVI) Faller O., S. J.: **De priorum saeculorum silentio circa Assumptionem B. Mariae Virginis.** - 1946, in 8º, pag. XII-136.

SECTIO B

Num. 1. (Anal. Greg. vol. I) Schwamm H., Mag. aggr. Fac. Theol. Pont. Univ. Gregorianae: **Magistri Ioannis de Ripa, O. F. M., doctrina de praescientia divina.** - 1930, in 8º, pag. XII-288.

Num. 2. (Anal. Greg. vol. III) Druwé Eugenius S. J., Mag. aggr. Fac. Theol. Pont. Univ. Gregorianae: **Prima forma inedita operis S. Anselmi " Cur Deus homo "** - Textus, cum Introductione et notis criticis. - 1933, in 8º, pag. XII-150.

Num. 3. (Anal. Greg. vol. V) Madoz José, S. J., Maest. agreg. a la Fac. de Teol. de la Pont. Univ. Gregoriana: **El Concepto de la Tradición en S. Vicente de Lerins.** - 1933, in 8º, pag. 214.

Num. 4. (Anal. Greg. vol. VII) J. A. De Aldama S. J., Maest. agreg. a la Fac. de Teol. de la Pont. Univ. Gregoriana: **El Símbolo Toledano.** - 1934, in 8º, p. 167.

Num. 5. (Anal. Greg. vol. XI) M. Bévenot S. J. Mag. aggr. Fac. Theol. Pont. Univ. Greg.: **St. Cyprian's de Unitate Chap. IV.** - 1938, in 8º, pag. LXXXV-79 et 6 Tab.

Num. 6. (Anal. Greg. vol. XII) L. Gómez Hellín S. J., Magist. aggreg. Pont. Univ. Greg.: **Praedestinatio apud**

Ioannem Cardinalem de Lugo. - 1938, in 8º, pag. XII-191.

Num. 7. (Anal. Greg. vol. XVI) Theodor SCHNITZLER, Dr. Theol. **Im Kampfe um Chalcedon.** Geschichte und Inhalt des Codex Encyclius von 458. - 1938, in 8º, pag. 132.

Num. 8. (Anal. Greg. vol. XVIII) Ephrem BOULARAND S. J., Doct. en Théol., **La venue de l'homme à la foi d'après Saint Jean Chrysostome.** - 1939, in 8º pag. 192.

Num. 9. (Anal. Greg. vol. XIX) Prudentius DE LETTER S. J., **De ratione meriti secundum Sanctum Thomam.** 1939, in 8º pag. 151.

Num. 10. (Anal. Greg. vol. XX) Walter HAACKE, Dr. theol., **Die Glaubensformel des Papstes Hormisdas im Acacianischen Schisma.** - 1939, in 8º, pag. 150.

Num. 11. (Anal. Greg. vol. XXI) Severino GONZÁLEZ, S. J. **La fórmula** Μία οὐσία τρεῖς ὑποστάσεις **en San Gregorio de Nisa.** - 1939, in 8º, pag. XX-146.

Num. 12. (Anal. Greg. vol. XXVII) Amandus REUTER, O. M. I., **Sancti Aurelii Augustini doctrina de bonis matrimonii.** - 1942, in 8º, pag. XII-276.

Num. 13. (Anal. Greg. vol. XXVIII) Ladislaus ORBÁN, Dr. theol., **Theologica Güntheriana et Concilium Vaticanum;** dissertatio historico - dogmatica de theologia Güntheriana juxta vota Consultoris J. Schwetz actaque Concilii Vaticani exarata. - 1942, in 8º, pag. 320.

Num. 14. (Anal. Greg. vol. XXXII) Pierre SMULDERS S. J., Doct. en Théol.: **La doctrine trinitaire de S. Hilaire de Poitiers.** - 1944, in 8º, pag. 300.

Num. 15. (Anal. Greg. vol. XXXIII) Giuseppe RAMBALDI S. J. Dr. Theol.: **L'oggetto dell'intenzione sacramentale nei teologi dei secoli XVI e XVII.** - 1944, in 8º, pag. 192.

Num. 16. (Anal. Greg. vol. XXXVIII) Z. ALSZEGHY S. J.: **Grundformen der Liebe.** - 1946 in 8º pag. 300.

Num. 17. (Anal. Greg. vol. XL) Maurizio FLICK S. J., **L'attimo della giustificazione secondo S. Tommaso.** - 1947, in 8º pag. 206.

Num. 18. (Anal. Greg. vol. XLII) Cyril O. VOLLERT S. J.: **The Doctrine of Hervaeus Natalis on Primitive Justice an Original Sin.** - 1947, in 8º pag. 335.

Facultas Iuris Canonici
ECTIO A

Num. 1. (Anal. Greg. vol. IV) Ramon BIDAGOR, S. J., Prof. de Derecho en la Pont. Universidad Gregoriana: **La "Iglesia Propia" en España.** Estudio histórico-canónico. - 1933, in 8º, pag. XII-176.

Num. 2. (Anal. Greg. vol. VIII) **Miscellanea iuridica** Iustiniani et Gregorii IX legibus commemorandis, cura Pont. Univ. Gregor. edita. - 1935, in 8°, p. 185.

Num. 3. (Anal. Greg. vol. XXIV) Cándido Mazón, S. J., Prof. de Derecho en la Pont. Univ. Gregoriana y en el Pont. Inst. Oriental. **Las reglas de los religiosos.** Su obligación y naturaleza jurídica. - 1940, in 8°, pag. XVI-360.

SECTIO B

Num. 1. (Anal. Greg. vol. XXIII) Andrés E. de Mañaricúa, **El matrimonio de los esclavos.** Estudio histórico jurídico hasta la fijación de la disciplina en el Derecho Canónico. - 1940 in 8°, pag. 288.

Num. 2. (Anal. Greg. vol. XXVI) Mario Ghiron: **Il matrimonio canonico degli italiani all'estero.** - 1941, in 8°. pag. 164.

Num. 3. (Anal. Greg. vol. XXX) Wilhelm Bertrams S. J.: **Der neuzeitliche Staatsgedanke und die Konkordate des ausgehenden Mittelalters.** - 1942, in 8°, pag. XVII-192.

Facultas Philosophica
SECTIO A

Num. 1. (Anal. Greg. vol. VI) Leo W. Keeler S. J., Prof. of History of Philosophy in the Gregorian University: **The Problem of Error from Plato to Kant.** - 1935, in 8°. pag. 284.

Num. 2. (Anal. Greg. vol. XXXIV) Pablo Muñoz Vega S. J., Profesor en la Universidad Gregoriana: **Introducción a la síntesis de San Agustín.** - 1945, in 8°, pag. VIII - 264.

Num. 3. (Anal. Greg. vol. XXXIX) P. Hoenen S. J.: **La théorie du jugement d'après St. Thomas d'Aquin.** 1946, in 8°, pag. VIII-352.

Num. 4. (Anal. Greg. vol. XLIII) Pierre Hoenen S. J.: **Recherches de logique formelle.** - 1947, in 8°, pag. VIII-388.

SECTIO B

Num. 1. (Anal. Greg. vol. II) Stanislaus Adamczyk, Mag. aggr. Pont. Univ. Gregorianae: **De obiecto formali intellectus nostri secundum doctrinam S. Thomae Aquinatis.** - 1933, in 8°, pag. XVI-152.

Num. 2. (Anal. Greg. vol. XVII) J. A. Sheridan, S. Theol. ac Phil. Dr., Mag. aggr.: **Expositio plenior Hylemorphysmi Fr. Rogeri Baconis O. F. M. doctoris mirabilis.** - 1938, in 8°, pag. XXVIII - 176.

Num. 3. (Anal. Greg. vol. XXXI) Luigi d'Izzalini O. F. M., Dr. Phil. : **Il principio intellettivo della ragione umana nelle opere di S. Tommaso d'Aquino.** Studio storico-speculativo. - 1943, in 8°, pag. XVI-186.

Num. 4. (Anal. Greg. vol. XLIV) Filippo Selvaggi S. J. : **Dalla filosofia alla tecnica: La logica del potenziamento.** - 1947, in 8°, pag. XII-269.

Facultas Historiae Ecclesiasticae
SECTIO A

Num. 1. (Anal. Greg. vol. XLI) Vincenzo Monachino S. J., Prof. di Storia Eccl. : **La cura pastorale a Milano, Cartagine e Roma nel sec. IV.** - 1947, in 8°, pag. XX-444.

SECTIO B

Num. 1. (Anal. Greg. vol. XIII) Ireneo Daniele, Dr. Hist. Eccl. **I documenti Costantiniani della "Vita Constantini" di Eusebio di Cesarea.** - 1938 in 8°, pag. 219.

Num. 2. (Anal. Greg. vol. XIV) Ricardo G. Villoslada, S. J., Dr. Hist. Eccl. : **La Universidad de París durante los estudios de Francisco de Vitoria O. P. (1507-1522)** - 1938, in 8°, pag. XXVIII-468.

Num. 3. (Anal. Greg. vol. XV). Johann Villiger, Dr. Hist. Eccl., Prof. in Fac. Theol. ad Lucernam. **Das Bistum Basel** zur Zeit Iohanns XXII. Benedikts XII. und Klemens VI. (1316-1352). 1939, in 8°, pag. XXVIII-370.

Num. 4 (Anal. Greg. vol. XXII). Francesco Gosso, Dr. Hist. Eccl. **Vita economica delle Abbazie Piemontesi (sec. X-XIV)** - 1940, in 8° pag. 216.

Num. 5. (Anal. Greg. vol. XXV). Manuel Aguirre Elorriaga S. J., Dr. Hist. Eccl. **El Abate de Pradt en la emancipación Hispanoamericana (1800-1830)** - 1941 in 8° pag. XX-377.

Facultas Missiologica
SECTIO A

Num. 1. (Anal. Greg. vol. XXXVII) Pasquale M. D'Elia, S. J. **Galileo in Cina.** Relazioni attraverso il Collegio Romano tra Galileo e i gesuiti scienziati missionari in Cina (1610-1640) - 1947 in 8° pag. XII-127.